总主编
李安

乡村法律明白人

乡村振兴政策法律100问

张泽华 / 著

法律出版社 LAW PRESS · CHINA
北京

图书在版编目(CIP)数据

乡村振兴政策法律100问 / 张泽华著. -- 北京 : 法律出版社, 2022
("乡村法律明白人"系列 / 李安总主编)
ISBN 978-7-5197-7155-3

Ⅰ. ①乡… Ⅱ. ①张… Ⅲ. ①农业政策-中国-问题解答②农业法-中国-问题解答 Ⅳ. ①F320-44 ②D922.45

中国版本图书馆CIP数据核字(2022)第184785号

乡村振兴政策法律100问
XIANGCUN ZHENXING ZHENGCE FALÜ 100 WEN

张泽华 著

策划编辑 冯雨春 朱海波
责任编辑 朱海波
装帧设计 汪奇峰 鲍龙卉

出版发行 法律出版社
编辑统筹 法律应用出版分社
责任校对 蒋 橙
责任印制 刘晓伟
经 销 新华书店

开本 A5
印张 13.5 **字数** 330千
版本 2022年11月第1版
印次 2022年11月第1次印刷
印刷 天津嘉恒印务有限公司

地址:北京市丰台区莲花池西里7号(100073)
网址:www.lawpress.com.cn
投稿邮箱:info@lawpress.com.cn
举报盗版邮箱:jbwq@lawpress.com.cn
销售电话:010-83938349
客服电话:010-83938350
咨询电话:010-63939796

书号:ISBN 978-7-5197-7155-3
定价:48.00元
凡购买本社图书,如有印装错误,我社负责退换。电话:010-83938349

总序

习近平总书记指出："实施乡村振兴战略是关系全面建设社会主义现代化国家的全局性、历史性任务。"乡村振兴成为我国全面建设社会主义现代化强国进程中的重大任务，也是实现中华民族伟大复兴的一项重大战略。党的十九大报告同时指出要构建"自治、法治、德治相结合的乡村治理体系"。

我国面向乡村基层长期开展普法工作，至今已经步入第八个五年规划，经过不懈努力，乡村广大群体的法治意识在社会经济腾飞的同时也有了巨大的提升，但随着社会的不断发展，就大多数乡村公民而言，所具备的法治素养尚无法满足新时代的发展需求。乡村的主体是农民，乡村振兴的主要主体也是农民，实施乡村振兴战略关键是要调动广大乡村农民的主观能动性和创造性，引导乡村农民知法、守法、依法办事，这需要乡村农民群体具备必要的法律知识。

我国于2021年颁布《乡村振兴促进法》，为乡村振兴战略提供了实施的法律依据，推动出台满足乡村振兴战略发展需求的新政策和新法规，在此基础上我国乡村振兴法律体系得以初步构建并逐步完善。首先,乡村振兴的相关法律具有分散性。乡村振兴法律体系中的大部分具体法律知识散落于各部单行法律之中,并没有集中在一部统一的法律当中。其次,乡村振兴法律体系具有系统性。随着全面依法治国的逐步推进,我国法律体系日趋完善,乡村振兴法律体系日渐成型,呈现系统性特征,原因在于一个完善的乡村振兴法律体系是国家治理体系和治理能力现代化的重要标志,是一项系统工程,不仅包含现代化的法治理念,更是体现新时代特征的治理模式。另外,构建系统的乡村振兴法律体系能够满足不同阶段、不同形态的发展需求,为乡村振兴的未来发展提供充分的制度空间。最后,乡村振兴法律内容具有全面性。乡村振兴战略涵盖产业发展、人才支撑、文化繁荣、生态保护、组织建设以及城乡融合等多方面,因此单一法律显然无法面面俱到,只能在既有法律体系的基础上突出乡村发展的特色和原则。

乡村振兴法律规范的分散性影响了广大乡村基层群体便捷地获取日常所需的法律知识,尤其是乡村发展切身相关的法律知识。乡村农民往往只能在生产生活中通过普法活动、媒体宣传等有限渠道进行碎片化了解或学习,因而出版一套包含乡村振兴法律知识体系的通识性读本有充足的必要性。本系列丛书注重内容的实用性与法律的准确性,在内容上涵盖产业、土地、生态、生产资料、基层组织等方面,能够更好地帮助乡村基层群众在推进乡村振兴战略的过程中获取必要的体系性、通识性政策与法律知识,从而提升乡村农民的法治认知水平。希望本丛书有助于推进乡村治理的法治化、现代化,指导和帮助乡村农民提升法治素养,学会优先依靠法律开展生产、从事经营、保护自身合法权益;有助于促进法治在乡村振兴发展中发挥作用,从而适应当前的新形势和新发展;有助于推动乡村治理的依法建设,使法治为乡村振兴战略保驾护航,真正落实科学立法、严格执法、公正司法和全民守法的新时代法治基本要求,实现高质量发展,促进共同富裕。

李　安
杭州师范大学沈钧儒法学院教授、博士生导师
青少年法治教育中心主任
浙江省法治教育研究中心主任
中国行为法学会法律风险防范研究会副会长

目录

第一章　乡村振兴总述

第二章 产业发展

第三章　乡村建设

第四章　社会治理与保障

第五章 矛盾解决与纠纷处理

附　　录

CHAPTER

1

第一章

乡村振兴总述

01 为什么要施行乡村振兴战略?

疑惑

党的十九大首次提出实施乡村振兴战略,作为七大国家战略之一,将全面推进乡村振兴作为新时代“三农”工作的总抓手,党的二十大再一次强调了实施乡村振兴战略的重大意义。那么,国家为什么实施乡村振兴战略呢?

解析

乡村是城市建成区以外具有自然、社会、经济特征和生产、生活、生态、文化等多重功能的地域综合体,包括乡镇和村庄等。乡村兴则国家兴,乡村衰则国家衰。我国人民日益增长的美好生活需要和不平衡、不充分的发展之间的矛盾在乡村最为突出,我国仍处于并将长期处于社会主义初级阶段的特征很大程度上表现在乡村。全面建成小康社会和全面建设社会主义现代化强国,最艰巨、最繁重的任务在农村,最广泛、最深厚的基础在农村,最大的潜力和后劲也在农村。实施乡村振兴战略,是解决新时代我国社会主要矛盾、实现“两个一百年”奋斗目标和中华民族伟大复兴中国梦的必然要求,具有重大现实意义和深远历史意义。

“三农”问题是关系国计民生的根本性问题，党中央始终把解决好“三农”问题作为全党工作重中之重。要坚持农业农村优先发展，按照产业兴旺、生态宜居、乡风文明、治理有效、生活富裕的总要求，建立健全城乡融合发展体制机制和政策体系，加快推进农业农村现代化。《乡村振兴战略规划（2018—2022年）》提出，实施乡村振兴战略是建设现代化经济体系的重要基础、是建设美丽中国的关键举措、是传承中华优秀传统文化的有效途径、是健全现代社会治理格局的固本之策、是实现全体人民共同富裕的必然选择。

党的十九大提出的实施乡村振兴战略，是以习近平同志为核心的党中央着眼党和国家事业全局，深刻把握现代化建设规律和城乡关系变化特征，顺应亿万农民对美好生活的向往，对“三农”工作作出的重大决策部署，是决胜全面建成小康社会、全面建设社会主义现代化国家的重大历史任务，是新时代做好“三农”工作的总抓手。

政策法律依据

《中国共产党第二十次全国代表大会报告》

（三）实施乡村振兴战略。农业农村农民问题是关系国计民生的根本性问题，必须始终把解决好“三农”问题作为全党工作重中之重。要坚持农业农村优先发展，按照产业兴旺、生态宜居、乡风文明、治理有效、生活富裕的总要求，建立健全城乡融合发展体制机制和政策体系，加快推进农业农村现代化。巩固和完善农村基本经营制度，深化农村土地制度改革，完善承包地“三权”分置制度。保持土地承包关系稳定并长久不变，第二轮土地承包到期后再延长三十年。深化农村集体产权制度改革，保障农民财产权益，壮大集体经济。确保国家粮食安全，把中国人的饭碗牢牢端在自己手中。构建现代农业产业体系、生产体系、经营体系，完善农业支持保护制度，发展多种形式适度规模经营，培育新型农业经营主体，健全农业社会化服务体系，实现小农户和现代农业发展有机衔接。促进农村一二三产业融合发展，支持和鼓励农民就业创业，拓宽增收渠道。加强农村基层基础工作，健全自治、法治、德治相结合的乡村治理体系。培养造就一支懂农业、爱农村、爱农民的"三农"工作队伍。

02 《乡村振兴促进法》主要包括哪些内容?

疑惑

2021 年 4 月 29 日第十三届全国人民代表大会常务委员会第二十八次会议通过了《乡村振兴促进法》，为全面实施乡村振兴战略提供了法律上的支持与保障。那么，《乡村振兴促进法》主要包括哪些内容呢?

解析

《乡村振兴促进法》制定的初衷在于，全面实施乡村振兴战略，促进农业全面升级、农村全面进步、农民全面发展，加快农业农村现代化，全面建设社会主义现代化国家。如何促进乡村振兴呢？具体是指，开展促进乡村产业振兴、人才振兴、文化振兴、生态振兴、组织振兴，推进城乡融合发展等活动。促进乡村振兴应当按照产业兴旺、生态宜居、乡风文明、治理有效、生活富裕的总要求，统筹推进农村经济建设、政治建设、文化建设、社会建设、生态文明建设和党的建设，充分发挥乡村在保障农产品供给和粮食安全、保护生态环境、传承发展中华民族优秀传统文化等方面的特有功能。《乡村振兴促进法》共10章，74条。其中第一章是总则，第二章是产业发展，第三章是人才支撑，第四章是文化繁荣，第五章是生态保护，第六章是组织建设，第七章是城乡融合，第八章是扶持措施，第九章是监督检查，第十章是附则。《乡村振兴促进法》从2021年6月1日起施行。

政策法律依据

《中华人民共和国乡村振兴促进法》第1～3条[①]

① 为避免重复，对本书附录收录的法律法规、政策规定，每个问题后涉及的政策法律依据部分只标识条文序号，具体内容请查阅附录收录的规定。

03 实施乡村振兴战略应当遵循哪些原则？

疑惑

《乡村振兴促进法》在总则部分规定了全面实施乡村振兴战略应当遵循的五大原则，那这五大原则具体是指什么呢？

解析

《乡村振兴促进法》第4条规定了全面实施乡村振兴战略，应当坚持中国共产党的领导，贯彻创新、协调、绿色、开放、共享的五个新发展理念，遵循五个原则，由此才能走好中国特色社会主义乡村振兴道路，促进农民共同富裕。这五个原则包括：

第一，坚持农业农村优先发展，在干部配备上优先考虑，在要素配置上优先满足，在资金投入上优先保障，在公共服务上优先安排。

第二，坚持农民主体地位，充分尊重农民意愿，保障农民民主权利和其他合法权益，调动农民的积极性、主动性、创造性，维护农民根本利益。

第三，坚持人与自然和谐共生，统筹山水林田湖草沙系统治理，推动绿色发展，推进生态文明建设。

第四，坚持改革创新，充分发挥市场在资源配置中的决定性作用,更好发挥政府作用,推进农业供给侧结构性改革和高质量发展,不断解放和发展乡村社会生产力,激发农村发展活力。

第五,坚持因地制宜、规划先行、循序渐进,顺应村庄发展规律,根据乡村的历史文化、发展现状、区位条件、资源禀赋、产业基础分类推进。

政策法律依据

《中华人民共和国乡村振兴促进法》第4条

04 促进乡村振兴,如何实现产业兴旺?

疑惑

《乡村振兴促进法》提出促进乡村振兴的五个方面总要求,产业兴旺是其中之一,如何实现产业兴旺呢?

解析

产业兴旺是解决农村一切问题的前提。产业兴旺不仅有利于保障国家粮食安全,更有利于推动农村建设,提增农民福祉,实现农民富裕。如何实现产业兴旺呢？第一，应当发展壮大农村集体所有制经济，保障粮食和重要农产品有效供给和质量安全。第二，继续坚持农用地分类严格管理，严格控制农用地转为建设用地，加强农田水利等基础设施建设。第三，加强农业种质资源保护利用和种质资源库建设，促进种业高质量发展。第四，加强农业科技创新和知识产权保护，推动农业农村创新驱动发展。第五，加强农业技术推广体系建设，促进建立有利于农业科技成果转化推广的激励机制和利益分享机制。第六，鼓励农业机械生产研发和推广应用，加强农业信息监测预警和综合服务，推进农业生产经营信息化。第七，发挥农村资源和生态优势，支持特色乡村产业的发展。第八，完善扶持政策，促进乡村产业发展和农民就业。第九，鼓励支持农民拓宽增收渠道，促进农民增加收入。第十，加强国有农（林、牧、渔）场规划建设，推进国有农（林、牧、渔）场现代农业发展。第十一，深化供销合作社综合改革，发挥其为农服务综合性合作经济组织的作用。

政策法律依据

《中华人民共和国乡村振兴促进法》第 12～23 条

05 促进乡村振兴，如何实现生态宜居？

疑惑

《乡村振兴促进法》提出促进乡村振兴的五个方面总要求，生态宜居是其中之一，如何实现生态宜居呢？

解析

生态宜居是乡村振兴的关键环节和重要支撑。广大农民不仅期盼生活环境宜居环保，良好的生态环境更有利于农民收入提高，有利于聚拢人气、留住财气。如何实现乡村生态宜居呢？第一，实施重要生态系统保护和修复工程，加强乡村生态保护和环境治理。第二，采用节水、节肥、节药、节能等先进的种植养殖技术，加强农业面源污染防治。第三，加强森林、草原、湿地等保护修复，开展荒漠化、石漠化、水土流失综合治理。第四，治理农村垃圾和污水，加强乡村无障碍设施建设，鼓励和支持使用清洁能源、可再生能源，持续改善农村人居环境。第五，建立农村低收入群体安全住房保障机制，严格禁止违法占用耕地建房，引导农民建设功能现代、结构安全、成本经济、绿色环保、与乡村环境相协调的宜居住房。第六，严格管理农业投入品，对剧毒、高毒、高残留的农药、兽药采取禁用限用措施。第七，实行耕地养护、修复、休耕和草原森林河流湖泊休养生息制度，禁止违法将污染环境、破坏生态的产业、企业向农村转移，推进废旧农膜和农药等农业投入品包装废弃物回收处理。

政策法律依据

《中华人民共和国乡村振兴促进法》第 34～40 条

06 促进乡村振兴，如何实现乡风文明？

疑惑

《乡村振兴促进法》提出促进乡村振兴的五个方面总要求，乡风文明是其中之一，如何实现乡风文明呢？

解析

乡风文明是乡村振兴的重要保障，为乡村振兴提供精神动力，满足农民群众对美好生活的向往，紧密关系到乡村振兴的文明程度和质量水平。如何实现乡风文明呢？第一，加强农村精神文明建设，不断提高乡村社会文明程度。第二，倡导科学健康的生产生活方式，发挥村规民约积极作用，普及科学知识，推进移风易俗，提倡孝老爱亲、勤俭节约、诚实守信，促进男女平等，创建文明村镇、文明家庭，培育文明乡风、良好家风、淳朴民风，建设文明乡村。第三，鼓励开展形式多样的农民群众性文化体育、节日民俗等活动，充分利用广播电视、视听网络和书籍报刊，拓展乡村文化服务渠道，提供便利可及的公共文化服务。第四，保护农业文化遗产和非物质文化遗产，弘扬红色文化，传承和发展优秀传统文化。第五，建设特色鲜明、优势突出的农业文化展示区、文化产业特色村落，发展乡村特色文化体育产业，推动乡村地区传统工艺振兴，积极推动智慧广电乡村建设，活跃繁荣农村文化市场。

政策法律依据

《中华人民共和国乡村振兴促进法》第 29 ~ 33 条

07 促进乡村振兴，如何实现治理有效？

疑惑

《乡村振兴促进法》提出促进乡村振兴的五个方面总要求，治理有效是其中之一，如何实现治理有效呢？

解析

乡村振兴离不开和谐稳定的社会环境，没有乡村有效治理，就不可能实现全面乡村振兴。如何实现治理有效呢？第一，建立健全现代乡村社会治理体制和乡村社会治理体系，加强乡镇人民政府社会管理和服务能力建设。第二，中国共产党农村基层组织发挥全面领导作用。第三，建设懂农业、爱农村、爱农民的农业农村工作干部队伍。第四，构建简约高效的基层管理体制，加强乡村干部培训，夯实乡村治理基础。第五，指导和支持农村基层群众性自治组织规范化、制度化建设，健全村民委员会民主决策机制和村务公开制度。第六，农村集体经济组织发挥依法管理集体资产、合理开发集体资源、服务集体成员等方面的作用，保障农村集体经济组织的独立运营。第七，加强基层群团组织建设，支持、规范和引导农村社会组织发展。第八，加强基层执法队伍建设，健全乡村矛盾纠纷调处化解机制，推进法治乡村建设。第九，健全农村社会治安防控体系和公共安全体系。

政策法律依据

《中华人民共和国乡村振兴促进法》第 41 ~ 49 条

08 促进乡村振兴，如何实现生活富裕？

疑惑

《乡村振兴促进法》提出促进乡村振兴的五个方面总要求，生活富裕是其中之一，如何实现生活富裕呢？

解析

生活富裕是全面推进乡村振兴的根本所在。只有让农民钱包鼓起来，生活水平提起来，才能让农民群众真真切切地感受到乡村振兴的福利。如何实现生活富裕呢？第一，继续巩固和完善以家庭承包经营为基础、统分结合的双层经营体制，依法保障农民生产生活基础。第二，以农民为主体，以乡村优势特色资源为依托，支持、促进农村一二三产业融合发展，深挖农村内部增收潜力，鼓励支持农民拓宽增收渠道，促进农民增加收入。第三，完善扶持政策，加强指导服务，支持农民、返乡入乡人员在乡村创业创新，促进乡村产业发展和农民就业。第四，支持农民按照规定参加城乡居民基本养老保险、基本医疗保险，鼓励具备条件的灵活就业人员和农业产业化从业人员参加职工基本养老保险、职工基本医疗保险等社会保险。第五，推进城乡最低生活保障制度统筹发展，提高农村特困人员供养等社会救助水平，加强对农村留守儿童、妇女和老年人以及残疾人、困境儿童的关爱服务，支持发展农村普惠型养老服务和互助性养老。

政策法律依据

《中华人民共和国乡村振兴促进法》第 12 条、第 19 ~ 21 条、第 54 条

CHAPTER

2

第二章

产业发展

(一)农村经济组织

09 什么是农村集体经济组织？ 它跟村民委员会有什么区别？

疑惑

2018 年《农业农村部办公厅关于启用农村集体经济组织登记证有关事项的通知》发布后，全国陆续开始了《农村集体经济组织登记证》的换证工作，莲花村的驻村大学生村干部负责这项工作，不过他有点疑惑的是，农村集体经济组织到底是什么？它的日常工作不都是村民委员会在组织吗？它跟村民委员会有什么区别呢？

解析

根据我国《民法典》的规定，农村集体经济组织、村民委员会都属于特别法人。虽然法律层面和实践中二者均存在职能和人员混同的情形，但农村集体经济组织和村民委员会的职能属性是不同的。农村集体经济组织是以农民集体土地所有权为基础建立的，每个农村集体经济组织都建立在特定地域范围内农民集体所有土地的基础之上。在我国,农村集体经济组织是除国家以外对土地拥有所有权的唯一的组织,其职责主要是组织本集体成员参加生产活动,利用本经济组织的生产资料、生产工具等从事营利性活动。而村民委员会则是村民自我管理、自我教育、自我服务的基层群众性自治组织,担负着办理本村公共事务和公益事业,调解民间纠纷,协助维护社会治安,向人民政府反映村民的意见、要求和提出建议等多种职能。通常认为,农村集体经济组织与村民委员会分别承担集体经济经营管理事务和村民自治事务,二者之间不存在从属关系,并且各自的性质和职能也不同。《村民委员会组织法》第8条明确指出,村民委员会应当尊重并支持集体经济组织依法独立进行经济活动的自主权,维护以家庭承包经营为基础、统分结合的双层经营体制,保障集体经济组织和村民、承包经营户、联户或者合伙的合法财产权和其他合法权益。

明确区分农村经济组织和村民委员会具有重要的意义,其是实现乡村振兴的重要基础保障。《乡村振兴促进法》第12条第1款规定,国家完善农村集体产权制度,增强农村集体所有制经济发展活力,促进集体资产保值增值,确保农民受益。只有对农村集体经济组织进行明确的定位,才能更好地推动农村集体产权制度的改革和完善,增强农村集体经济发展的活力。

政策法律依据

《中华人民共和国乡村振兴促进法》第12条

《中华人民共和国民法典》第 96 条、第 99 ~ 101 条
《中华人民共和国村民委员会组织法》第 8 条

10 设立农民专业合作社应当具备哪些条件？

疑惑

水秀村原来是个贫困村，后来在村里扶贫干部的带领下，发展起了种植业。经过科学种植，在大家的共同努力下，没过几年，水秀村就摆脱了贫困村的称号，村民们手里的钱也一天比一天多。见到这样的发展势头，大家都不满足于现状，还想将水秀村发展成为富裕村。经过讨论，大家决定把种植户们都联合起来，成立一个农民专业合作社，来帮助大家走向富裕的道路。但是，以前从没有人有过设立农民专业合作社的经验，大家都对如何设立合作社没什么头绪。那么，要想设立农民专业合作社，应当具备哪些条件呢？

解析

根据我国《农民专业合作社法》第 2 条的规定可以看出，农民专业

合作社是一种互助性经济组织,具有独立的法人资格。虽然其性质不同于其他公司、企事业单位,但该法第5条规定,农民专业合作社是可以在登记以后取得法人资格的。作为独立的法人,农民专业合作社的财产来源主要是成员出资、国家财政直接补助、他人捐赠以及合法取得的其他资产,农民专业合作社以上述财产独立地对债务承担责任。

根据我国《农民专业合作社法》第12条的规定,设立农民专业合作社应当具备的条件主要有五个:

第一,有5名以上符合《农民专业合作社法》第19条、第20条规定的成员。即农民专业合作社的成员应当是具有民事行为能力的公民,以及从事与农民专业合作社业务直接有关的生产经营活动的企业、事业单位或者社会组织。但是,具有管理公共事务职能的单位不得加入农民专业合作社。同时需要特别注意的是,农民专业合作社中农民应当占成员总数的80%以上。

第二,有符合本法规定的章程。在章程中,应当载明法律所规定的章程必须具备的内容。

第三,有符合本法规定的组织机构,主要包括成员大会或者成员代表大会,理事长、理事会,执行监事或者监事会等。

第四,有符合法律、行政法规规定的名称和章程确定的住所。名称是农民专业合作社作为独立的市场主体与其他市场主体相区别的标志,而住所对于确定登记机关和发生民事诉讼时的地域管辖问题都有着重要作用。名称和住所缺一不可,应当谨慎对待。

第五,有符合章程规定的成员出资。农民专业合作社有财产才能在市场上立足,根据《农民专业合作社法》第13条的规定,成员出资的方式多种多样，但要注意在出资时不得使用法律、行政法规规定不得作为出资的财产。

在上面的案例中，秀水村的种植户完全可以成立农民专业合作社，将村里的种植户团结起来共同发展。在成立农民专业合作社时，要注意上面提到的五个条件，这五个条件是法律的硬性规定，无论缺少哪一个条件，农民专业合作社都无法设立。

政策法律依据

《中华人民共和国农民专业合作社法》第12～13条、第19～20条

11 什么是农民专业合作社联合社？

疑惑

封某是某村贝类养殖专业合作社的成员之一，同时在该社内担任理事长的职务。合作社里的成员虽然不是很多，但是大家的养殖热情都很高，销路也很有保证，不少养殖户手里都有了存款。封某并不满足于现状，还想带领养殖户们走上更高的台阶。他打听到附近村也有2个农民专业合作社，主要经营范围都是海产品相关养殖。封某认为将3个合作社联合起来，共同设立一个海产品专业合作社联合社,肯定能够带来更大的利益。随后,3 个合作社的成员大会都通过了设立海产品专业合作社联合社的表决,联合社正式设立。那么,究竟什么是农民专业合作社联合社呢?

解析

根据我国《农民专业合作社法》的规定,要成立农民专业合作社联合社,应当有 3 个以上的农民专业合作社进行出资。农民专业合作社联合社与农民专业合作社一样,都具有独立的法人资格和市场主体地位,有权依法进行登记并取得营业执照。

农民专业合作社联合社作为独立的法人,以其全部财产对外承担责任。但是,成员只需要以出资额为限对债务承担有限责任即可。在组织机构方面,农民专业合作社联合社也应当设立成员大会,但是不设成员代表大会,同时可以根据需要设立理事会、监事会或者执行监事等。在成员的表决权方面,实行一社一票制,每个成员享有一票的表决权。如果成员想要退出农民专业合作社联合社,应当根据法定程序提交退社申请。

在组织和管理方面,农民专业合作社联合社与农民专业合作社高度相似,如果法律对农民专业合作社联合社的事项并未作出具体规定,可以参照适用农民专业合作社的相关规定。

政策法律依据

《中华人民共和国农民专业合作社法》第 56 ~ 63 条

12 什么是乡村集体所有制企业?

疑惑

某毛巾制造厂是某村农民集体出资设立的一家乡镇企业。2021年3月,该企业因经营不善,导致资金短缺,准备寻找新的管理人,以保障企业的正常运营。经过他人推荐,该企业的负责人找到了小亮。小亮是本村村民,原来一直在某市做生意,有着丰富的管理经验。但对于乡村集体所有制企业的管理,小亮还是第一次涉足。那么,什么是乡村集体所有制企业?

解析

乡村集体所有制企业,是由乡村的农民集体举办,该企业所在的乡或者村范围内的全体农民集体享有企业财产的所有权,同时是自主经营、独立核算、自负盈亏的社会主义商品生产和经营单位。根据《乡村集体所有制企业条例》第3条、第4条的规定,乡村集体所有制企业是我国社会主义公有制经济的组成部分,企业的主要任务是:(1)发展商品生产和服务业,满足社会日益增长的物质和文化生活的需要;(2)调整农村产业结构,合理利用农村劳动力;(3)支援农业生产和农村建设,增加国家财政和农民的收入;(4)积极发展出口创汇生产;为大工业配套和服务。

根据《乡村集体所有制企业条例》第13条、第14条的规定,设立乡村集体所有制企业应当具备以下条件:(1)设立的主体条件:设立乡村集体所有制企业的主体只能是乡(镇)、村的农民,即由农民们申请设立;(2)设立的目标要求:必须是产品和提供的服务为社会所需要,并符合国家法律、法规和政策规定;(3)名称及场所要求:有自己的名称、组织机构和生产经营场所;(4)资金、设备及从业人员条件:有与生产经营和服务规模相适应的资金、设备、从业人员和必要的原材料条件;(5)经营范围要求:必须有确定的经营范围;(6)其他条件:有必要的劳动卫生、安全生产条件和环境保护措施;符合当地乡村建设规划,合理利用土地。(7)审批要求:设立企业必须依照法律、法规,经乡级人民政府审核后,报请县级人民政府乡镇企业主管部门以及法律、法规规定的有关部门批准,持有关批准文件向企业所在地工商行政管理机关办理登记,经核准领取《企业法人营业执照》或者《营业执照》后才能营业,并向税务机关办理税务登记。因此,只要该村村民按照上述条件准备齐材料,就可以申请设立乡村集体所有制企业。

政策法律依据

《中华人民共和国乡村集体所有制企业条例》第3~4条、第13~14条

（二）土地使用与保护

13 农村集体经营性建设用地入市是指什么？

疑惑

作为试点单位，北京市大兴区积极通过出让、租赁、入股等形式推进集体经营性建设用地入市进程。大兴区的西红门镇和旧宫镇是较早实施的区域，首个试点项目鸿坤金融谷项目即位于西红门，项目运营良好，吸引包括北京股权交易中心等一大批企业入驻。那么，农村集体经营性建设用地入市是指什么？

解析

自2015年12月28日起，十二届全国人民代表大会常务委员会第十八次会议授权国务院在59个试点县（市、区）行政区域暂时调整实施关于集体所有的宅基地使用权不得抵押的规定。自此以建立统一的城乡建设用地市场为目标，建立“同地同权、流转顺畅、收益共享”的农村集体经营性建设用地入市制度的探索实践开始了。农村集体经营性建设用地入市必须坚持三条底线:第一,土地公有制性质不改变;第二,耕地红线不突破;第三,农民利益不受损。

2019年修订的《土地管理法》规定,依法登记的集体经营性建设用地如果规划为工业、商业等经营性用途的,并经本集体经济组织成员的村民会议2/3以上成员或者2/3以上村民代表的同意后,村集体可以出让、出租给单位或者个人使用。通过此方式取得使用权的人可以转让、互换、出资、赠与或者抵押。这无疑为农村集体建设用地进入市场破除了法律障碍。全国各试点地区以工商业生产、教育、甚至租赁住宅建设的方式积极推进集体土地入市。

以集体租赁住房为例,一般由镇级集体经济组织作为申报主体,统一办理相关立项、规划及用地等手续。也可以通过集体经济组织以建设用地使用权入股、联营的方式与国有企业联合开发进行建设。建成后,土地和房屋的所有权属于农民集体所有或者新成立的企业所有。项目建成后,办理项目整体不动产权利证书,但不能办理分割单元产权证书,同时仅能用于租赁住房和运营管理,不能对外出售,或者以租代售,这点绝不等同于小产权房。集体租赁住房属于农民集体持有的租赁产业,租金收益全部或者按照比例归农民集体所有。通过入市取得的收益,不仅用于农村基础设施建设、集体经营性建设用地的开发整理,还会用于农村社保补贴和贫困救助等公共方面。

政策法律依据

《中华人民共和国土地管理法》(2019 年修订)

第六十三条　土地利用总体规划、城乡规划确定为工业、商业等经营性用途,并经依法登记的集体经营性建设用地,土地所有权人可以通过出让、出租等方式交由单位或者个人使用,并应当签订书面合同,载明土地界址、面积、动工期限、使用期限、土地用途、规划条件和双方其他权利义务。

前款规定的集体经营性建设用地出让、出租等,应当经本集体经济组织成员的村民会议三分之二以上成员或者三分之二以上村民代表的同意。

通过出让等方式取得的集体经营性建设用地使用权可以转让、互换、出资、赠与或者抵押,但法律、行政法规另有规定或者土地所有权人、土地使用权人签订的书面合同另有约定的除外。

集体经营性建设用地的出租,集体建设用地使用权的出让及其最高年限、转让、互换、出资、赠与、抵押等,参照同类用途的国有建设用地执行。具体办法由国务院制定。

第六十四条　集体建设用地的使用者应当严格按照土地利用总体规划、城乡规划确定的用途使用土地。

14 试点地区的集体经营性建设用地，出让给非经济组织成员的，合同有效吗？

疑惑

某村股份合作社与邝某、黄某、杨某签订《土地使用权出让合同》，双方约定将一块建设用地作为商业用地转让使用权给三人，期限为50年，三人给付出让金。合同签订后，三人一直将土地用于商业出租经营，但未进行任何土地权属变更登记。后某村股份合作社将邝某等三人诉至法院，认为三人不是本村集体经济组织成员，双方签订的合同无效。该村属于农村集体经营性建设用地入市试点地区。那么，村股份合作社与邝某等三人签订的建设用地使用权出让合同有效吗？

解析

我国《土地管理法》规定，土地利用总体规划、城乡规划确定为工业、商业等经营性用途，并经依法登记的集体经营性建设用地，土地所有权人可以通过出让、出租等方式交由单位或者个人使用。通过出让等方式取得的集体经营性建设用地使用权可以转让、互换、出资、赠与或者抵押，但法律、行政法规另有规定或者土地所有权人、土地使用权人签订的书面合同另有约定的除外。

本案中的土地属于集体建设用地，且位于试点地区，参照《全国人民代表大会常务委员会关于授权国务院在北京市大兴区等三十三个试点县（市、区）行政区域暂时调整实施有关法律规定的决定》的相关规定，双方约定出让集体建设用地使用权并不违反国家法律、行政法规的强制性规定，合同有效。

政策法律依据

《中华人民共和国土地管理法》（2019 年修订）

第六十三条　土地利用总体规划、城乡规划确定为工业、商业等经营性用途，并经依法登记的集体经营性建设用地，土地所有权人可以通过出让、出租等方式交由单位或者个人使用，并应当签订书面合同，载明土地界址、面积、动工期限、使用期限、土地用途、规划条件和双方其他权利义务。

前款规定的集体经营性建设用地出让、出租等，应当经本集体经济组织成员的村民会议三分之二以上成员或者三分之二以上村民代表的同意。

通过出让等方式取得的集体经营性建设用地使用权可以转让、互换、出资、赠与或者抵押，但法律、行政法规另有规定或者土地所有权人、土地使用权人签订的书面合同另有约定的除外。

集体经营性建设用地的出租，集体建设用地使用权的出让及其最高年限、转让、互换、出资、赠与、抵押等，参照同类用途的国有建设用地执行。具体办法由国务院制定。

第六十四条 集体建设用地的使用者应当严格按照土地利用总体规划、城乡规划确定的用途使用土地。

15 试点地区农户将宅基地使用权抵押的，银行可以行使优先受偿权吗？

疑惑

刘某夫妻是某村村民。该村属于国务院授权的试点县行政区域，暂时调整实施相关法律关于集体所有的宅基地使用权不得抵押的规定。某农村商业银行与刘某夫妻签订《个人担保借款合同》，出借17万元，期限为1年。为保障到期还款，刘某夫妻将刘某享有的宅基地使用权、房屋所有权作为借款合同的抵押担保，与农村商业银行签订《抵押合同》，并办理抵押登记。该村农村商业银行向刘某发放了贷款17万元，但刘某夫妻到期未能偿还贷款。那么，某农村商业银行可以对刘某的宅基地使用权、房屋所有权享有优先受偿权吗？

解析

按照《全国人民代表大会常务委员会关于授权国务院在北京市大兴区等三十三个试点县（市、区）行政区域暂时调整实施有关法律规定的决定》《国务院关于开展农村承包土地的经营权和农民住房财产权抵押贷款试点的指导意见》两个文件精神，试点地区的宅基地不受《民法典》关于禁止宅基地抵押的法律限制。在试点地区，国家鼓励发挥宅基地抵押融资功能，盘活农民土地用益物权，稳妥有序开展宅基地使用权抵押贷款试点，加大金融行业对农业、农村、农民的支持力度。当然，抵押权设立后，当债权无法获得全额清偿时，抵押物的处置是不可避免的问题。由于宅基地涉及农民生活权益保障，因此在处置抵押物时需要做好风险保障。如发生农户不履行到期债务，金融机构应当在保证农户基本住房权利的前提下，处置抵押物。对宅基地使用权、宅基地上房屋抵押物的处置，应当区别于商品住房，受让人应限制在相关法律法规和国务院规定的范围内。

本案中，刘某夫妻所在村属于试点范围，宅基地抵押不受法律限制。刘某享有的宅基地使用权、房屋所有权办理了抵押登记，按照《抵押合同》的约定，刘某夫妻到期未偿还债务，银行享有就宅基地使用权、房屋所有权折价、拍卖或者变卖后所得价款行使优先受偿的权利。

政策法律依据

《国务院关于开展农村承包土地的经营权和农民住房财产权抵押贷款试点的指导意见》(国发〔2015〕45号)

二、试点任务

(一)赋予“两权”抵押融资功能,维护农民土地权益。在防范风险、遵守有关法律法规和农村土地制度改革等政策基础上,稳妥有序开展“两权”抵押贷款试点。加强制度建设,引导和督促金融机构始终把维护好、实现好、发展好农民土地权益作为改革试点的出发点和落脚点,落实“两权”抵押融资功能,明确贷款对象、贷款用途、产品设计、抵押价值评估、抵押物处置等业务要点,盘活农民土地用益物权的财产属性,加大金融对“三农”的支持力度。

(二)推进农村金融产品和服务方式创新,加强农村金融服务。金融机构要结合“两权”的权能属性,在贷款利率、期限、额度、担保、风险控制等方面加大创新支持力度,简化贷款管理流程,扎实推进“两权”抵押贷款业务,切实满足农户等农业经营主体对金融服务的有效需求。鼓励金融机构在农村承包土地的经营权剩余使用期限内发放中长期贷款,有效增加农业生产的中长期信贷投入。鼓励对经营规模适度的农业经营主体发放贷款。

(三)建立抵押物处置机制,做好风险保障。因借款人不履行到期债务或者发生当事人约定的情形需要实现抵押权时,允许金融机构在保证农户承包权和基本住房权利前提下,依法采取多种方式处置抵押物。完善抵押物处置措施,确保当借款人不履行到期债务或者发生当事人约定的情形时,承贷银行能顺利实现抵押权。农民住房财产权(含宅基地使用权)抵押贷款的抵押物处置应与商品住房制定差别化规定。探索农民住房财产权抵押担保中宅基地权益的实现方式和途径,保障抵押权人合法权益。对农民住房财产权抵押贷款的抵押物处置,受让人原则上应限制在相关法律法规和国务院规定的范围内。

(四)完善配套措施,提供基础支撑。试点地区要加快推进农村土地承包经营权、宅基地使用权和农民住房所有权确权登记颁证,探索对通过流转取得的农村承包土地的经营权进行确权登记颁证。农民住房财产权设立抵押的,需将宅基地使用权与住房所有权一并抵押。按照党中央、国务院确定的宅基地制度改革试点工作部署,探索建立宅基地使用权有偿转让机制。依托相关主管部门建立完善多级联网的农村土地产权交易平台,建立"两权"抵押、流转、评估的专业化服务机制,支持以各种合法方式流转的农村承包土地的经营权用于抵押。建立健全农村信用体系,有效调动和增强金融机构支农的积极性。

16 农户将所承包的耕地交由他人耕种的，是否丧失土地承包经营权？

疑惑

刘老汉在1998年与村合作社签订了《口粮田承包合同书》，承包村里耕地3亩，涉及刘老汉及其老伴儿陈老太和儿子刘某三口人。2000年，儿子刘某外出务工，常年不在村里住；刘老汉夫妻俩岁数较大，也无法耕种土地，就交由同村于某进行耕种，由其交纳地税。2018年政府开展“万亩造林”环境治理工程，村里统一与村民签订土地流转合同，每年按照每亩800元的标准支付流转费用。由于3亩土地常年由于某种植，村合作社就与于某签订了《土地流转合同》，于某领取每年的流转费用。2020年，刘老汉和其老伴儿相继过世，儿子刘某回家收拾遗物时发现1998年的《口粮田承包合同书》，遂向于某主张交付土地、返还已经领取的流转费用。于某表示，当初刘家不愿意种地，自己才种的，村里已经和自己签订了《土地流转合同》，3亩土地承包经营权应当属于自己。刘某则认为，当初父母只是让于某暂时耕种，并未将地给于某，况且自己多年外出务工，户口一直在村里，且没有承包其他土地，现在父母过世，3亩土地的承包经营权应当归自己。那么，刘某是否丧失土地承包经营权？

解析

《农村土地承包法》第30条规定，承包期内，承包方可以自愿将承包地交回发包方，但是应当提前半年以书面形式通知发包方。法律之所以规定需要承包方以书面形式向发包方（村里）提交申请，就是规范交回程序，防止承包户随意、违背真实意思丧失承包土地。承包户未经上述程序交回承包地的，一般不能认定为“自愿交回”。家庭承包涉及农村社会稳定和农民生存权益保护，在刘老汉没有向村里书面申请交回承包地的情况下，刘老汉一家人并不会丧失对该地的土地承包经营权。虽然刘老汉夫妻已经过世，但根据增人不增地、减人不减地原则，刘某作为户内成员对3亩耕地仍享有土地承包经营权。

政策法律依据

《中华人民共和国农村土地承包法》第30条

17 农户将承包耕地抵押给同村村民的，该村民是否享有抵押权？

疑惑

郭某与郑某系夫妻关系，郑某欠同村村民许某3万元借款到期未还。于是郭某夫妻与许某签订协议，承诺以郭某夫妻承包的3亩耕地作为偿还许某债务的抵押，并将耕地交由许某使用。后许某基于协议将地块承包经营权登记在自己名下，那么，许某享有3亩耕地的抵押权吗？

解析

1995年10月1日施行的《担保法》以农村土地的不同类型为区分标准，呈现出可以抵押与否的二元结构。耕地、宅基地、自留地、自留山等集体所有的土地使用权不得抵押；被依法承包的荒山、荒沟、荒丘、荒滩等荒地土地使用权经发包方同意，可以抵押。2003年3月1日施行的《农村土地承包法》进一步细化了可以抵押土地的要求，通过招标、拍卖、公开协商等方式承包的农村土地，经依法登记取得土地承包经营权证或者林权证等证书的，其土地承包经营权可以抵押。2005 年 9 月 1 日施行的《最高人民法院关于审理涉及农村土地承包纠纷案件适用法律问题的解释》第 15 条明确规定,承包方以其土地承包经营权进行抵押或者抵偿债务的,应当认定无效。但是该司法解释在 2020 年修正时,明确将上述条文予以删除。2018 年修正的《农村土地承包法》明确规定了承包方可以以其承包地的土地经营权向金融机构融资担保;通过流转取得土地经营权的受让方也可以在承包方书面同意的前提下,以土地经营权向金融机构融资担保,当然这些都需要向发包方备案。《民法典》仍坚持宅基地、自留地、自留山等集体所有的土地使用权不得抵押,但取消了耕地不得抵押的限制,再次肯定了通过招标、拍卖、公开协商等方式承包农村土地,经依法登记取得权属证书的,可以依法采取出租、入股、抵押或者其他方式流转土地经营权。综合上述条文的历史变迁情况,对通过招标、拍卖、公开协商等方式获取的土地经营权,法律一直以来都是认可其可以抵押的,自然抵押合同也是有效的。但是对于耕地的土地经营权能否抵押经历了法律的变化,这也是耕地特殊的作用所导致的。耕地在农村常被称作农民的"口粮田",与农民的生存利益,集体组织的稳定及国家的粮食安全紧密相关。但是在农村土地"三权分置"的大体系下,可以实现农民对土地的承包权和受让人的经营权相分离,使土地的流转价值得以更好地实现。农民可以签订合同的方式用土地承包经营权融资担保,通过流转受让耕地经营权益的土地经营权人也可以在承包人书面同意的情况下以土地经营权进行融资担保。但是这里考虑到农村土地融资担保目前仍是过渡性阶段,融资机构应当有所限制,只能是金融机构。一方面,金融机构具备完善的贷款风险审核机制,可以有效地防范不具备资信的农户陷入债务危机;另一方面,在农户贷款逾期时,金融机构在实现抵押权时更合法规范,有利于土地经营权的正常流转,防止变相土地买卖危及农民生存利益。金融机构与土地承包经营权人或土地经营权人签订的融资担保合同生效时,即享有该担保物权;但担保物权未经登记不得对抗善意第三人。金融机构可以在抵押人逾期时,对土地经营权优先受偿。

本案中,郭某夫妻虽然可以将承包的耕地以抵押的方式进行融资,但是抵押权人必须是金融机构,因此,许某不享有3亩耕地的抵押权。

政策法律依据

《中华人民共和国民法典》

第三百四十二条 通过招标、拍卖、公开协商等方式承包农村土地,经依法登记取得权属证书的,可以依法采取出租、入股、抵押或者其他方式流转土地经营权。

第三百九十九条 下列财产不得抵押:

(一)土地所有权;

(二)宅基地、自留地、自留山等集体所有土地的使用权,但是法律规定可以抵押的除外;

(三)学校、幼儿园、医疗机构等为公益目的成立的非营利法人的教育设施、医疗卫生设施和其他公益设施;

（四）所有权、使用权不明或者有争议的财产；

（五）依法被查封、扣押、监管的财产；

（六）法律、行政法规规定不得抵押的其他财产。

《中华人民共和国农村土地承包法》第 47 条

18 农民将自己承包的鱼塘租赁给他人从事养殖，养殖物的补助费应由谁享有？

疑惑

艾某和丁某签订《鱼池租赁合同》，艾某将承包的鱼塘出租给丁某用于养殖水产，约定租期三年，三年内如遇国家征用土地时，该租赁合同解除，因征地给予的土地及其他补偿费归艾某。后丁某一直在该地养殖鱼类。第二年，因政府环境治理需要对养殖物进行腾退，给予艾某腾退房屋货币补偿和各项补偿补助，其中养殖物迁移补助费 25 万元。针对养殖物补助费 25 万元的归属，丁某和艾某发生争议。丁某认为鱼是自己养的，补助费理应归自己。而艾某认为从承包到拆迁自己已经养殖 20 年，租给丁某养殖仅两年，所以补偿费用绝大部分都是自己的，只同意给予丁某按照两年时间计算的 9000 余元。那么，养殖物的补助费应该归谁呢？

解析

2016年10月22日中共中央办公厅、国务院办公厅印发《关于完善农村土地所有权承包权经营权分置办法的意见》，在农村集体土地上构建了所有权、承包权、经营权“三权分置”的农村土地权利体系，这是继家庭联产承包责任制后农村改革的又一重大制度创新。2018年修正的《农村土地承包法》及《民法典》均对“三权分置”的农村土地权利体系进行了肯定。《民法典》物权编规定了农村集体经济组织享有集体土地所有权；农户拥有土地承包经营权，享有占有、使用和收益的权利；土地经营权人享有的是在合同约定期限内，占有农村土地，自主开展农业生产经营并取得收益的权利，是土地经营权人通过与土地承包人签订合同，借由承包人把土地承包经营权部分权能进行流转，进而取得的民事权利。

本案中，艾某和村集体签订土地承包合同享有土地承包经营权，其在经营数年后将土地经营权通过签订《鱼池租赁合同》的方式流转给丁某。丁某在涉案土地上养殖水产，获取收益。双方在《鱼池租赁合同》中虽约定了“因征地给予的土地及其他补偿费归艾某”，但是双方对养殖物的补偿归属并未作出明确约定，且该养殖物是丁某基于土地经营权人获得的重要收益，在双方没有明确约定的情况下不宜对约定不明的合同条款随意扩张解释。此时，基于丁某是土地经营权人，其享有经营所得收益，即养殖物的所有权，故该养殖物的补助费理应由丁某享有。艾某虽之前经营该鱼塘数年，但是艾某通过签订《鱼池租赁合同》的方式，已经将土地经营的收益流转给丁某，其获取的是丁某支付的租赁费，艾某将养殖物补偿费给予丁某并不违背公平的原则。

政策法律依据

《中华人民共和国民法典》

第二百六十一条　农民集体所有的不动产和动产，属于本集体成员集体所有。

第三百三十一条　土地承包经营权人依法对其承包经营的耕地、林地、草地等享有占有、使用和收益的权利，有权从事种植业、林业、畜牧业等农业生产。

第三百四十条　土地经营权人有权在合同约定的期限内占有农村土地，自主开展农业生产经营并取得收益。

《中华人民共和国农村土地承包法》第 36 ~ 37 条

19 因宅基地四至范围产生纠纷，村民能直接到法院提起民事诉讼吗？

疑惑

王某和刘某是同村村民，两户宅基地房屋分属一条东西向走道的南北两侧。王某宅院在走道北侧，刘某宅院在走道南侧。王某持有1958年买卖田房的草契约和当年由省政府签章的旧契，其上所列宅院就是王某现在宅基地所在范围。现在王某认为，上述材料反映的土地范围内9.8平方米被邻居刘某侵占多年，想要刘某拆除9.8平方米宅基地上的建筑物。此时，王某以宅基地使用权纠纷将刘某起诉到法院。那么，王某的诉讼请求能得到法院支持吗？

解析

《土地管理法》第14条规定，涉及土地所有权和使用权方面的争议，由当事人协商解决；协商不成的，由人民政府处理。单位之间的争议，由县级以上人民政府处理；个人之间、个人与单位之间的争议，由乡级人民政府或者县级以上人民政府处理。人民政府处理后，当事人对处理决定不服的，可以自接到处理决定通知之日起30日内，向人民法院起诉。

本案中，王某与刘某之间对于宅基地使用权的纠纷，属于农村村民之间的宅基地使用权争议，应当首先由乡级或者县级以上人民政府处理。王某如果对人民政府处理决定不服的，可以在自接到处理决定之日起30日内，向人民法院提起诉讼。故王某提起宅基地使用权纠纷不符合人民法院民事诉讼案件受理范围，人民法院将对王某的起诉裁定驳回。因此，涉及村民之间宅基地使用权争议的，当事人应当先行向乡级或者县级以上人民政府申请处理，而不是直接向法院提起民事诉讼。

政策法律依据

《中华人民共和国土地管理法》

第十四条　土地所有权和使用权争议，由当事人协商解决；协商不成的，由人民政府处理。

单位之间的争议，由县级以上人民政府处理；个人之间、个人与单位之间的争议，由乡级人民政府或者县级以上人民政府处理。

当事人对有关人民政府的处理决定不服的，可以自接到处理决定通知之日起三十日内，向人民法院起诉。

在土地所有权和使用权争议解决前，任何一方不得改变土地利用现状。

20 “土地流转”的形式有哪些？流转后，承包方与发包方的关系改变了吗？

疑惑

2021年6月，沈某和妻子由于身体原因，无法再继续务农，儿子准备接他们到城市里安享晚年。沈某觉得自己家里的农田不能荒废，但又不知道该如何处理。后来，沈某听邻居说可以采取土地流转的方式将土地转租给别人。沈某对土地流转并不是很了解，想知道土地流转除了出租，是否还有其他的流转方式。此外，沈某也担心一旦流转，自己就跟这些农田没有关系了，村民委员会以后会不会将土地收回发包给别人。为此，沈某准备去咨询村民委员会的有关工作人员。那么，“土地流转”的形式有哪些？流转后，承包方与发包方的关系改变了吗？

解析

我国《农村土地承包法》第36条规定，在土地流转中，可以采用出租(转包)、入股或者其他方式进行，承包方可以自主决定土地流转的方式。此外，《农村土地经营权流转管理办法》第14条也作出了类似规定。其中“出租”，是指承包方将部分或者全部土地经营权，租赁给他人从事农业生产经营。所谓的“入股”，是指承包方将部分或者全部土地经营权作价出资，成为公司、合作经济组织等的股东或者成员，并用于农业生产经营。同时，根据《农村土地经营权流转管理办法》第15条的规定，承包方依法流转土地的，承包方与发包方之间的承包关系不变，双方享有的权利和承担的义务也不变。

本案中，根据沈某的实际情况，其可以采用出租的方式将土地转包给他人。他作为土地的承包方与发包方之间的权利义务关系并不会因此改变。需要注意的是，农民在将土地进行流转时，虽然可以自由选择流转形式，但应根据自身的实际情况采用最适合自己的方式，最大限度地发挥土地的效益。

政策法律依据

《中华人民共和国农村土地承包法》第36条

《农村土地经营权流转管理办法》

第十四条　承包方可以采取出租（转包）、入股或者其他符合有关法律和国家政策规定的方式流转土地经营权。

出租（转包），是指承包方将部分或者全部土地经营权，租赁给他人从事农业生产经营。

入股，是指承包方将部分或者全部土地经营权作价出资，成为公司、合作经济组织等股东或者成员，并用于农业生产经营。

第十五条　承包方依法采取出租（转包）、入股或者其他方式将土地经营权部分或者全部流转的，承包方与发包方的承包关系不变，双方享有的权利和承担的义务不变。

21 土地经营权流转合同如何签订?

疑惑

周某夫妇原来是某村村民,周某一直从事长途运输,妻子则在家里务农。为了能够让孩子接受更好的教育,周某与妻子决定搬到县城里居住。但是,一旦他们搬去城里居住,家里的农田就没有人耕种了。为此,周某与妻子决定将家里的3亩农田以流转的方式转包给同村的谢某。双方就土地流转事项协商一致后,准备签订流转合同。可是,周某并不知道这类合同是自己与谢某签订还是由村民委员会签订,也不清楚合同中应当包含哪些必备条款。那么,土地经营权流转合同如何签订?

解析

我国《农村土地承包法》第40条和《农村土地经营权流转管理办法》第17条、第18条都明确规定,签订土地经营权流转合同的当事人双方必须是土地的承包方与受让方,村民委员会作为发包方并不直接参与双方之间的土地流转,但合同签订后应当报发包方备案。在上面的案例中,周某是土地的承包人,谢某是受让人,故周某与谢某应当是签订土地流转合同的当事人，双方签订合同后，周某向村民委员会上报备案即可。

另外，根据《农村土地经营权流转管理办法》第19条的规定，土地经营流转合同一般包含以下内容：(1)双方当事人的姓名或者名称、住所、联系方式等；(2)流转土地的名称、四至、面积、质量等级、土地类型、地块代码等；(3)流转的期限和起止日期；(4)流转方式，包括出租、入股等；(5)流转土地的用途，如用于种植农作物或树木；(6)双方当事人的权利和义务；(7)流转价款或者股份分红，以及支付方式和支付时间；(8)合同到期后地上附着物及相关设施的处理；(9)土地被依法征收、征用、占用时有关补偿费的归属；(10)违约责任。土地经营权流转合同示范文本由农业农村部制定。周某在制作合同时，可以参照合同的示范文本拟定合同的内容。此外，需要注意的是，如果农民委托他人流转土地经营权的，签订合同的当事人仍然是承包方与受让方，合同的主体不会因为其委托而发生改变。

政策法律依据

《中华人民共和国农村土地承包法》第40条

《农村土地经营权流转管理办法》

第十七条 承包方流转土地经营权，应当与受让方在协商一致的基础上签订书面流转合同，并向发包方备案。

承包方将土地交由他人代耕不超过一年的，可以不签订书面合同。

第十八条 承包方委托发包方、中介组织或者他人流转土地经营权的，流转合同应当由承包方或者其书面委托的受托人签订。

第十九条 土地经营权流转合同一般包括以下内容：

（一）双方当事人的姓名或者名称、住所、联系方式等；

（二）流转土地的名称、四至、面积、质量等级、土地类型、地块代码等；

（三）流转的期限和起止日期；

（四）流转方式；

（五）流转土地的用途；

（六）双方当事人的权利和义务；

（七）流转价款或者股份分红，以及支付方式和支付时间；

（八）合同到期后地上附着物及相关设施的处理；

（九）土地被依法征收、征用、占用时有关补偿费的归属；

（十）违约责任。

土地经营权流转合同示范文本由农业农村部制定。

22 村民与城市居民联合建房遇政府征收，谁是安置对象？

疑惑

曾某等8人是城市居民，他们与村民周某某夫妻签订《联合建房协议》,约定曾某等8人共同出资在周某某所属的宅基地上联合建房,房屋建成后由曾某等8人实际使用。房屋建成后,曾某等8人也实际占有使用房屋数年。后政府决定对该村土地予以征收,联合建房所在区域也属于政府征收范围,那么,曾某等8人和周某某夫妻,谁是安置对象?

解析

《民法典》第243条规定,为了公共利益的需要,依照法律规定的权限和程序可以征收集体所有的土地和组织、个人的房屋以及其他不动产。征收集体所有的土地,应当依法及时足额支付土地补偿费、安置补助费以及农村村民住宅、其他地上附着物和青苗等的补偿费用,并安排被征地农民的社会保障费用,保障被征地农民的生活,维护被征地农民的合法权益。征收组织、个人的房屋以及其他不动产,应当依法给予征收补偿,维护被征收人的合法权益;征收个人住宅的,还应当保障被征收人的居住条件。《国务院办公厅关于严格执行有关农村集体建设用地法律和政策的通知》(国办发〔2007〕71号)规定,农村住宅用地只能分配给本村村民,城镇居民不得到农村购买宅基地、农民住宅或"小产权房"。单位和个人不得非法租用、占用农民集体所有土地搞房地产开发。农村村民一户只能拥有一处宅基地,其面积不得超过省、自治区、直辖市规定的标准。

本案中,曾某等8人非本村集体经济组织成员,不享有宅基地使用权,不属于集体土地征收中应予安置的被征地农民。周某某夫妻仍是宅基地使用权人,是被征收土地的安置对象。当然曾某等8人可以通过另行提起民事诉讼的方式,主张因合作建房而产生的征收补偿利益在合同当事人之间进行依法分配。

政策法律依据

《中华人民共和国民法典》

第二百四十三条 为了公共利益的需要,依照法律规定的权限和程序可以征收集体所有的土地和组织、个人的房屋以及其他不动产。

征收集体所有的土地,应当依法及时足额支付土地补偿费、安置补助费以及农村村民住宅、其他地上附着物和青苗等的补偿费用,并安排被征地农民的社会保障费用,保障被征地农民的生活,维护被征地农民的合法权益。

征收组织、个人的房屋以及其他不动产,应当依法给予征收补偿,维护被征收人的合法权益;征收个人住宅的,还应当保障被征收人的居住条件。

任何组织或者个人不得贪污、挪用、私分、截留、拖欠征收补偿费等费用。

23 受让方将农用地再次流转，用于建设健康养老项目的，该合同是否有效？

疑惑

某农业发展公司通过村民委员会牵线，与村内30多户农户签订了《土地流转合同》，受让农户300亩农用地，开展猕猴桃集中种植经营。该农业发展公司经营5年后，又与某投资公司签订《征用猕猴桃种植基地补偿协议书》，双方约定，投资公司征用猕猴桃种植基地，用于建设智能化养老实验基地，并向农业发展公司支付征用补偿款。合同签订后，投资公司在该种植基地内建设酒店，现建筑物的基础及主体框架已完成。那么，投资公司和农业发展公司签订的合同是否有效？

解析

我国《农村土地承包法》规定，承包方可以以出租的方式流转土地经营权；受让方经承包方书面同意后，可以再次流转土地经营权。但是土地经营权的流转，不得改变土地所有权的性质和土地的农业用途，不得破坏农业综合生产能力和农业生态环境。这是由于我国实行土地用途管制制度，使用土地的单位和个人必须严格按照土地利用总体规划确定的用途使用土地。如果流转土地的受让方违反上述强制性法律规定,其所签订的再次流转合同当属无效。本案中,农业发展公司将受让农用土地流转给投资公司用于非农业建设,违反法律、行政法规的强制性规定,合同无效。

政策法律依据

《中华人民共和国民法典》

第一百四十三条 具备下列条件的民事法律行为有效:

(一)行为人具有相应的民事行为能力;

(二)意思表示真实;

(三)不违反法律、行政法规的强制性规定,不违背公序良俗。

《中华人民共和国土地管理法》(2019年修订)

第四条 国家实行土地用途管制制度。

国家编制土地利用总体规划,规定土地用途,将土地分为农用地、建设用地和未利用地。严格限制农用地转为建设用地,控制建设用地总量,对耕地实行特殊保护。

前款所称农用地是指直接用于农业生产的土地,包括耕地、林地、草地、农田水利用地、养殖水面等;建设用地是指建造建筑物、构筑物的土地,包括城乡住宅和公共设施用地、工矿用地、交通水利设施用地、旅游用地、军事设施用地等;未利用地是指农用地和建设用地以外的土地。

使用土地的单位和个人必须严格按照土地利用总体规划确定的

用途使用土地。

《中华人民共和国农村土地承包法》第36条、第38条、第46条

24 农户进城落户后，村集体将农户承包的土地发包给其他村民的，发包合同有效吗？

疑惑

1980年周家老太太作为户主与村民委员会签订《土地承包合同》，合同包括三口人，分别是周老太太、周老大、周老二。周老太太于1986年过世，周老大和周老二分别于1997年和2007年将户口迁至城市。之后村民委员会在没有经过周老大、周老二的同意下，将上述承包合同所涉土地发包给一直在村里居住的周家侄子周某某，并签订《农村土地承包合同》。周老大、周老二知道后，将村民委员会和周某某诉至法院，要求确认二者签订的《农村土地承包合同》无效。那么，村民委员会和周某某签订的合同有效吗？

解析

我国2018年修正的《农村土地承包法》第27条规定，承包期内，发包方不得收回承包地。国家保护进城农户的土地承包经营权。不得以退出土地承包经营权作为农户进城落户的条件。承包期内,承包农户进城落户的,引导支持其按照自愿有偿原则依法在本集体经济组织内转让土地承包经营权或者将承包地交回发包方,也可以鼓励其流转土地经营权。因此,进城农民并不因户口迁移影响其继续承包土地。本案中,村民委员会在未经承包户同意的情况下,擅自收回承包地再行发包给他人的行为,严重侵犯了承包户的土地承包经营权,村民委员会和他人签订的土地承包合同应认定无效。

政策法律依据

《中华人民共和国农村土地承包法》第27条

(三)严格耕地保护

25 什么是基本农田?什么是基本农田保护区?

疑惑

某食品公司计划将在郊区增设一个工厂,该食品公司的负责人前往郊区进行选址。经过实地查看后，有两块土地被列入了该公司的考虑清单。其中一块土地是一片荒地，优点是面积大，但是地处偏僻，交通不方便。另一块土地是一片耕地，虽然面积小了一点，但是离供货商所在地更近，交通也更方便，可以节省运输成本。经过考虑，该食品公司想在耕地上建设新工厂，于是便与该耕地所在村民委员会联系。村民委员会明确告知，该耕地属于国家基本农田保护区，任何单位和个人不得改变使用用途或者占用。那么，什么是基本农田保护区呢？国家对基本农田保护区有哪些特别的规定？

解析

为了切实保护耕地不被占用，我国现在对耕地实行基本农田保护制度。根据《基本农田保护条例》第 2 条的规定，所谓基本农田，是指按照一定时期人口和社会经济发展对农产品的需求，依据土地利用总体规划确定的不得占用的耕地。基本农田保护区，是指为对基本农田实行特殊保护而依据土地利用总体规划和依照法定程序确定的特定保护区域。基本农田是一个地块的概念，必须落实到具体地块。基本农田保护区是一个区域概念，保护区内以基本农田为主，但并非都是基本农田，除了基本农田，还可能有少量的一般耕地、其他农用地、建设用地、未利用地等。

同时根据《基本农田保护条例》第 10 条的规定，下列耕地应当划入基本农田保护区，严格管理：(1)经国务院有关主管部门或者县级以上地方人民政府批准确定的粮、棉、油生产基地内的耕地；(2)有良好的水利与水土保持设施的耕地，正在实施改造计划以及可以改造的中、低产田；(3)蔬菜生产基地；(4)农业科研、教学试验田。根据土地利用总体规划，铁路、公路等交通沿线，城市和村庄、集镇建设用地区周边的耕地，应当优先划入基本农田保护区；需要退耕还林、还牧、还湖的耕地，不应当划入基本农田保护区。

基本农田保护实行全面规划、合理利用、用养结合、严格保护的方针。国家保护基本农田最主要的方法就是设立基本农田保护区，对于划为基本农田保护区的区域，应当设立保护标志并予以公告。基本农田保护区一经划定，任何单位和个人不得改变或者占用。国家能源、交通、水利、军事设施等重点建设项目选址确实无法避开基本农田保护区，需要占用基本农田，涉及农用地转用或者征用土地的，必须经国务院批准。《土地管理法》第34条规定，各省、自治区、直辖市划定的基本农田应当占本行政区域内耕地的80%以上。基本农田保护区以乡(镇)为单位进行划区定界，由县级人民政府土地行政主管部门会同同级农业行政主管部门组织实施。

政策法律依据

《中华人民共和国土地管理法》第34条

《基本农田保护条例》第2条、第10条

26 在农用地上以“设施农业”为名建造“大棚房”，是否合法？

疑惑

某种植专业合作社拥有300多亩蔬菜大棚的集体土地经营权。刘某以1000万元受让该专业合作社全部份额，成为该专业合作社实际控制人。刘某在没有国土资源部门批准的情况下，以合作社名义对蔬菜大棚园区进行非农建设，将原来的蔬菜大棚通过加高、改装钢架等方式建造“大棚房”260多套，大棚门口铺设透水砖路面，并在大棚外垒花墙，每套大棚房内部设置橱柜、沙发等居住生活设施；整个园区内修建鱼池、假山等景观。刘某以“大棚房”内有休闲、娱乐、居住等生活设施为名进行宣传，对外出租赚取收益。经国土资源局测绘鉴定，刘某修建的大棚房占用耕地将近30亩，其中基本农田20多亩，耕地种植条件被严重破坏。当地国土资源委员会和政府曾下达《行政处罚决定书》《责令停止建设通知书》《限期拆除决定书》，但刘某并未执行，后当地政府将上述违法建设强制拆除。那么，刘某建造的“大棚房”是合法的“设施农业”建设，还是触犯非法占用农用地罪呢？

解析

近年来,随着农业现代化水平不断提升,设施农业生产日益发展,个别地区出现了假借发展设施农业为名,违反土地管理法规,改变土地用途,甚至在基本农田建造永久性建筑等问题,造成土地资源严重破坏。

“设施农业”与非农“大棚房”存在本质区别。设施农业用地包括农业生产中直接用于作物种植和畜禽水产养殖的设施用地。其中作物种植设施用地包括作物生产和为生产服务的看护房、农资农机具存放场所等,以及与生产直接相关的烘干晾晒、分拣包装、保鲜存储等设施用地。畜禽水产养殖设施用地包括养殖生产及直接关联的粪污处置、检验检疫等设施用地,不包括屠宰和肉类加工场所用地等。设施农业属于农业内部结构调整,可以使用一般耕地。对种植设施不破坏耕地耕作层的,可以使用永久基本农田,不需补划;破坏耕地耕作层,但由于位置关系难以避让永久基本农田的,允许使用永久基本农田但必须补划。养殖设施原则上不得使用永久基本农田。设施农业用地不再使用的,必须恢复原用途。设施农业用地被非农建设占用的,应依法办理建设用地审批手续,原地类为耕地的,应落实占补平衡。同时,设施农业用地具体规模应由各省(区、市)自然资源主管部门会同农业农村主管部门根据生产规模和建设标准合理确定。

“大棚房”建设,是一些个人、企业假借建设农业设施之名,违法违规占用耕地甚至永久基本农田,进行非农建设。这种行为会改变土地规划性质用途和农业生产功能,不仅破坏了农业生产,更严重侵害了农民利益。农民原有"口粮田"被建造成永久居住用房向城镇居民出租出售,使得农民失去了安身立命的生活保障;更触碰了耕地保护红线,危害了国家粮食安全。因此,2018 年 8 月 20 日,国家在全国范围内开展了声势浩大的"大棚房"专项治理整治活动,以"发现一起,查处一起"的态度,遏制以建设设施农业为名义进行非农业建设的破坏土地资源违法行为。

我国《土地管理法》明确规定,国家保护耕地,严格控制耕地转为非耕地;占用耕地建窑、建坟或者擅自在耕地上建房、挖砂、采石、采矿、取土等,破坏种植条件的,或者因开发土地造成土地荒漠化、盐渍化的,由县级以上人民政府自然资源主管部门、农业农村主管部门等按照职责责令限期改正或者治理,可以并处罚款;构成犯罪的,依法追究刑事责任。《刑法》第 342 条规定了非法占用农用地罪,是指违反土地管理法规,非法占用耕地、林地等农用地,改变被占用土地用途,数量较大,造成耕地、林地等农用地大量毁坏的,处 5 年以下有期徒刑或者拘役,并处或者单处罚金。非法占用农用地罪的主体是一般主体,自然人或者单位都可以构成本罪;主观要件必须是故意,也就是行为人必须明知是农用地仍旧从事非法占用行为;客观要件是侵犯了国家的土地管理制度,非法占用农用地,改变土地用途,且造成严重后果,如土地数量较大,存在严重毁坏情形。根据《最高人民法院关于审理破坏土地资源刑事案件具体应用法律若干问题的解释》的规定,非法占用耕地"数量较大",是指非法占用基本农田 5 亩以上或者非法占用基本农田以外的耕地10亩以上；非法占用耕地“造成耕地大量毁坏”，是指行为人非法占用耕地建窑、建坟、建房、挖沙、采石、采矿、取土、堆放固体废物或者进行其他非农业建设，造成基本农田5亩以上或者基本农田以外的耕地10亩以上种植条件严重毁坏或者严重污染。

本案中，刘某将农业大棚进行非农“大棚房”建设，严重违反了土地管理法规，非法占用耕地进行非农建设改造，改变被占土地用途，造成耕地大量毁坏，其行为构成非法占用农用地罪。

政策法律依据

《中华人民共和国刑法》（2020年修正）

第三百四十二条　【非法占用农用地罪】违反土地管理法规，非法占用耕地、林地等农用地，改变被占用土地用途，数量较大，造成耕地、林地等农用地大量毁坏的，处五年以下有期徒刑或者拘役，并处或者单处罚金。

《中华人民共和国土地管理法》（2019年修订）

第三十条　国家保护耕地，严格控制耕地转为非耕地。

第七十五条　违反本法规定，占用耕地建窑、建坟或者擅自在耕地上建房、挖砂、采石、采矿、取土等，破坏种植条件的，或者因开发土地造成土地荒漠化、盐渍化的，由县级以上人民政府自然资源主管部门、农业农村主管部门等按照职责责令限期改正或者治理，可以并处罚款；构成犯罪的，依法追究刑事责任。

《最高人民法院关于审理破坏土地资源刑事案件具体应用法律若干问题的解释》

第三条　违反土地管理法规，非法占用耕地改作他用，数量较大，造成耕地大量毁坏的，依照刑法第三百四十二条的规定，以非法占用耕地罪定罪处罚：

（一）非法占用耕地“数量较大”，是指非法占用基本农田五亩以上或者非法占用基本农田以外的耕地十亩以上。

（二）非法占用耕地“造成耕地大量毁坏”，是指行为人非法占用耕地建窑、建坟、建房、挖沙、采石、采矿、取土、堆放固体废弃物或者进行其他非农业建设，造成基本农田五亩以上或者基本农田以外的耕地十亩以上种植条件严重毁坏或者严重污染。

《基本农田保护条例》第 10 条

《国务院办公厅关于坚决制止耕地“非农化”行为的通知》

五、严禁违规占用耕地从事非农建设。加强农村地区建设用地审批和乡村建设规划许可管理，坚持农地农用。不得违反规划搞非农建设、乱占耕地建房等。巩固“大棚房”问题清理整治成果，强化农业设施用地监管。加强耕地利用情况监测，对乱占耕地从事非农建设及时预警，构建早发现、早制止、严查处的常态化监管机制。

27 可以把稻田挖成池塘养鱼吗?

疑惑

李某家里的几亩水田被县政府农业农村局确定为基本农田,近些年他一直在种水稻,但是由于种水稻产出有限,加上粮食价格一直偏低,李某不得不在种水稻的同时打些零工。后来随着河鲜特别是鱼类产品在市场上逐步受到人们的喜爱,李某也萌生了挖掘池塘养鱼的想法。回到家后,他就雇用挖掘机开始施工了,村民委员会工作人员知道情况后,紧急赶往现场进行了制止,并且将此事逐级上报。那么,可以把稻田挖成池塘养鱼吗?

解析

基本农田旨在从根本上实现粮食安全的目标,非因法定事由,非经相关部门的法定程序审批,是不得随意改变基本农田的原有粮食种植属性的。依据《基本农田保护条例》第17条第2款的规定,禁止任何单位和个人占用基本农田发展林果业和挖塘养鱼。

本案中,李某的稻田被规划为基本农田,李某擅自改变基本农田用途的行为,其本质是破坏原有的优质耕地,转而发展经济作业,这是法律严令禁止的,李某应当为自己的行为承担相应的法律责任。

依据《基本农田保护条例》第 33 条的规定，可由县级以上人民政府土地行政主管部门责令改正或者治理，恢复原种植条件，处占用基本农田的耕地开垦费 1 倍以上 2 倍以下的罚款；构成犯罪的，依法追究刑事责任。

此外，《国务院办公厅关于防止耕地“非粮化”稳定粮食生产的意见》也明确不允许占用耕地而从事种树挖塘，后期国务院将会推动制定和完善相关法律法规，明确对占用永久基本农田从事林果业、挖塘养鱼等的处罚措施。

政策法律依据

《基本农田保护条例》第 17 条、第 33 条

《国务院办公厅关于防止耕地“非粮化”稳定粮食生产的意见》

……

二、坚持问题导向，坚决防止耕地“非粮化”倾向

……

（八）严禁违规占用永久基本农田种树挖塘。……推动制订和完善相关法律法规，明确对占用永久基本农田从事林果业、挖塘养鱼等的处罚措施。

……

28 违反农村乱占耕地建房“八不准”规定，可能承担哪些法律责任？

疑惑

2020 年 7 月 29 日，自然资源部、农业农村部联合印发《关于农村乱占耕地建房“八不准”的通知》，对农村乱占耕地建房问题提出“八不准”。第一，不准占用永久基本农田建房；第二，不准强占多占耕地建房；第三，不准买卖、流转耕地违法建房；第四，不准在承包耕地上违法建房；第五，不准巧立名目违法占用耕地建房；第六，不准违反“一户一宅”规定占用耕地建房；第七，不准非法出售占用耕地建的房屋；第八，不准违法审批占用耕地建房。那么，如果违反“八不准”规定，会承担哪些法律责任呢？

解析

2019 年耕地保护督察结果显示，全国违法占用耕地 114.26 万亩，这其中涉及永久基本农田 14.34 万亩。农村乱占农用地不仅表现在前文所述的“大棚房”，“违建别墅”等农村违规建房问题同样严重。习近平总书记就农村乱占耕地建房问题作出重要批示，强调既要保障好农民合理的建房需求，又要采取措施强化监管。

2020年7月29日，自然资源部、农业农村部联合下发《关于保障农村村民住宅建设合理用地的通知》《关于农村乱占耕地建房“八不准”的通知》，2020年9月15日，国务院办公厅印发《关于坚决制止耕地“非农化”行为的通知》，在保障农村村民合理建房需求的同时，对农村乱占耕地建房实行“八不准”“六个严禁”，疏堵并举、剑合一处，以“零容忍”的态度整治农村乱占耕地建房问题。

(1)占用永久基本农田建房、强占多占耕地建房的，将面临责令退还土地、限期拆除等行政处罚，甚至触犯非法占用农用地罪。

农村村民非法占用土地建住宅的，由县级以上人民政府农业农村主管部门责令退还占用的土地，限期拆除在非法占用土地上新建的房屋；其他主体未经批准，违反土地利用总体规划擅自将农用地改为建设用地的，由县级以上人民政府自然资源主管部门，责令退还非法占用的土地，限期拆除在非法占用的土地上新建的建筑物和其他设施，恢复土地原状。《刑法》第342条规定，违反土地管理法规，非法占用耕地、林地等农用地，改变被占用土地用途，数量较大，造成耕地、林地等农用地大量毁坏的，处5年以下有期徒刑或者拘役，并处或者单处罚金。

(2)买卖、流转耕地违法建房的，可能面临被没收违法所得、限期拆除、罚款等行政责任，甚至触犯非法转让、倒卖土地使用权罪。

买卖或者以其他形式非法转让土地的，由县级以上人民政府自然资源主管部门没收违法所得；对违反土地利用总体规划擅自将农用地改为建设用地的，限期拆除在非法转让的土地上新建的建筑物和其他设施，恢复土地原状，对符合土地利用总体规划的，没收在非法转让的土地上新建的建筑物和其他设施，可以并处罚款；对直接负责的主管人员和其他直接责任人员，依法给予处分，构成犯罪的，依法追究刑事责任。擅自将农民集体所有的土地通过出让、转让使用权或者出租等方式用于非农建设，或者违反本法规定，将集体经营性建设用地通过出让、出租等方式交由单位或者个人使用的，由县级以上人民政府自然资源主管部门责令限期改正，没收违法所得，并处罚款。如果承包方、土地经营权人违法将承包地用于非农建设的，由县级以上地方人民政府有关主管部门依法予以处罚。土地经营权人擅自改变土地的农业用途，承包方不解除土地经营权流转合同的，发包方有权要求终止土地经营权流转合同。土地经营权人对土地造成的损害应当予以赔偿。

(3)在承包耕地上违法建房的，可能将面临责令退还土地、限期拆除等行政处罚，对承包地造成损害的，应赔偿损失。

承包经营土地的单位和个人，应当按照承包合同约定的用途合法合理利用土地，未经依法批准不得将承包地用于非农建设；擅自将承包地用于非农建设的，承担不限于责令退还土地、限期拆除等行政处罚；如果给承包地造成永久性损害的，发包方有权要求赔偿由此造成的损失。

(4)巧立名目违法占用耕地建房的，依照《土地管理法》等有关规定处罚。

实践中不乏以各种名义占用耕地搞休闲、旅游、健康养老等非农经营，但是不论其以何种名义只要没有依法办理用地审批手续，均属于未经批准违法占用耕地建房，都应当受到处罚。

(5)违反“一户一宅”规定占用耕地建房的，责令退还占用的土地，限期拆除房屋。

农村村民一户只能拥有一处宅基地，宅基地的面积不得超过本省、自治区、直辖市规定的标准。农村村民出卖、出租、赠与住宅后，不得再行申请宅基地。村民建住宅，应当由乡镇人民政府审核批准，需符合乡(镇)土地利用总体规划、村庄规划，不得占用永久基本农田，并尽量使用原有的宅基地和村内空闲地。如果违反“一户一宅”规定占用耕地建房的，实质上属于未批先建，依法应当退还土地、限期拆除。

(6)非法出售占用耕地建的房屋，不仅可能承担没收违法所得、限期拆除、罚款等行政责任，还会导致房屋买卖合同无效承担民事赔偿责任，情节特别严重的可能依法承担刑事责任。占用耕地所建房屋属于违法建筑，不能办理不动产登记，无法享有不动产所有权。

(7)违法审批占用耕地建房的，直接责任人员不仅面临行政处分，更有可能承担刑事责任；当事人拒不归还的，以非法占用土地罪论处。无权批准征收、使用土地的单位或者个人非法批准占用土地的，超越批准权限非法批准占用土地的，不按照土地利用总体规划确定的用途批准用地的，或者违反法律规定的程序批准占用、征收土地的，其批准文件无效，对非法批准征收、使用土地的直接负责的主管人员和其他直接责任人员，依法给予处分；构成犯罪的，依法追究刑事责任。非法批准、使用的土地应当收回，有关当事人拒不归还的，以非法占用土地论处。非法批准征用、使用土地，对当事人造成损失的,依法应当承担赔偿责任。

政策法律依据

《中华人民共和国土地管理法》(2019年修订)

第七十四条 买卖或者以其他形式非法转让土地的,由县级以上人民政府自然资源主管部门没收违法所得;对违反土地利用总体规划擅自将农用地改为建设用地的,限期拆除在非法转让的土地上新建的建筑物和其他设施,恢复土地原状,对符合土地利用总体规划的,没收在非法转让的土地上新建的建筑物和其他设施;可以并处罚款;对直接负责的主管人员和其他直接责任人员,依法给予处分;构成犯罪的,依法追究刑事责任。

第七十七条 未经批准或者采取欺骗手段骗取批准,非法占用土地的,由县级以上人民政府自然资源主管部门责令退还非法占用的土地,对违反土地利用总体规划擅自将农用地改为建设用地的,限期拆除在非法占用的土地上新建的建筑物和其他设施,恢复土地原状,对符合土地利用总体规划的,没收在非法占用的土地上新建的建筑物和其他设施,可以并处罚款;对非法占用土地单位的直接负责的主管人员和其他直接责任人员,依法给予处分;构成犯罪的,依法追究刑事责任。

超过批准的数量占用土地,多占的土地以非法占用土地论处。

第七十八条 农村村民未经批准或者采取欺骗手段骗取批准,非法占用土地建住宅的,由县级以上人民政府农业农村主管部门责令退还非法占用的土地,限期拆除在非法占用的土地上新建的房屋。

超过省、自治区、直辖市规定的标准,多占的土地以非法占用土地论处。

第七十九条　无权批准征收、使用土地的单位或者个人非法批准占用土地的,超越批准权限非法批准占用土地的,不按照土地利用总体规划确定的用途批准用地的,或者违反法律规定的程序批准占用、征收土地的,其批准文件无效,对非法批准征收、使用土地的直接负责的主管人员和其他直接责任人员,依法给予处分;构成犯罪的,依法追究刑事责任。非法批准、使用的土地应当收回,有关当事人拒不归还的,以非法占用土地论处。

非法批准征收、使用土地,对当事人造成损失的,依法应当承担赔偿责任。

第八十二条　擅自将农民集体所有的土地通过出让、转让使用权或者出租等方式用于非农业建设,或者违反本法规定,将集体经营性建设用地通过出让、出租等方式交由单位或者个人使用的,由县级以上人民政府自然资源主管部门责令限期改正,没收违法所得,并处罚款。

《中华人民共和国农村土地承包法》第63条

《中华人民共和国刑法》(2020年修正)

第三百四十二条　【非法占用农用地罪】违反土地管理法规,非法占用耕地、林地等农用地,改变被占用土地用途,数量较大,造成耕地、林地等农用地大量毁坏的,处五年以下有期徒刑或者拘役,并处或者单处罚金。

《最高人民法院关于审理破坏土地资源刑事案件具体应用法律若干问题的解释》

第一条 以牟利为目的,违反土地管理法规,非法转让、倒卖土地使用权,具有下列情形之一的,属于非法转让、倒卖土地使用权“情节严重”,依照刑法第二百二十八条的规定,以非法转让、倒卖土地使用权罪定罪处罚:

(一)非法转让、倒卖基本农田五亩以上的;

(二)非法转让、倒卖基本农田以外的耕地十亩以上的;

(三)非法转让、倒卖其他土地二十亩以上的;

(四)非法获利五十万元以上的;

(五)非法转让、倒卖土地接近上述数量标准并具有其他恶劣情节的,如曾因非法转让、倒卖土地使用权受过行政处罚或者造成严重后果等。

第二条 实施第一条规定的行为,具有下列情形之一的,属于非法转让、倒卖土地使用权“情节特别严重”:

(一)非法转让、倒卖基本农田十亩以上的;

(二)非法转让、倒卖基本农田以外的耕地二十亩以上的;

(三)非法转让、倒卖其他土地四十亩以上的;

(四)非法获利一百万元以上的;

(五)非法转让、倒卖土地接近上述数量标准并具有其他恶劣情节,如造成严重后果等。

29 坚决制止耕地“非农化”的“六个严禁”是什么？

疑惑

近年来，党中央、国务院虽然出台了一系列严格耕地保护的政策措施，但一些地方仍然存在违规占用耕地开展非农建设的行为，有的违规占用永久基本农田绿化造林，有的在高速铁路、国道省道（含高速公路）、河渠两侧违规占用耕地超标准建设绿化带，有的大规模挖湖造景，对国家粮食安全构成威胁。2020年9月15日，国务院办公厅印发《关于坚决制止耕地“非农化”行为的通知》（国办发明电〔2020〕24号），那么，具体内容是什么呢？

解析

“六个严禁”的具体含义是：

一、严禁违规占用耕地绿化造林。一旦违规占用耕地及永久基本农田造林的，不予核实造林面积，不得享受财政资金补助；对于正在造林的，要即刻停止。

二、严禁超标准建设绿色通道。就是要严格控制铁路、公路两侧用地范围以外绿化带用地审批,超标准建设绿化带的必须立即停止;不得违规在河渠两侧、水库周边占用耕地及永久基本农田超标准建设绿色通道。对于新增的绿色通道,如果需占用永久基本农田的,必须履行报批手续。严禁以城乡绿化建设等名义违法违规占用耕地。

三、严禁违规占用耕地挖湖造景。不得擅自占用耕地及永久基本农田挖田造湖、挖湖造景,未履行审批手续的在建项目,应立即停止并纠正;占用永久基本农田的,要限期恢复。

四、严禁占用永久基本农田扩大自然保护地。已划入自然保护地核心保护区内的永久基本农田有序退出;自然保护地一般控制区内的永久基本农田区分情况妥善处理;自然保护地以外的永久基本农田和集中连片耕地,不得划入生态保护红线。

五、严禁违规占用耕地从事非农建设。坚持农地农用,不得违反规划搞非农建设、乱占耕地建房等。

六、严禁违法违规批地用地。对未经批准或不符合规定的建设项目、临时用地等占用耕地及永久基本农田的,依法依规严肃处理,责令限期恢复原种植条件。

政策法律依据

《国务院办公厅关于坚决制止耕地“非农化”行为的通知》(国办发明电〔2020〕24号)

一、严禁违规占用耕地绿化造林。要严格执行土地管理法、基本农田保护条例等法律法规,禁止占用永久基本农田种植苗木、草皮等用于绿化装饰以及其他破坏耕作层的植物。违规占用耕地及永久基本农田造林的，不予核实造林面积，不享受财政资金补助政策。平原地区要根据资源禀赋，合理制定绿化造林等生态建设目标。退耕还林还草要严格控制在国家批准的规模和范围内，涉及地块全部实现上图入库管理。正在违规占用耕地绿化造林的要立即停止。

二、严禁超标准建设绿色通道。要严格控制铁路、公路两侧用地范围以外绿化带用地审批，道路沿线是耕地的，两侧用地范围以外绿化带宽度不得超过5米，其中县乡道路不得超过3米。铁路、国道省道（含高速公路）、县乡道路两侧用地范围以外违规占用耕地超标准建设绿化带的要立即停止。不得违规在河渠两侧、水库周边占用耕地及永久基本农田超标准建设绿色通道。今后新增的绿色通道，要依法依规建设，确需占用永久基本农田的，应履行永久基本农田占用报批手续。交通、水利工程建设用地范围内的绿化用地要严格按照有关规定办理建设用地审批手续，其中涉及占用耕地的必须做到占补平衡。禁止以城乡绿化建设等名义违法违规占用耕地。

三、严禁违规占用耕地挖湖造景。禁止以河流、湿地、湖泊治理为名，擅自占用耕地及永久基本农田挖田造湖、挖湖造景。不准在城市建设中违规占用耕地建设人造湿地公园、人造水利景观。确需占用的，应符合国土空间规划，依法办理建设用地审批和规划许可手续。未履行审批手续的在建项目，应立即停止并纠正；占用永久基本农田的，要限期恢复，确实无法恢复的按照有关规定进行补划。

四、严禁占用永久基本农田扩大自然保护地。新建的自然保护地应当边界清楚，不准占用永久基本农田。目前已划入自然保护地核心保护区内的永久基本农田要纳入生态退耕、有序退出。自然保护地一般控制区内的永久基本农田要根据对生态功能造成的影响确定是否退出,造成明显影响的纳入生态退耕、有序退出,不造成明显影响的可采取依法依规相应调整一般控制区范围等措施妥善处理。自然保护地以外的永久基本农田和集中连片耕地,不得划入生态保护红线,允许生态保护红线内零星的原住民在不扩大现有耕地规模前提下,保留生活必需的少量种植。

五、严禁违规占用耕地从事非农建设。加强农村地区建设用地审批和乡村建设规划许可管理,坚持农地农用。不得违反规划搞非农建设、乱占耕地建房等。巩固"大棚房"问题清理整治成果,强化农业设施用地监管。加强耕地利用情况监测,对乱占耕地从事非农建设及时预警,构建早发现、早制止、严查处的常态化监管机制。

六、严禁违法违规批地用地。批地用地必须符合国土空间规划,凡不符合国土空间规划以及不符合土地管理法律法规和国家产业政策的建设项目,不予批准用地。各地区不得通过擅自调整县乡国土空间规划规避占用永久基本农田审批。各项建设用地必须按照法定权限和程序报批,按照批准的用途、位置、标准使用,严禁未批先用、批少占多、批甲占乙。严格临时用地管理,不得超过规定时限长期使用。对各类未经批准或不符合规定的建设项目、临时用地等占用耕地及永久基本农田的,依法依规严肃处理,责令限期恢复原种植条件。

(四)涉农产品违法犯罪

30 出售质量不合格种子，犯什么罪?

疑惑

王某某是某科技公司的老板。王某某将自己公司繁育的种子和从别处收购的辣椒种子进行加工、包装后,申请生产经营备案,但因质量存在问题未能成功。后某科技公司将辣椒种子以该未获备案的品种名称销售给某农业发展公司,涉及金额200余万元。该农业发展公司又将辣椒种子委托给村里农户种植。结果当年农户在种植过程中出现大量杂株,辣椒的产量和产质受到严重影响。经鉴定,该批辣椒种子远低于国家标准,属于劣种子。后经农业部门测产,造成辣椒减产除了种子的原因,还存在农户移栽时间晚、种植密度大,以及天气影响等多重因素,故尚不能对农户生产遭受的损失情况作出精确认定。那么,王某某是构成生产、销售伪劣种子罪,还是生产、销售伪劣产品罪?

解析

种子,是指农作物和林木的种植材料或者繁殖材料,包括籽粒、果实、根、茎、苗、芽、叶、花等。我国《种子法》明确规定,禁止生产经营假、劣种子。假种子包括:(1)以非种子冒充种子或者以此种品种种子冒充其他品种种子的;(2)种子种类、品种与标签标注的内容不符或者没有标签的。劣种子包括:(1)质量低于国家规定标准的;质量低于标签标注指标的;(2)带有国家规定的检疫性有害生物的。生产经营劣种子的,由县级以上人民政府农业农村、林业草原主管部门责令停止生产经营,没收违法所得和种子;违法生产经营的货值金额不足2万元的,并处1万元以上10万元以下罚款;货值金额2万元以上的,并处货值金额5倍以上10倍以下罚款;情节严重的,吊销种子生产经营许可证。生产经营假种子的,由县级以上人民政府农业农村、林业草原主管部门责令停止生产经营,没收违法所得和种子,吊销种子生产经营许可证;违法生产经营的货值金额不足2万元的,并处2万元以上20万元以下罚款;货值金额2万元以上的,并处货值金额10倍以上20倍以下罚款。因生产经营假种子犯罪被判处有期徒刑以上刑罚的,种子企业或者其他单位的法定代表人、直接负责的主管人员自刑罚执行完毕之日起5年内不得担任种子企业的法定代表人、高级管理人员。因生产经营劣种子犯罪被判处有期徒刑以上刑罚的,种子企业或者其他单位的法定代表人、直接负责的主管人员自刑罚执行完毕之日起5年内不得担任种子企业的法定代表人、高级管理人员。我国《刑法》第147条专门规定了生产、销售伪劣种子罪。该罪具体是指，生产者、销售者违反种子管理法规，生产、销售假种子、劣种子，使生产遭受较大损失的行为。该罪要求满足"生产遭受较大损失"这一要件，如果没有使生产遭受较大损失，则不能以生产、销售伪劣种子罪定罪处罚，但销售金额如果在5万元以上，可按照生产、销售伪劣产品罪定罪处罚。如果既满足导致生产遭受较大损失，又满足销售金额在5万元以上两个条件的，则构成生产、销售伪劣产品罪和生产、销售伪劣产品罪两罪，属于法条竞合，法院将择一重罪定罪处罚，不适用数罪并罚。

本案中，王某某将低于国家质量标准的辣椒种子对外出售，属于销售劣种子的行为，但是由于存在其他因素导致辣椒减产，无法准确得出"因劣种子导致生产遭受较大损失"这一结论，故构成生产、销售伪劣产品罪，不以生产、销售伪劣种子罪定罪。

政策法律依据

《中华人民共和国种子法》(2015年修订)

第二条第二款　本法所称种子，是指农作物和林木的种植材料或者繁殖材料，包括籽粒、果实、根、茎、苗、芽、叶、花等。

第四十八条　禁止生产经营假、劣种子。农业农村、林业草原主管部门和有关部门依法打击生产经营假、劣种子的违法行为，保护农民合法权益，维护公平竞争的市场秩序。

下列种子为假种子：

(一)以非种子冒充种子或者以此种品种种子冒充其他品种种子的；

（二）种子种类、品种与标签标注的内容不符或者没有标签的。

下列种子为劣种子：

（一）质量低于国家规定标准的；

（二）质量低于标签标注指标的；

（三）带有国家规定的检疫性有害生物的。

第七十四条 违反本法第四十八条规定，生产经营假种子的，由县级以上人民政府农业农村、林业草原主管部门责令停止生产经营，没收违法所得和种子，吊销种子生产经营许可证；违法生产经营的货值金额不足二万元的，并处二万元以上二十万元以下罚款；货值金额二万元以上的，并处货值金额十倍以上二十倍以下罚款。

因生产经营假种子犯罪被判处有期徒刑以上刑罚的，种子企业或者其他单位的法定代表人、直接负责的主管人员自刑罚执行完毕之日起五年内不得担任种子企业的法定代表人、高级管理人员。

第七十五条 违反本法第四十八条规定，生产经营劣种子的，由县级以上人民政府农业农村、林业草原主管部门责令停止生产经营，没收违法所得和种子；违法生产经营的货值金额不足二万元的，并处一万元以上十万元以下罚款；货值金额二万元以上的，并处货值金额五倍以上十倍以下罚款；情节严重的，吊销种子生产经营许可证。

因生产经营劣种子犯罪被判处有期徒刑以上刑罚的，种子企业或者其他单位的法定代表人、直接负责的主管人员自刑罚执行完毕之日起五年内不得担任种子企业的法定代表人、高级管理人员。

《中华人民共和国刑法》(2020年修正)

第一百四十七条 生产假农药、假兽药、假化肥，销售明知是假的或者失去使用效能的农药、兽药、化肥、种子,或者生产者、销售者以不合格的农药、兽药、化肥、种子冒充合格的农药、兽药、化肥、种子,使生产遭受较大损失的,处三年以下有期徒刑或者拘役,并处或者单处销售金额百分之五十以上二倍以下罚金;使生产遭受重大损失的,处三年以上七年以下有期徒刑,并处销售金额百分之五十以上二倍以下罚金;使生产遭受特别重大损失的,处七年以上有期徒刑或者无期徒刑,并处销售金额百分之五十以上二倍以下罚金或者没收财产。

第一百四十九条 生产、销售本节第一百四十一条至第一百四十八条所列产品,不构成各该条规定的犯罪,但是销售金额在五万元以上的,依照本节第一百四十条的规定定罪处罚。

31 利用相近似名称出售稻种,是否构成种子套牌侵权?

疑惑

某种业公司与某大学农学院、某农业科学院联合选育了"宜香优2115"水稻,并获得了植物新品种权。某种业公司取得该"宜香优2115"水稻的独占生产、经营权以及维护市场、维权打假等权利。后该种业公司发现某公司出售的"宜香优5979"号水稻种子和其公司的“宜香优2115”品种权相同，属于套牌侵权，诉至法院。某公司认为，其销售的是“宜香优5979”，而非“宜香优2115”，不存在套牌侵权。那么，某公司是否属于套牌侵权呢？

解析

种子是农业的“芯片”，种子安全对国家粮食安全发挥至关重要的作用。但是以套牌方式进行种子侵权的现象并不少见。种子套牌方法多见以下三种：第一，盗取或收买研发人员获得亲本后从事杂交、繁育后的新品种；第二，直接混合使用各种知名度比较高、市场销售比较好的植物品种按照新品种出售；第三，使用和品牌种子名称相近似的名称出售。

本案中，某公司将“宜香优2115”水稻种子套上“宜香优5979”牌子对外销售，属于典型的种子套牌侵权案件，其侵害了某种业公司植物新品种权，应当承担停止侵权、赔偿损失的责任。优质种子的培养常常需要10年以上的时间，套牌种子侵权行为不仅严重扰乱种业市场秩序，更会挫伤农业科技创新的积极性，对农产品有效供给和促进农民富裕构成威胁。

政策法律依据

《中华人民共和国种子法》(2015年修订)

第二十五条 国家实行植物新品种保护制度。对国家植物品种保护名录内经过人工选育或者发现的野生植物加以改良，具备新颖性、特异性、一致性、稳定性和适当命名的植物品种，由国务院农业、林业主管部门授予植物新品种权，保护植物新品种权所有人的合法权益。植物新品种权的内容和归属、授予条件、申请和受理、审查与批准，以及期限、终止和无效等依照本法、有关法律和行政法规规定执行。

国家鼓励和支持种业科技创新、植物新品种培育及成果转化。取得植物新品种权的品种得到推广应用的，育种者依法获得相应的经济利益。

第二十七条　授予植物新品种权的植物新品种名称，应当与相同或者相近的植物属或者种中已知品种的名称相区别。该名称经授权后即为该植物新品种的通用名称。

下列名称不得用于授权品种的命名：

（一）仅以数字表示的；

（二）违反社会公德的；

（三）对植物新品种的特征、特性或者育种者身份等容易引起误解的。

同一植物品种在申请新品种保护、品种审定、品种登记、推广、销售时只能使用同一个名称。生产推广、销售的种子应当与申请植物新品种保护、品种审定、品种登记时提供的样品相符。

第二十八条　完成育种的单位或者个人对其授权品种，享有排他的独占权。任何单位或者个人未经植物新品种权所有人许可，不得生产、繁殖或者销售该授权品种的繁殖材料，不得为商业目的将该授权品种的繁殖材料重复使用于生产另一品种的繁殖材料;但是本法、有关法律、行政法规另有规定的除外。

第四十一条 销售的种子应当符合国家或者行业标准,附有标签和使用说明。标签和使用说明标注的内容应当与销售的种子相符。种子生产经营者对标注内容的真实性和种子质量负责。

标签应当标注种子类别、品种名称、品种审定或者登记编号、品种适宜种植区域及季节、生产经营者及注册地、质量指标、检疫证明编号、种子生产经营许可证编号和信息代码,以及国务院农业、林业主管部门规定的其他事项。

销售授权品种种子的,应当标注品种权号。

销售进口种子的,应当附有进口审批文号和中文标签。

销售转基因植物品种种子的,必须用明显的文字标注,并应当提示使用时的安全控制措施。

种子生产经营者应当遵守有关法律、法规的规定,诚实守信,向种子使用者提供种子生产者信息、种子的主要性状、主要栽培措施、适应性等使用条件的说明、风险提示与有关咨询服务,不得作虚假或者引人误解的宣传。

任何单位和个人不得非法干预种子生产经营者的生产经营自主权。

第四十九条 禁止生产经营假、劣种子。农业、林业主管部门和有关部门依法打击生产经营假、劣种子的违法行为,保护农民合法权益,维护公平竞争的市场秩序。

下列种子为假种子：

（一）以非种子冒充种子或者以此种品种种子冒充其他品种种子的；

（二）种子种类、品种与标签标注的内容不符或者没有标签的。

下列种子为劣种子：

（一）质量低于国家规定标准的；

（二）质量低于标签标注指标的；

（三）带有国家规定的检疫性有害生物的。

第七十三条　违反本法第二十八条规定，有侵犯植物新品种权行为的，由当事人协商解决，不愿协商或者协商不成的，植物新品种权所有人或者利害关系人可以请求县级以上人民政府农业、林业主管部门进行处理，也可以直接向人民法院提起诉讼。

县级以上人民政府农业、林业主管部门，根据当事人自愿的原则，对侵犯植物新品种权所造成的损害赔偿可以进行调解。调解达成协议的，当事人应当履行；当事人不履行协议或者调解未达成协议的，植物新品种权所有人或者利害关系人可以依法向人民法院提起诉讼。

侵犯植物新品种权的赔偿数额按照权利人因被侵权所受到的实际损失确定；实际损失难以确定的，可以按照侵权人因侵权所获得的利益确定。权利人的损失或者侵权人获得的利益难以确定的，可以参照该植物新品种权许可使用费的倍数合理确定。赔偿数额应当包括权利人为制止侵权行为所支付的合理开支。侵犯植物新品种权，情节严重的，可以在按照上述方法确定数额的一倍以上三倍以下确定赔偿数额。

权利人的损失、侵权人获得的利益和植物新品种权许可使用费均难以确定的，人民法院可以根据植物新品种权的类型、侵权行为的性质和情节等因素，确定给予三百万元以下的赔偿。

县级以上人民政府农业、林业主管部门处理侵犯植物新品种权案件时，为了维护社会公共利益，责令侵权人停止侵权行为，没收违法所得和种子；货值金额不足五万元的，并处一万元以上二十五万元以下罚款；货值金额五万元以上的，并处货值金额五倍以上十倍以下罚款。

假冒授权品种的，由县级以上人民政府农业、林业主管部门责令停止假冒行为，没收违法所得和种子；货值金额不足五万元的，并处一万元以上二十五万元以下罚款；货值金额五万元以上的，并处货值金额五倍以上十倍以下罚款。

32 未经植物新品种权人许可，销售该种子的行为，是否承担赔偿责任？

疑惑

某农业公司与某农业研究所签订《小麦新品种转让协议》，某农业公司向某农业研究所支付转让费30万元，双方共同申请该新品种小麦的知识产权保护，共同拥有植物新品种权，某农业公司享有该品种小麦植物新品种的独家开发经营权。随后国家农业部授权农业公司和农业研究所为该种植物新品种权利人。之后,某农业公司的工作人员在某农资销售中心购买该品种种子两袋。种子产品外包装袋子上印有该新品种小麦的审定编号、品种名称及农业公司的商标。经查,这两袋种子并非其公司生产,包装袋也不是自己公司制造的。某农业公司向法院提起诉讼,要求某农资销售中心不得再行生产、销售该品种小麦种子,并赔偿 40 万元损失。某农资销售中心无法说明所销售种子的进货来源,但自感委屈,毕竟销售一袋种子就挣一两元,怎么被诉赔偿 40 万元。那么,某农资销售中心销售该品种小麦种子的行为是否构成侵权,应当承担多少责任呢?

解析

根据我国《种子法》第 28 条的规定,任何单位或者个人未经植物新品种权所有人许可,不得生产、繁殖或者销售该授权品种的繁殖材料,不得为商业目的将该授权品种的繁殖材料重复使用于生产另一品种的繁殖材料。

本案中,某农业公司拥有该小麦植物新品种的独家开发经营权并具有品种权保护的权益。某农资销售中心未经植物新品种权利人许可,不得为商业目的生产或销售该授权品种小麦的繁殖材料。农资销售中心无法提供小麦种子的合法来源,其销售行为构成对农业公司植物新品种所有权的侵权,应当停止侵权、赔偿损失的民事责任。实际上,由于农业公司和农资销售中心均未提交证据证明因侵权受到的损失和因侵权获得的利益，所以法院结合侵权行为的情节、农资销售中心的经营规模，以及小麦种子的销售价格和利润率等因素，酌情确定农资销售中心赔偿农业公司经济损失10万元。

政策法律依据

《中华人民共和国种子法》(2015年修订)

第二十八条 完成育种的单位或者个人对其授权品种，享有排他的独占权。任何单位或者个人未经植物新品种权所有人许可，不得生产、繁殖或者销售该授权品种的繁殖材料，不得为商业目的将该授权品种的繁殖材料重复使用于生产另一品种的繁殖材料；但是本法、有关法律、行政法规另有规定的除外。

33 种粮大户种植未经许可的授权品种水稻，是否属于合理使用的“农民自繁自用”？

疑惑

某高科技种业公司是“南粳9108”水稻新品种的独占实施许可

人。秦某通过签订流转合同的方式，享有900多亩土地经营权，在上述土地上种植生产“南粳9108”水稻种子并留作其第二年播种使用。某高科技种业公司发现后，认为秦某没有经过公司许可，擅自生产、销售侵害了其独占实施被许可权，故诉至法院。法院审理过程中，秦某认为，自己仅是利用自留种子生产粮食，属于法律规定“农民自繁自用”的情形，不构成侵权。那么，秦某的行为属于合理使用行为还是侵权行为呢？

解析

我国《种子法》规定了合理使用的情形，具体是指利用授权品种育种或者从事其他科研活动，或者农民自繁自用授权品种的繁殖材料，上述情形下无须经植物新品种权所有人许可，也不用支付使用费用，不认定为侵权。法律规定合理使用中的“自繁自用”情形，具有严格边界限制。针对的主体必须是农民，即以家庭联产承包责任制享有土地承包经营权的农户，农村种植合作社、家庭农场等规模性集中性的新型农业经营主体并不包括在内。适用的土地应当是农户家庭承包的土地，不包括通过村集体集中签订或与各农户分别签订土地流转合同获得的经营土地。种子的用途仅限于农户自己种植使用，不能以营利为目的生产、销售或者留给他人使用。

本案中，秦某通过土地流转的方式获取大片土地集中种植经营，从主体上已经不是普通农民农户，而是新型的农业生产经营体，即我们常说的“种粮大户”；同时秦某经营土地目的不是仅为了满足家庭生活而是存在赚取商业收益。因此,秦某的集中生产和留种行为已经不属于法律规定的“农民自繁自用”合理使用范围,应当通过品种权人的许可并支付费用,故秦某构成侵权。

政策法律依据

《中华人民共和国种子法》(2015年修订)

第二十九条 在下列情况下使用授权品种的,可以不经植物新品种权所有人许可,不向其支付使用费,但不得侵犯植物新品种权所有人依照本法、有关法律、行政法规享有的其他权利:

(一)利用授权品种进行育种及其他科研活动;

(二)农民自繁自用授权品种的繁殖材料。

第三十七条 农民个人自繁自用的常规种子有剩余的,可以在当地集贸市场上出售、串换,不需要办理种子生产经营许可证。

34 种植农产品时违规使用高毒农药,是否构成犯罪?

疑惑

菜农莫某租用村里农田种植瓜果蔬菜,收获后运送至批发市场销售。2020年夏天，莫某发现种植的豆角虫害比较严重，为了达到更好的灭虫效果，将国家禁止使用的农药克百威与烟碱、苦参混合后喷洒到虫害严重的豆角上。10月当地农业农村局工作人员在现场抽样检验过程中，发现莫某种植的豆角克百威含量超标，不符合农产品质量安全标准。由于豆角并未上市，莫某和农业农村局工作人员将所种植的豆角全部拔掉销毁。请问，菜农莫某的行为是否构成犯罪？

解析

我国《刑法》第144条规定，在生产、销售的食品中掺入有毒、有害的非食品原料的，或者销售明知掺有有毒、有害的非食品原料的食品的，构成生产、销售有毒、有害食品罪。针对不同危害程度，适用不同的刑罚等级，对造成严重食物中毒事故或者其他严重食源性疾患，对人体健康造成严重危害的，处5年以上10年以下有期徒刑，并处销售金额50%以上2倍以下罚金；对致人死亡或者对人体健康造成特别严重危害的，处10年以上有期徒刑、无期徒刑或者死刑，并处销售金额50%以上2倍以下罚金或者没收财产；一般情形的，处5年以下有期徒刑或者拘役，并处或者单处销售金额50%以上2倍以下罚金。超剂量、超范围使用药、违规使用原料药、不执行间隔期、休药期等违法种植行为，极易导致农产品农药残留危害，威胁人民群众“舌尖上的安全”。本案中，菜农莫某在农产品种植过程中违规使用禁用农药，其行为构成生产、销售有毒、有害食品罪。

政策法律依据

《中华人民共和国刑法》(2020年修正)

第一百四十四条 在生产、销售的食品中掺入有毒、有害的非食品原料的,或者销售明知掺有有毒、有害的非食品原料的食品的,处五年以下有期徒刑或者拘役,并处或者单处销售金额百分之五十以上二倍以下罚金;造成严重食物中毒事故或者其他严重食源性疾患,对人体健康造成严重危害的,处五年以上十年以下有期徒刑,并处销售金额百分之五十以上二倍以下罚金;致人死亡或者对人体健康造成特别严重危害的,依照本法第一百四十一条的规定处罚。

35 假冒知名种子对外销售,是否构成犯罪,构成什么罪?

疑惑

李某将从原产地购买的花生米假冒"四粒红"花生种子对外出售,经中间商销售给300多户农户,销售金额200余万元,涉及种植面积上千公顷。由于种子为假种子,导致300多农户不同程度减产,造成经济损失1400余万元。请问，李某是否构成犯罪，构成什么罪？

解析

农业发展，农民富裕，种子安全必不可少。党中央高度重视种业安全、种业发展，甚至把种源安全提升到国家安全战略高度。国家对制假售假、套牌侵权和破坏种质资源等涉种犯罪重拳出击、严厉打击，为净化种业市场环境，维护农民合法权益提供司法保障。

我国《刑法》中涉及种子犯罪的罪名不仅包括生产、销售伪劣种子罪、生产、销售伪劣产品罪，还包括因假冒种子品种而伴随的假冒注册商标罪、侵犯商业秘密罪等。2022年3月2日，最高人民法院发布《关于进一步加强涉种子刑事审判工作的指导意见》，促进准确适用法律，依法严惩种子制假、售假犯罪。对于销售明知是假的或者失去使用效能的种子，或者生产者、销售者以不合格的种子冒充合格的种子，使生产遭受较大损失的，按照生产、销售伪劣种子罪定罪；对于实施生产、销售伪劣种子行为，但尚未导致生产遭受较大损失，如果销售金额在5万元以上，则按照生产、销售伪劣产品罪定罪。

本案中，李某自行购买普通花生冒充知名品种花生种子，主观上符合明知的要件，客观上进行了假冒销售的行为，造成经济损失1400余万元，已经符合“使生产遭受较大损失”的构成要件，应当按照销售伪劣种子罪定罪处罚，实际上李某被法院判处有期徒刑15年，并处罚金人民币120万元。

政策法律依据

《中华人民共和国刑法》(2020年修正)

第一百四十七条 生产假农药、假兽药、假化肥,销售明知是假的或者失去使用效能的农药、兽药、化肥、种子,或者生产者、销售者以不合格的农药、兽药、化肥、种子冒充合格的农药、兽药、化肥、种子,使生产遭受较大损失的,处三年以下有期徒刑或者拘役,并处或者单处销售金额百分之五十以上二倍以下罚金;使生产遭受重大损失的,处三年以上七年以下有期徒刑,并处销售金额百分之五十以上二倍以下罚金;使生产遭受特别重大损失的,处七年以上有期徒刑或者无期徒刑,并处销售金额百分之五十以上二倍以下罚金或者没收财产。

《中华人民共和国种子法》

第二条第二款 本法所称种子,是指农作物和林木的种植材料或者繁殖材料,包括籽粒、果实和根、茎、苗、芽、叶等。

第五十九条 违反本法规定,生产、经营假、劣种子的,由县级以上人民政府农业、林业行政主管部门或者工商行政管理机关责令停止生产、经营,没收种子和违法所得,吊销种子生产许可证、种子经营许可证或者营业执照,并处以罚款;有违法所得的,处以违法所得五倍以上十倍以下罚款;没有违法所得的,处以二千元以上五万元以下罚款;构成犯罪的,依法追究刑事责任。

第六十条 违反本法规定,有下列行为之一的,由县级以上人民政府农业、林业行政主管部门责令改正，没收种子和违法所得，并处以违法所得一倍以上三倍以下罚款；没有违法所得的，处以一千元以上三万元以下罚款；可以吊销违法行为人的种子生产许可证或者种子经营许可证；构成犯罪的，依法追究刑事责任：

（一）未取得种子生产许可证或者伪造、变造、买卖、租借种子生产许可证，或者未按照种子生产许可证的规定生产种子的；

（二）未取得种子经营许可证或者伪造、变造、买卖、租借种子经营许可证，或者未按照种子经营许可证的规定经营种子的。

36 出资购买材料设备，雇用人员从事生产销售假农药的，是否构成犯罪，构成什么罪？

疑惑

王某出资购买设备、原材料，在村里废旧工厂招聘多名工人生产数家品牌的假农药，并伙同他人一起对外销售。后经公安机关侦查，王某生产销售的假农药涉及金额200余万元，那么，王某生产销售假农药的行为是否构成犯罪，构成什么罪？

解析

根据我国《刑法》第140条的规定，生产者、销售者在产品中掺杂、掺假，以假充真，以次充好或者以不合格产品冒充合格产品，销售金额5万元以上构成生产、销售伪劣产品罪。该罪的行为主体可以是单位也可以是个人，既可以是产品的制造者、加工者，也可以是批量销售者、零售销售者；行为方式表现为在产品中掺杂、掺假，以假充真，以次充好，以不合格产品冒充合格产品；行为的对象是伪劣产品；行为人的主观状态必须是故意，即明知自己在生产或者销售伪劣产品，并希望或者放任损害结果发生。该罪涉及罪与非罪的一个显著区别在于销售金额必须在5万元以上才构成本罪。销售金额不足5万元的生产、销售伪劣产品行为仅属于一般违法行为，由市场监督管理部门依法予以行政处罚。

本案中，王某出资雇人从事假农药生产和销售，涉及金额200余万元，已经符合生产、销售伪劣产品罪构成要件，人民法院依法判决其有期徒刑15年，并处罚金人民币90万元。

政策法律依据

《中华人民共和国刑法》(2020年修正)

第一百四十条 生产者、销售者在产品中掺杂、掺假，以假充真，以次充好或者以不合格产品冒充合格产品，销售金额五万元以上不满二十万元的,处二年以下有期徒刑或者拘役,并处或者单处销售金额百分之五十以上二倍以下罚金;销售金额二十万元以上不满五十万元的,处二年以上七年以下有期徒刑,并处销售金额百分之五十以上二倍以下罚金;销售金额五十万元以上不满二百万元的,处七年以上有期徒刑,并处销售金额百分之五十以上二倍以下罚金;销售金额二百万元以上的,处十五年有期徒刑或者无期徒刑,并处销售金额百分之五十以上二倍以下罚金或者没收财产。

(五)农村特色产业发展

37 旅游者持农家乐发放的免费游票游玩受伤的，农家乐承担赔偿责任吗?

疑惑

张某参与微信免费游玩活动获得某生态园“网红桥”免费门票。张某来到该生态园后发现“网红桥”入口处有游玩风险提示,“网红桥”两端各有一名管理人员,“网红桥”下面铺设气垫。张某左小腿患有轻微残疾,日常行动有些影响,不过不注意观察,很难发现。张某在游玩“网红桥”时从桥上摔下,导致其右手肱骨小头骨折、尺侧副韧带断裂,产生包括医疗费等经济损失20万元。张某诉至法院,认为某生态园没有履行安全保障义务,应当赔偿损失。该生态园认为,张某自身残疾是导致受伤的原因,而且张某免费游玩,生态园没有获利,不应承担责任。

解析

我国《民法典》规定,宾馆、商场、银行、车站、机场、体育场馆、娱乐场所等经营场所、公共场所的经营者、管理者或者群众性活动的组织者,未尽到安全保障义务,造成他人损害的,应当承担侵权责任。旅游经营者未尽到安全保障义务,造成旅游者人身损害、财产损失,旅游经营者应当对旅游者承担赔偿责任。另外,旅游经营者对可能危及旅游者人身安全的旅游项目应当履行必要的告知、警示义务,否则造成旅游者人身损害的,旅游经营者应承担责任。同时旅游者也应当按照旅游经营者的要求提供与旅游活动相关的个人健康信息并履行如实告知义务,未如实告知,或者不听从旅游经营者的告知、警示,参加不适合自身条件的旅游活动,导致旅游过程中出现人身损害的,旅游经营者对旅游者不承担赔偿责任。

本案中,张某虽免费游玩,未支付门票费用,但某生态园通过微信推介获得宣传利益,双方之间形成旅游合同法律关系。该生态园作为旅游经营者应当对具有安全风险的游玩设施履行充分安全保障义务。然而"网红桥"其下铺设的气垫本身无法起到充分保障的效果,生态园应当对张某的人身损害承担赔偿责任。生态园在入口处进行了风险提示,张某自身不符合游玩条件,仍冒险游玩,也应承担部分损失,生态园在该部分范围内减轻赔偿责任。最终法院判决生态园对张某的损失承担60%的赔偿责任。

政策法律依据

《中华人民共和国民法典》

第一千一百七十三条　被侵权人对同一损害的发生或者扩大有过错的,可以减轻侵权人的责任。

第一千一百七十九条　侵害他人造成人身损害的,应当赔偿医疗费、护理费、交通费、营养费、住院伙食补助费等为治疗和康复支出的合理费用,以及因误工减少的收入。造成残疾的,还应当赔偿辅助器具费和残疾赔偿金;造成死亡的,还应当赔偿丧葬费和死亡赔偿金。

第一千一百九十八条　宾馆、商场、银行、车站、机场、体育场馆、娱乐场所等经营场所、公共场所的经营者、管理者或者群众性活动的组织者,未尽到安全保障义务,造成他人损害的,应当承担侵权责任。

因第三人的行为造成他人损害的,由第三人承担侵权责任;经营者、管理者或者组织者未尽到安全保障义务的,承担相应的补充责任。经营者、管理者或者组织者承担补充责任后,可以向第三人追偿。

《最高人民法院关于审理旅游纠纷案件适用法律若干问题的规定》(2020年修正)

第六条　旅游经营者以格式条款、通知、声明、店堂告示等方式作出排除或者限制旅游者权利、减轻或者免除旅游经营者责任、加重旅游者责任等对旅游者不公平、不合理的规定，旅游者依据消费者权益保护法第二十六条的规定请求认定该内容无效的，人民法院应予支持。

第七条 旅游经营者、旅游辅助服务者未尽到安全保障义务，造成旅游者人身损害、财产损失，旅游者请求旅游经营者、旅游辅助服务者承担责任的，人民法院应予支持。

第八条 旅游经营者、旅游辅助服务者对可能危及旅游者人身、财产安全的旅游项目未履行告知、警示义务，造成旅游者人身损害、财产损失，旅游者请求旅游经营者、旅游辅助服务者承担责任的，人民法院应予支持。

旅游者未按旅游经营者、旅游辅助服务者的要求提供与旅游活动相关的个人健康信息并履行如实告知义务，或者不听从旅游经营者、旅游辅助服务者的告知、警示，参加不适合自身条件的旅游活动，导致旅游过程中出现人身损害、财产损失，旅游者请求旅游经营者、旅游辅助服务者承担责任的，人民法院不予支持。

38 村民委员会对外流转土地搞观光农业，对方拖延不给流转费的，村民委员会可以解除合同吗？

疑惑

某农场与某村民委员会签订《农村土地承包经营权流转合同书》，双方约定：农场承租村民委员会4020亩土地，流转期限20年，每年年初交纳流转费用。合同签订后，农场投资进行彩色苗木繁育，开展观光农业、采摘园经营。但在合同履行的第四年，农场开始拖欠流转费用。经多次催要，农场总以资金占用为由没有给。第四年年底，村民委员会向法院提起诉讼，要求农场支付第四年和第五年的流转费用。经法院判决，农场向村民委员会给付两年流转费；但经过执行程序，村民委员会仍未能拿到这笔钱。村民委员会召开全体村民代表大会，决定解除和农场的流转合同，农场也收到了村民委员会发出的《解除合同通知书》。那么，双方合同可以解除吗？

解析

我国《民法典》规定了守约方的合同解除权。如果一方迟延履行主要债务，经催告后在合理期限内仍未履行；或者一方迟延履行非主要债务但因其迟延履行致使不能实现合同目的的情形下，守约方可以行使法定权利解除合同。守约方要求解除合同的，应当通知违约方；自解除通知到达违约方时合同解除。如果守约方没有向违约方发送解除通知，但是直接以提起诉讼或者申请仲裁的方式依法主张解除合同，自起诉状副本或者仲裁申请书副本送达对方时合同解除。合同解除以后，已经履行的，可以恢复原状、采取补救措施、请求赔偿损失；尚未履行的，不用再履行。

本案中，某农场未及时交纳流转费用，后经人民法院判决、执行程序仍不交纳，则该农场迟延履行主要债务的行为已经构成根本违约。某村民委员会作为守约方有权利行使合同解除权，双方合同于农场收到解除通知之日时解除。农场的投资可以在合同解除后果中予以考虑。

政策法律依据

《中华人民共和国民法典》

第五百六十三条　有下列情形之一的，当事人可以解除合同：

（一）因不可抗力致使不能实现合同目的；

（二）在履行期限届满前，当事人一方明确表示或者以自己的行为表明不履行主要债务；

（三）当事人一方迟延履行主要债务，经催告后在合理期限内仍未履行；

（四）当事人一方迟延履行债务或者有其他违约行为致使不能实现合同目的；

（五）法律规定的其他情形。

以持续履行的债务为内容的不定期合同，当事人可以随时解除合同，但是应当在合理期限之前通知对方。

第五百六十五条　当事人一方依法主张解除合同的，应当通知对方。合同自通知到达对方时解除；通知载明债务人在一定期限内不履行债务则合同自动解除，债务人在该期限内未履行债务的，合同自通知载明的期限届满时解除。对方对解除合同有异议的，任何一方当事人均可以请求人民法院或者仲裁机构确认解除行为的效力。

当事人一方未通知对方，直接以提起诉讼或者申请仲裁的方式依法主张解除合同，人民法院或者仲裁机构确认该主张的，合同自起诉状副本或者仲裁申请书副本送达对方时解除。

第五百六十六条　合同解除后，尚未履行的，终止履行；已经履行的，根据履行情况和合同性质，当事人可以请求恢复原状或者采取其他补救措施，并有权请求赔偿损失。

合同因违约解除的，解除权人可以请求违约方承担违约责任，但是当事人另有约定的除外。

主合同解除后，担保人对债务人应当承担的民事责任仍应当承担担保责任，但是担保合同另有约定的除外。

39 农民将宅基地上房屋租赁给他人经营民宿，租赁合同有效吗？

疑惑

2017年，周某将自家宅基地上房屋和空闲地租赁给温某经营民宿，双方签订《房屋租赁协议书》约定：租赁期限20年，年租金5000元，租金一次性付齐；温某可以装修房屋、移除树木；不经周某同意不得转租、翻建、改建或扩建。合同签订后，温某一次性将房租支付给周某，随后开始装修改造。装修完工后，房子主要用于招待客户，并未正式注册经营。2021年，温某与某旅游信息咨询公司合作经营民宿。双方合作方式为：旅游信息公司提供在线销售服务，通过线上及线下所有渠道，宣传推广、销售民宿房间；温某负责具体经营管理，双方营业收入五五分成。后周某认为，温某未经其同意将房屋改建、扩建并转租他人，要求解除合同。那么，周某将自己宅基地住宅对外出租搞民宿，合同有效吗？

解析

2019年修订的《土地管理法》明确鼓励农村集体经济组织及其

成员盘活利用闲置宅基地和闲置住宅。农民将自己宅基地使用权或宅基地上房屋对外出租,法律上并不禁止,反而鼓励农民通过盘活资产,实现经济利益变现。宅基地上房屋对外出租的,适用租赁合同的相关规定。租赁合同是出租人将租赁物交付承租人使用、收益,承租人支付租金的合同。租赁期限最长为20年;超过20年的,超过部分无效。租赁合同签订后,承租人应当按照约定的方法使用租赁物。如果违反使用约定或者违背使用性质造成租赁物损失的,出租人有权解除合同、请求赔偿。承租人经过出租人同意,可以对租赁物进行改善或增设;未经出租人同意,私自改善、增设的,出租人可以要求承租人恢复原状、赔偿损失。如果承租人想要将租赁物转租给他人,必须经过出租人同意;未经同意转租的,出租人可以和承租人解除合同。出租人对转租同意的,承租人和出租人之间的租赁合同继续有效。如果出租人知道或者应当知道承租人转租,应当在6个月内提出异议,否则法律上会推定出租人同意转租。

本案中,周某将自家合法建筑租赁给温某经营民宿,系双方真实意思表示,租赁合同合法有效。温某按约支付租金,改建、扩建结束至周某提出异议已经超过3年,同时温某也未将租赁物转租他人,其利用租赁的房屋及院落与他人合作经营民宿系对租赁物使用权的合理利用,温某不存在违约行为,周某无权要求解除合同。

政策法律依据

《中华人民共和国民法典》

第七百零三条 租赁合同是出租人将租赁物交付承租人使用、收益,承租人支付租金的合同。

第七百零五条 租赁期限不得超过二十年。超过二十年的,超过部分无效。

租赁期限届满,当事人可以续订租赁合同;但是,约定的租赁期限自续订之日起不得超过二十年。

第七百零九条 承租人应当按照约定的方法使用租赁物。对租赁物的使用方法没有约定或者约定不明确,依据本法第五百一十条的规定仍不能确定的,应当根据租赁物的性质使用。

第七百一十一条 承租人未按照约定的方法或者未根据租赁物的性质使用租赁物,致使租赁物受到损失的,出租人可以解除合同并请求赔偿损失。

第七百一十五条 承租人经出租人同意,可以对租赁物进行改善或者增设他物。

承租人未经出租人同意,对租赁物进行改善或者增设他物的,出租人可以请求承租人恢复原状或者赔偿损失。

第七百一十六条 承租人经出租人同意,可以将租赁物转租给第三人。承租人转租的,承租人与出租人之间的租赁合同继续有效;第三人造成租赁物损失的,承租人应当赔偿损失。

承租人未经出租人同意转租的，出租人可以解除合同。

第七百一十八条　出租人知道或者应当知道承租人转租，但是在六个月内未提出异议的，视为出租人同意转租。

《中华人民共和国土地管理法》(2019 年修订)

第六十二条第六款　国家允许进城落户的农村村民依法自愿有偿退出宅基地，鼓励农村集体经济组织及其成员盘活利用闲置宅基地和闲置住宅。

40 存储在合作社的香梨腐烂损失，如何承担责任？

疑惑

李某和某农业专业合作社老板口头协议，将李某收购的香梨存放在合作社冷库中。李某预先交纳部分仓储费 2000 元。当年 9 月至 10 月，李某陆续在冷库中存入香梨 8000 多筐。第二年 5 月，发现香梨出现大量腐烂现象。为方便卖出，李某和合作社协商将香梨更换成纸箱包装后继续在冷库中存储。结果两个月后，香梨全部腐烂变质，合作社将其清出冷库。李某将合作社诉至法院，要求合作社赔偿香梨损失 50 余万元。合作社则表示，存储香梨期间，完全按照保鲜程序进行，而且在香梨出现腐烂时已经让李某拉走，但李某未拉走，所以不同意赔偿损失。那么，某农业专业合作社是否承担责任，承担多少责任？

解析

我国《民法典》合同编专门规定了仓储合同，即保管人储存存货人交付的仓储物，存货人支付仓储费的合同。保管人发现入库仓储物有变质或者其他损坏的，应当及时通知存货人作出必要处置。如果储存期间，因保管不善造成仓储物毁损、灭失的，保管人应当承担赔偿责任。因仓储物本身的自然性质、包装不符合约定或者超过有效储存期造成仓储物变质、损坏的，保管人不承担赔偿责任。

本案中，李某和某农业专业合作社虽然没有签订书面仓储合同，但双方口头协商一致，形成事实上的仓储合同关系。李某将香梨交付该专业合作社储存，合作社应当尽到妥善保管义务。作为保管人，合作社如果不能证明香梨是因为本身品质、包装不符合约定或者超过有效储存期而导致仓储物变质、损坏的，就应当承担赔偿责任。但是在双方发现香梨已经开始出现腐烂时，李某作为存货人未能及时提走或采取有效措施防止损失扩大，最终致使仓储的香梨全部腐烂，因此李某对香梨后续腐烂的损失承担责任，合作社免除该部分的赔偿责任。最终法院判决，对香梨的损失李某承担20%的损失，合作社承担80%的赔偿责任。

政策法律依据

《中华人民共和国民法典》

第九百零四条　仓储合同是保管人储存存货人交付的仓储物，存货人支付仓储费的合同。

第九百一十二条　保管人发现入库仓储物有变质或者其他损坏的，应当及时通知存货人或者仓单持有人。

第九百一十三条　保管人发现入库仓储物有变质或者其他损坏，危及其他仓储物的安全和正常保管的，应当催告存货人或者仓单持有人作出必要的处置。因情况紧急，保管人可以作出必要的处置；但是，事后应当将该情况及时通知存货人或者仓单持有人。

第九百一十七条　储存期内，因保管不善造成仓储物毁损、灭失的，保管人应当承担赔偿责任。因仓储物本身的自然性质、包装不符合约定或者超过有效储存期造成仓储物变质、损坏的，保管人不承担赔偿责任。

CHAPTER

3

第三章

乡村建设

（一）基层组织建设

41 如何加强农村基层党组织建设？

疑惑

习近平总书记强调，基础不牢，地动山摇。农村工作千头万绪，抓好农村基层组织建设是关键。那么，对于加强农村基层党组织建设，《中国共产党农村工作条例》有何规定？

解析

《中国共产党农村工作条例》第19条对如何加强农村党的建设作出了明确的规定。根据该规定可知，农村党的建设为党的农村工作的主要任务之一，要以提升组织力为重点，突出政治功能，把农村基层党组织建设成为坚强战斗堡垒。

一方面，要坚持农村基层党组织领导地位不动摇，加强基层党组织对农村各类组织、各项工作的领导。在村党组织方面，村党组织书记应当通过法定程序担任村民委员会主任和村级集体经济组织、合作经济组织负责人。加强村党组织对共青团、妇联等群团组织的领导。健全村党组织领导下的议事决策机制、监督机制。

另一方面,要抓实建强农村基层党组织。要认真履行农村基层党建主体责任,坚持抓乡促村,选优配强村党组织书记,整顿软弱涣散村党组织,加强党内激励关怀帮扶,健全以财政投入为主的稳定的村级组织运转经费保障制度,持续加强基本队伍、基本活动、基本阵地、基本制度、基本保障建设。

此外,在从严治党方面,要向基层延伸,深入推进农村党风廉政建设,持续整治侵害农民利益的不正之风和群众身边的腐败问题。

政策法律依据

《中国共产党农村工作条例》第19条

42 村党组织委员会如何设置? 村党组织的主要职责有哪些?

疑惑

某县举行第一轮村党组织委员会换届选举,3个乡镇的12个村圆满地完成了换届选举工作,为第二轮其他乡镇的村党组织委员会的换届选举工作提供了宝贵的经验。那么，村党组织委员等村党组织如何设置？其主要职责有哪些？

解析

村党的委员会一般设委员 5 至 7 名，最多不超过 9 名，其中书记 1 名、副书记 1 至 2 名、纪委书记 1 名。

村党的总支部委员会一般设委员 5 至 7 名，其中书记 1 名、副书记 1 名、纪检委员 1 名。村党的支部委员会一般设委员 3 至 5 名，其中书记 1 名，必要时可以设副书记 1 名；正式党员不足 7 人的支部，不设支部委员会。

村党组织的主要职责有：

1. 宣传和贯彻执行党的路线方针政策和党中央、上级党组织及本村党员大会（党员代表大会）的决议。

2. 讨论和决定本村经济建设、政治建设、文化建设、社会建设、生态文明建设和党的建设以及乡村振兴中的重要问题并及时向乡镇党委报告。需由村民委员会提请村民会议、村民代表会议决定的事情或者集体经济组织决定的重要事项，经村党组织研究讨论后，由村民会议、村民代表会议或者集体经济组织依照法律和有关规定作出决定。

3. 领导和推进村级民主选举、民主决策、民主管理、民主监督，推进农村基层协商，支持和保障村民依法开展自治活动。领导村民委员会以及村务监督委员会、村集体经济组织、群团组织和其他经济组织、社会组织，加强指导和规范，支持和保证这些组织依照国家法律法规以及各自章程履行职责。

4. 加强村党组织自身建设，严格组织生活，对党员进行教育、管理、监督和服务。负责对要求入党的积极分子进行教育和培养，做好发展党员工作。维护和执行党的纪律。加强对村、组干部和经济组织、社会组织负责人的教育、管理和监督，培养村级后备力量。做好本村招才引智等工作。

5. 组织群众、宣传群众、凝聚群众、服务群众，经常了解群众的批评和意见，维护群众正当权利和利益，加强对群众的教育引导，做好群众思想政治工作。

6. 领导本村的社会治理，做好本村的社会主义精神文明建设、法治宣传教育、社会治安综合治理、生态环保、美丽村庄建设、民生保障、脱贫致富、民族宗教等工作。

政策法律依据

《中国共产党农村基层组织工作条例》第8条、第10条

43 村民委员会的职责有哪些？

疑惑

几个月前，张老汉的邻居老刘头准备翻建自家房屋。在施工时，老刘头为了能早点把房屋建好，常常让工人工作到深夜，十分扰民。为了这件事，张老汉没少和老刘头闹矛盾。好不容易等到房屋建好了，张老汉发现老刘头的房屋建得过高，将张老汉的房屋挡了个严严实实。张老汉不乐意了，要求老刘头把房屋拆了重建，老刘头毫不妥协，两人大吵一架。村民委员会听闻后，赶忙前来劝阻。那么请问，村民委员会的职责有哪些？

解析

根据我国《村民委员会组织法》第2条的规定可以看出，村民委员会是一种基层群众性自治组织，在开展选举、决策、管理、监督等工作时，应当严格遵循民主原则。所谓群众性自治组织，就是村民实现自我管理、自我教育、自我服务的组织。根据我国《村民委员会组织法》第8条、第9条的规定，村民委员会的职责主要包括以下几个方面：

第一，支持和组织村民依法发展各种形式的合作经济和其他经济，承担本村生产的服务和协调工作，促进农村生产建设和经济发展。

第二,依照法律规定,管理本村属于村农民集体所有的土地和其他财产,引导村民合理利用自然资源,保护和改善生态环境。

第三,尊重并支持集体经济组织依法独立进行经济活动的自主权,维护以家庭承包经营为基础、统分结合的双层经营体制,保障集体经济组织和村民、承包经营户、联户或者合伙的合法财产权和其他合法权益。

第四,宣传宪法、法律、法规和国家的政策,教育和推动村民履行法律规定的义务、爱护公共财产,维护村民的合法权益,发展文化教育,普及科技知识,促进男女平等,做好计划生育工作,促进村与村之间的团结、互助,开展多种形式的社会主义精神文明建设活动。

第五,支持服务性、公益性、互助性社会组织依法开展活动,推动农村社区建设。

第六,对于多民族村民居住的村,村民委员会应当教育和引导各民族村民增进团结、互相尊重、互相帮助。

同时,在履行职责时,村民委员会及其成员还应当根据我国《村民委员会组织法》第10条的规定,遵守宪法、法律、法规和国家的政策,遵守并组织实施村民自治章程、村规民约,执行村民会议、村民代表会议的决定、决议,办事公道,廉洁奉公,热心为村民服务,接受村民监督。

政策法律依据

《中华人民共和国村民委员会组织法》第 8 ~ 10 条

44 在外打工不能回村参与选举的村民，可以怎么办？

疑惑

王某出生于大石村，高中毕业以后，王某没能考上大学，便跟随叔叔离开家乡前往城市打工。在外打工 3 年以后，王某从村里的微信群得知，近期村里将举行村民委员会的换届选举工作。王某得知此事以后十分高兴，这还是他成年以后第一次遇上村里的选举活动，他作为享有选举权的村民，不想错过这次行使权利的机会。但是，选举的日期正值工作日，王某的工作很繁忙，难以在选举期间请假回到家乡参加投票。请问，在这种情况下，王某可以通过怎样的方式参加选举投票呢？

解析

对于因客观原因无法参加投票的村民,法律规定了委托投票的方式来实现其选举权。根据我国《村民委员会组织法》第 15 条第 4 款和《村民委员会选举规程》第六章第 3 条的规定,登记参加选举的村民,选举期间外出不能参加投票的,可以委托他人代为投票。需要注意的是,委托投票有以下几个限制条件:第一,必须采取书面形式,口头委托无效。第二,受委托进行投票的人必须是本村具有选举权的村民。第三,受委托人与委托人应当是近亲属关系。第四,提名为村民委员会候选人的,不得接受委托。第五,每一登记参加选举的村民接受委托投票不得超过 3 人。只有同时符合以上几个限定条件的,才可以进行委托投票。

在上面的案例中,王某因外出打工,无法在选举期间回到村里参加选举,又不想放弃自己的选举权。在这种情况下,王某可以书面委托自己具有选举权且不是村民委员会候选人的近亲属代为投票。虽然王某并非亲自行使选举权,但其近亲属投出的选票也应当符合王某的真实意愿。

政策法律依据

《中华人民共和国村民委员会组织法》第 15 条

《村民委员会选举规程》

第六章

……

三、办理委托投票

登记参加选举的村民，选举期间外出不能参加投票的，可以委托本村有选举权的近亲属代为投票。每一登记参加选举的村民接受委托投票不得超过三人。提名为村民委员会候选人的，不得接受委托。

委托投票应当办理书面委托手续。村民选举委员会应当及时公布委托人和受委托人的名单。

受委托人在选举日凭书面委托凭证和委托人的参选证，领取选票并参加投票。受委托人不得再委托他人。

45 “第一书记”的基本条件和职责有哪些？如何处理好“第一书记”与“村两委”之间的关系？

疑惑

小赵是某大学大三学生，在参加学长毕业会的时候得知张某考取了村官，即将选派到贵州某乡村当第一书记，为推进乡村振兴、巩固拓展脱贫攻坚成果贡献青春力量。小赵听了张某的职业规划，顿时心生敬佩。小赵知道村里有村党支部委员会和村民委员会，他很好奇“村两委”和“第一书记”在农村治理中谁说了算？“第一书记”的基本条件和职责有哪些？如何处理好“第一书记”与“村两委”之间的关系？

解析

第一书记，是指针对脱贫村、易地扶贫搬迁安置村(社区)、党组织软弱涣散村等，从省市县机关优秀干部、年轻干部，国有企业、事业单位优秀人员和以往因年龄原因从领导岗位上调整下来、尚未退休的干部中选派到以上村担任党组织的负责人。第一书记的基本条件是：政治素质好，坚决贯彻执行党的理论和路线方针政策，热爱农村工作；工作能力强，敢于担当，善于做群众工作，具有开拓创新精神；事业心和责任感强，作风扎实，不怕吃苦，甘于奉献；具备正常履职的身体条件。第一书记必须是中共正式党员，具有1年以上党龄和2年以上工作经历；工作队员应优先选派中共党员。

根据全面推进乡村振兴、巩固拓展脱贫攻坚成果任务需要，第一书记和工作队的主要职责有：

(1)建强村党组织。重点围绕增强政治功能、提升组织力，推动村干部、党员深入学习和忠实践行习近平新时代中国特色社会主义思想，学习贯彻党章、党规、党纪和党的路线方针政策；推动加强“村两委”班子建设、促进担当作为，帮助培育后备力量，发展年轻党员，吸引各类人才；推动加强党支部标准化规范化建设，严格党的组织生活，加强党员教育管理监督，充分发挥党组织和党员作用。

(2)推进强村富民。重点围绕加快农业农村现代化、扎实推进共同富裕，推动巩固拓展脱贫攻坚成果，做好常态化监测和精准帮扶；推动加快发展乡村产业，发展壮大新型农村集体经济，促进农民增收致富；推动农村精神文明建设、生态文明建设、深化农村改革、乡村建设行动等重大任务落地见效，促进农业农村高质量发展。

(3)提升治理水平。重点围绕推进乡村治理体系和治理能力现代化、提升乡村善治水平，推动健全党组织领导的自治、法治、德治相结合的乡村治理体系，加强村党组织对村各类组织和各项工作的全面领导，形成治理合力；推动规范村务运行，完善村民自治、村级议事决策、民主管理监督、民主协商等制度机制；推动化解各类矛盾问题，实行网格化管理和精细化服务，促进农村社会和谐稳定。

(4)为民办事服务。重点围绕保障和改善农村民生、密切党群干群关系，推动落实党的惠民政策，经常联系走访群众，参与便民利民服务，帮助群众解决“急难愁盼”问题；推动加强对困难人群的关爱服务，经常嘘寒问暖，协调做好帮扶工作；推动各类资源向基层下沉、以党组织为主渠道落实，不断增强人民群众获得感、幸福感、安全感。

第一书记和工作队要从派驻村实际出发，抓住主要矛盾，细化任务清单，认真抓好落实。找准职责定位，充分发挥支持和帮助作用，与“村两委”共同做好各项工作，切实做到遇事共商、问题共解、责任共担，特别是面对矛盾问题不回避、不退缩，主动上前、担当作为，同时注意调动“村两委”的积极性、主动性、创造性，做到帮办不代替、到位不越位。

“村两委”即村党支部委员会和村民委员会。前者是党在农村的最基层的组织机构，是本村各种组织和各项工作的领导核心；后者是村民自治组织机构。在处理他们与第一书记的关系时，对于第一书记来讲，应该明确职责定位，清楚地认识到“村两委”班子成员与第一书记既是党内同志关系，又是特殊的干群关系，因为第一书记是上级党委选派下来的干部，“村两委”班子成员来自群众，带有浓厚的群众色彩。第一书记一方面要找准定位，身先士卒，勇当黄牛；另一方面要坚持走群众路线，与“村两委”共进退，进而调动“村两委”班子成员工作的积极性、主动性。“村两委”与“第一书记”要做到职责清晰，分工明确，各司其职。反之，从“村两委”来讲，也是一样，多应该换位思考，从大局出发，明确职责定位。

政策法律依据

《关于向重点乡村持续选派驻村第一书记和工作队的意见》

（二）推进人居环境整治

46 在推动村容村貌整体提升方面，村民应该怎么做？

疑惑

某县布置“美丽乡村”计划，倡导各村村民自觉收拾家门口堆放的杂物，以腾出道路空间，方便行人和车辆流动，塑造新时代的“六尺巷”模范。乡政府在验收某村村容改造行动时，评某村为优秀，激励大家更加主动美化村容村貌。那么，在推动村容村貌整体提升方面，村民应该怎么做？

解析

改善农村人居环境，是以习近平同志为核心的党中央从战略和全局高度作出的重大决策部署，是实施乡村振兴战略的重点任务，事关广大农民根本福祉，事关农民群众健康，事关美丽中国建设。除有效治理厕所粪污和生活污水、无害化处理生活垃圾外，提升村容村貌也是改善农村人居环境的重要方面。

对于村民而言,应该从以下三方面对改善村容村貌贡献一份力量:第一,改善村庄公共环境。村民的行动应该以不妨碍公共场所发挥作用为前提,因此为了充分保障村庄公共环境的整洁有序,村民应该不私搭乱建、乱堆乱放,应腾出公共空间;同时不能阻塞防汛、防火等应急设施。第二,推进乡村绿化美化。村民可以在自留山、自留地种植树木等以增加村庄的绿植面积,也可以在庭院栽植果蔬、花草等,美化院落环境;或者于农田附近修建防护林,在防风固沙、防范流沙的同时绿化环境。第三,加强乡村风貌引导。村民可以积极建议村委会编制符合本村特点以及本村文化的守则,在此基础上自觉遵守公约守则,保持村容村貌,弘扬村落的优秀文化。

政策法律依据

《农村人居环境整治提升五年行动方案(2021—2025年)》

五、推动村容村貌整体提升

(十一)改善村庄公共环境。全面清理私搭乱建、乱堆乱放,整治残垣断壁,通过集约利用村庄内部闲置土地等方式扩大村庄公共空间。科学管控农村生产生活用火,加强农村电力线、通信线、广播电视线"三线"维护梳理工作,有条件的地方推动线路违规搭挂治理。健全村庄应急管理体系,合理布局应急避难场所和防汛、消防等救灾设施设备,畅通安全通道。整治农村户外广告,规范发布内容和设置行为。关注特殊人群需求,有条件的地方开展农村无障碍环境建设。

（十二）推进乡村绿化美化。深入实施乡村绿化美化行动，突出保护乡村山体田园、河湖湿地、原生植被、古树名木等，因地制宜开展荒山荒地荒滩绿化，加强农田（牧场）防护林建设和修复。引导鼓励村民通过栽植果蔬、花木等开展庭院绿化，通过农村“四旁”（水旁、路旁、村旁、宅旁）植树推进村庄绿化，充分利用荒地、废弃地、边角地等开展村庄小微公园和公共绿地建设。支持条件适宜地区开展森林乡村建设，实施水系连通及水美乡村建设试点。

（十三）加强乡村风貌引导。大力推进村庄整治和庭院整治，编制村容村貌提升导则，优化村庄生产生活生态空间，促进村庄形态与自然环境、传统文化相得益彰。加强村庄风貌引导，突出乡土特色和地域特点，不搞千村一面，不搞大拆大建。弘扬优秀农耕文化，加强传统村落和历史文化名村名镇保护，积极推进传统村落挂牌保护，建立动态管理机制。

47 村庄清洁行动一般包含哪些内容？

疑惑

小刘是今年县里环境卫生分局新考入的大学生，在局里组织的新进人员下乡参观学习中，小刘发现本县的村子都十分地干净整洁。同行的老郭向小刘他们介绍说：前几年，本县的环境卫生还不是目前这个样子，短短几年时间就变化如此之大，完全得益于国家和省、市、县各级政府近些年对农村环境卫生治理的大力投入和支持，特别是村庄清洁行动的推广。在有了这些支持和宣传后，村民们也深刻地认识到干净整洁的村庄卫生对村民生活、村子经济发展的重要的作用，于是也热情积极地投入到村庄清洁行动中去。那么，村庄清洁行动一般包含哪些内容？

解析

近年来，国家除大力提振农村经济发展外，也加大了对农村生活卫生方面治理的投入，使农村居民的生活环境有了显著提升。2018年12月，中央农办、农业农村部等多部委联合下发了《农村人居环境整治村庄清洁行动方案》，明确了村庄清洁行动要以“清洁村庄助力乡村振兴”为主题，逐步实现村庄内垃圾不乱堆乱放，污水乱泼乱倒现象明显减少，粪污无明显暴露，杂物堆放整齐，房前屋后干净整洁，村庄环境干净、整洁、有序，村容村貌明显提升，文明村规民约普遍形成，长效清洁机制逐步建立，村民清洁卫生文明意识普遍提高的目标。

在经过3年有效治理后，中共中央办公厅、国务院办公厅又印发了《农村人居环境整治提升五年行动方案（2021—2025年）》，仍然对村庄清洁行动进行了重点规划，明确并且继续加强村庄清洁行动，要在巩固现阶段成果的基础上，大力实施以“三清一改”（清理农村生活垃圾、清理村内塘沟、清理畜禽养殖粪污等农业生产废弃物，改变影响农村人居环境的不良习惯)为重点，突出清理死角盲区，由“清脏”向“治乱”拓展，由村庄面上清洁向屋内庭院、村庄周边拓展，引导农民逐步养成良好卫生习惯。结合风俗习惯、重要节日等组织村民清洁村庄环境，通过“门前三包”等制度明确村民责任，有条件的地方可以设立村庄清洁日等，推动村庄清洁行动制度化、常态化、长效化。

政策法律依据

《农村人居环境整治提升五年行动方案(2021—2025年)》

六、建立健全长效管护机制

(十四)持续开展村庄清洁行动。大力实施以“三清一改”(清理农村生活垃圾、清理村内塘沟、清理畜禽养殖粪污等农业生产废弃物，改变影响农村人居环境的不良习惯)为重点的村庄清洁行动，突出清理死角盲区，由“清脏”向“治乱”拓展，由村庄面上清洁向屋内庭院、村庄周边拓展，引导农民逐步养成良好卫生习惯。结合风俗习惯、重要节日等组织村民清洁村庄环境，通过“门前三包”等制度明确村民责任，有条件的地方可以设立村庄清洁日等，推动村庄清洁行动制度化、常态化、长效化。

48 “厕所革命”会给我们带来哪些好处?

疑惑

某村积极落实“厕所革命”行动的要求,厕所在外的尽量内移、传统厕坑改造成冲水式、建设集中化粪池等。村民们都感受到厕所规范运行后臭气闻不到了、废污见不到了、如厕更方便了,这让村民们居住的幸福感不断提升。那么,“厕所革命”会给我们带来哪些好处?

解析

针对乡村厕所跟不上新农村建设步伐的状况,习近平总书记指出,厕所问题不是小事情,是城乡文明建设的重要方面,不但景区、城市要抓,农村也要抓,要把这项工作作为乡村振兴战略的一项具体工作来推进,努力补齐这块影响群众生活品质的短板。“厕所革命”给农民群众带来的好处,包括:第一,改善农村人居环境。专注厕所环境这一民生小事,从细节处改善农民的居住条件,提升农民群众生活的质感和幸福感。第二,建设美丽宜居乡村。通过技术支持新型厕所的建设和大力改造传统厕所,减少臭气、废污等对农村环境的影响,提升空气质量、优化农村整体的生态环境,促进人与自然和谐共处。第三,提高有机肥利用率。通过厕所粪污的治理,建设沤肥池或粪肥周转储存池，解决农业生产季节性用肥需求问题。第四，强化厕所卫生疾病的防控。粪便中带有致病微生物和大量寄生虫卵，不卫生的厕所很容易造成粪便污染水的情况，导致肠道传染病如腹泻、痢疾或其他寄生虫病。因此，通过改造厕所，减少病原体与外界的接触，减少病原体传播的途径。

政策法律依据

《中央农办、农业农村部等八部门关于推进农村"厕所革命"专项行动的指导意见》

……

一、重要意义

小厕所、大民生。农村"厕所革命"关系到亿万农民群众生活品质的改善。习近平总书记指出，厕所问题不是小事情，要把这项工作作为乡村振兴战略的一项具体工作来推进，努力补齐这块影响群众生活品质的短板。近年来，各地各有关部门积极行动、采取措施，农村改厕取得了一定进展，缺少卫生厕所状况有所缓解，相关疾病发生、流行得到一定控制，农民群众文明卫生素质有所提升。同时，各地农村改厕工作进展不平衡，重视程度不够，推动方式简单化，农民主体作用不突出，技术创新跟不上，农民群众"不愿用、没法用、用不上"等现象不同程度存在。"厕所革命"的重点在农村，难点也在农村。各地要顺应农民群众对美好生活的向往，把农村"厕所革命"作为改善农村人居环境、促进民生事业发展的重要举措，进一步增强使命感、责任感和紧迫感,坚持不懈、持续推进,以小厕所促进社会文明大进步。

49 将未经处理的工业废水排放至基本农田,导致土壤严重受损的,应当承担什么赔偿责任?

疑惑

朱某和谭某是夫妻,共同在某村开设电镀作坊。由于没有环保等相关资质,将非法生产镀铜模具后的废水在凌晨偷偷排向附近基本农田。经鉴定,所排废水中铜、铅的含量超过“水污染物特别排放限值”数倍。后又对电镀作坊附近的地下水和土壤进行检测,发现周边土壤中的铜元素已经远超国家标准。经询价,对上述土壤无害化处理的修复费用为2.1万元,土壤回填费用1万元。针对电镀作坊外基本农田土壤受到严重污染的后果,朱某和谭某应当承担什么赔偿责任?

解析

检察机关、负有环境资源保护监督管理职责的部门及其他机关、社会组织、企业事业单位，可以通过提供法律咨询、提交书面意见、协助调查取证等方式支持社会组织依法提起环境民事公益诉讼。污染者应当对其造成的环境污染承担赔偿责任。赔偿范围包括：生态环境受到损害至修复完成期间服务功能丧失导致的损失；生态环境功能永久性损害造成的损失；生态环境损害调查、鉴定评估等费用；清除污染、修复生态环境费用；防止损害的发生和扩大所支出的合理费用。针对污染者故意污染环境、破坏生态造成严重后果的，被侵害人还有权请求相应的惩罚性赔偿。对于造成的生态环境损害，能够修复的，污染者应在合理期限内修复；逾期未修复的，国家规定的机关或者法律规定的组织可以自行或者委托他人修复，污染者承担修复费用。

本案中，朱某和谭某将未经处理的废水直接排放至基本农田，造成严重环境污染，受污染的土壤向公众或其他生态系统提供服务的功能已丧失或减少，应当对涉案土壤进行修复，并承担服务功能损失。某环保联合会向当地法院提起环境公益诉讼，人民法院判决朱某、谭某对受损土壤进行无害化处理，到期不履行上述修复义务的，支付生态环境修复费用；并另行赔偿生态服务功能损失费用、土壤回填费用。

政策法律依据

《中华人民共和国民法典》

第一千二百二十九条　因污染环境、破坏生态造成他人损害的，侵权人应当承担侵权责任。

第一千二百三十二条 侵权人违反法律规定故意污染环境、破坏生态造成严重后果的,被侵权人有权请求相应的惩罚性赔偿。

第一千二百三十四条 违反国家规定造成生态环境损害,生态环境能够修复的,国家规定的机关或者法律规定的组织有权请求侵权人在合理期限内承担修复责任。侵权人在期限内未修复的,国家规定的机关或者法律规定的组织可以自行或者委托他人进行修复,所需费用由侵权人负担。

第一千二百三十五条 违反国家规定造成生态环境损害的,国家规定的机关或者法律规定的组织有权请求侵权人赔偿下列损失和费用:

(一)生态环境受到损害至修复完成期间服务功能丧失导致的损失;

(二)生态环境功能永久性损害造成的损失;

(三)生态环境损害调查、鉴定评估等费用;

(四)清除污染、修复生态环境费用;

(五)防止损害的发生和扩大所支出的合理费用。

《中华人民共和国环境保护法》(2014年修订)

第六十四条 因污染环境和破坏生态造成损害的,应当依照《中华人民共和国侵权责任法》的有关规定承担侵权责任。

《最高人民法院关于审理环境民事公益诉讼案件适用法律若干问题的解释》(2020年修正)

第十一条 检察机关、负有环境资源保护监督管理职责的部门及其他机关、社会组织、企业事业单位依据民事诉讼法第十五条的规定，可以通过提供法律咨询、提交书面意见、协助调查取证等方式支持社会组织依法提起环境民事公益诉讼。

第二十条　原告请求修复生态环境的，人民法院可以依法判决被告将生态环境修复到损害发生之前的状态和功能。无法完全修复的，可以准许采用替代性修复方式。

人民法院可以在判决被告修复生态环境的同时，确定被告不履行修复义务时应承担的生态环境修复费用；也可以直接判决被告承担生态环境修复费用。

生态环境修复费用包括制定、实施修复方案的费用，修复期间的监测、监管费用，以及修复完成后的验收费用、修复效果后评估费用等。

第二十一条　原告请求被告赔偿生态环境受到损害至修复完成期间服务功能丧失导致的损失、生态环境功能永久性损害造成的损失的，人民法院可以依法予以支持。

50 对水土保持违法行为，行政主管部门未及时履行监管职责的，行政机关的行为是否会被确认违法？

疑惑

某采石厂未报批水土保持方案即在村里采石，严重损坏土地地貌、植被，造成水土流失。当地水利局却一直未履行审批水土保持方案、征收补偿费等行政管理职责。当地检察院向水利局发出《检察建议书》，要求于收到该检察建议书1个月内将办理情况进行书面回复。水利局遂向采石厂发出《限期补办行政许可手续通知书》。之后采石厂提交请示和报告书，水利局作出行政许可，采石厂补缴了水土保持费和水土保持补偿费。在逾期8个月后，水利局方向检察院作出回复。当地检察院认为，水利局未依法、全面履行法定职责，提起行政公益诉讼。那么，水利局怠于履行法定职责的行为应当被确认违法吗？

解析

环境资源保护是生态文明建设的重要内容，关乎经济社会发展和人民群众生活。环境资源行政主管机关理应恪尽职守,依法、全面履行职责。对环境资源违法行为的放任纵容,既会导致违法行为的滋生蔓延,也不利于树立行政执法权威,更容易导致生态环境遭受侵害和破坏。作为环境资源行政主管机关应当依法及时履行法定监管职责,检察机关亦有义务持续监督行政机关依法予以履职,为保护和合理利用水土资源,维护国家和社会公共利益发挥积极作用。我国《水土保持法》第5条第3款规定,“县级以上地方人民政府水行政主管部门主管本行政区域的水土保持工作”。

本案中,当地水利局作为辖区水行政主管部门对涉案水土保持违法行为具有法定监督管理职责。采石厂在水土流失重点治理区域内开山采石,水利局应当对其矿产资源开发行为履行水土保持监管职责。但采石厂未依法依规编制水土保持方案并报批,亦未依法及时足额缴纳水土保持补偿费,对水土保持设施未经验收合格即投产使用等情况下,水利局未依法及时予以催告,亦未依法采取其他行政处理措施。水利局在收到检察院检察建议后法定期限内,虽然采取了一定措施进行履职,但存在履职不及时、不全面,致使国家和社会公共利益长期处于受侵害状态,故水利局怠于履行法定职责的行为应当被确认违法。

政策法律依据

《中华人民共和国水土保持法》(2010年修订)

第五条　国务院水行政主管部门主管全国的水土保持工作。

国务院水行政主管部门在国家确定的重要江河、湖泊设立的流域管理机构(以下简称流域管理机构),在所管辖范围内依法承担水土保持监督管理职责。

县级以上地方人民政府水行政主管部门主管本行政区域的水土保持工作。

县级以上人民政府林业、农业、国土资源等有关部门按照各自职责,做好有关的水土流失预防和治理工作。

《中华人民共和国行政诉讼法》(2017年修正)

第七十四条 行政行为有下列情形之一的,人民法院判决确认违法,但不撤销行政行为:

(一)行政行为依法应当撤销,但撤销会给国家利益、社会公共利益造成重大损害的;

(二)行政行为程序轻微违法,但对原告权利不产生实际影响的。

行政行为有下列情形之一,不需要撤销或者判决履行的,人民法院判决确认违法:

(一)行政行为违法,但不具有可撤销内容的;

(二)被告改变原违法行政行为,原告仍要求确认原行政行为违法的;

(三)被告不履行或者拖延履行法定职责,判决履行没有意义的。

51 农村环境被污染，政府职能部门未履行监管职责，检察院有权管吗？

疑惑

大量包装材料、农用薄膜等农用物资的废弃物被丢弃在某村镇的农用地上，造成了大面积农业污染，对村民居住环境破坏严重。该市检察院接到举报线索迅速立案，对辖区村的农用地环境情况进行调查核实，发现市农村农业局和镇政府对农资经营者、使用者未积极履行回收处理义务，大量农用物资废弃物被随意丢弃的违法行为没有完全履行监管职责。那么，针对上述情况，检察院有权管吗？

解析

我国《行政诉讼法》第25条规定，人民检察院在履行职责中发现生态环境和资源保护、食品药品安全、国有财产保护、国有土地使用权出让等领域负有监督管理职责的行政机关违法行使职权或者不作为，致使国家利益或者社会公共利益受到侵害的，应当向行政机关提出检察建议，督促其依法履行职责。行政机关不依法履行职责的，人民检察院依法向人民法院提起诉讼。《人民检察院提起公益诉讼试点工作实施办法》也规定,人民检察院在提起行政公益诉讼之前,应当先行向相关行政机关提出检察建议,督促其纠正违法行为或者依法履行职责。行政机关应当在收到检察建议书后1个月内依法办理,并将办理情况及时书面回复人民检察院;如果经过诉前程序,行政机关拒不纠正违法行为或者不履行法定职责,国家和社会公共利益仍处于受侵害状态的,人民检察院可以提起行政公益诉讼。因此,当出现农村污染,政府职能部门未履行监管职责时,检察院按照法律规定有权向职能部门发出诉前检察建议,督促其履行法定职责。上述案件中,检察院向负有监管职责的市农村农业局和镇人民政府发出"诉前检察建议",督促全面履行法定职责。在检察机关的推动下,市农村农业局和镇政府积极开展农用物资废弃物回收整治工作,不仅出台回收处理的相关文件、开展培训,更建立三级回收体系,使得辖区农用地面源污染得到有效遏制,有效实现了农村生产生活方式绿色转型。

政策法律依据

《中华人民共和国行政诉讼法》(2017年修正)

第二十五条 行政行为的相对人以及其他与行政行为有利害关系的公民、法人或者其他组织,有权提起诉讼。

有权提起诉讼的公民死亡,其近亲属可以提起诉讼。

有权提起诉讼的法人或者其他组织终止,承受其权利的法人或者其他组织可以提起诉讼。

人民检察院在履行职责中发现生态环境和资源保护、食品药品安全、国有财产保护、国有土地使用权出让等领域负有监督管理职责的行政机关违法行使职权或者不作为，致使国家利益或者社会公共利益受到侵害的，应当向行政机关提出检察建议，督促其依法履行职责。行政机关不依法履行职责的，人民检察院依法向人民法院提起诉讼。

《人民检察院提起公益诉讼试点工作实施办法》

第二十八条　人民检察院履行职责中发现生态环境和资源保护、国有资产保护、国有土地使用权出让等领域负有监督管理职责的行政机关违法行使职权或者不作为，造成国家和社会公共利益受到侵害，公民、法人和其他社会组织由于没有直接利害关系，没有也无法提起诉讼的，可以向人民法院提起行政公益诉讼。

人民检察院履行职责包括履行职务犯罪侦查、批准或者决定逮捕、审查起诉、控告检察、诉讼监督等职责。

第四十条　在提起行政公益诉讼之前，人民检察院应当先行向相关行政机关提出检察建议，督促其纠正违法行为或者依法履行职责。行政机关应当在收到检察建议书后一个月内依法办理，并将办理情况及时书面回复人民检察院。

第四十一条　经过诉前程序，行政机关拒不纠正违法行为或者不履行法定职责，国家和社会公共利益仍处于受侵害状态的，人民检察院可以提起行政公益诉讼。

52 无取水许可证而长期开采地下深水供村民使用，是否违法？

疑惑

某村村民委员会在没有取得取水许可证的情况下，私自在村集体农用地上打井开采地下深水，长期为本村村民生产、生活用水提供方便。那么，该村村民委员会的这种行为是否违法？

解析

我国对长期采集地下水一直严格执行取水许可制度。我国《地下水管理条例》规定，县级以上地方人民政府将地下水管理纳入本级国民经济和社会发展规划，并采取措施控制开采量，维持地下水合理水位；同时建设地下水取水工程的单位和个人，应当在申请取水许可时附具地下水取水工程建设方案，并按照取水许可批准文件的要求，自行或者委托具有相应专业技术能力的单位进行施工。长期无证取水的行为不仅违反了取水许可相关法律法规规定，更对政府职能部门规划控制开采量造成影响，极易造成国家水资源流失，影响地下水资源可持续利用。

本案中，某村村民委员会长期私自开采地下深水，严重违反了取水许可制度，对当地水资源的规划利用产生消极影响。《地下水管理条例》第55条规定，未经批准擅自取用地下水的，依照《中华人民共和国水法》《中华人民共和国水污染防治法》《中华人民共和国土壤污染防治法》《取水许可和水资源费征收管理条例》等法律、行政法规的规定处罚。依法应当停止取水的地下水取水工程，应当由工程所有权人或者管理单位实施封井或者回填，未按照规定封井或者回填的，由县级以上地方人民政府或者其授权的部门责令封井或者回填，处10万元以上50万元以下罚款；不具备封井或者回填能力的，由县级以上地方人民政府或者其授权的部门组织封井或者回填，所需费用由违法行为人承担。

政策法律依据

《地下水管理条例》

第四十八条　建设地下水取水工程的单位和个人，应当在申请取水许可时附具地下水取水工程建设方案，并按照取水许可批准文件的要求，自行或者委托具有相应专业技术能力的单位进行施工。施工单位不得承揽应当取得但未取得取水许可的地下水取水工程。

以监测、勘探为目的的地下水取水工程，不需要申请取水许可，建设单位应当于施工前报有管辖权的水行政主管部门备案。

地下水取水工程的所有权人负责工程的安全管理。

第四十九条　县级以上地方人民政府水行政主管部门应当对本

行政区域内的地下水取水工程登记造册,建立监督管理制度。

报废的矿井、钻井、地下水取水工程,或者未建成、已完成勘探任务、依法应当停止取水的地下水取水工程,应当由工程所有权人或者管理单位实施封井或者回填;所有权人或者管理单位应当将其封井或者回填情况告知县级以上地方人民政府水行政主管部门;无法确定所有权人或者管理单位的,由县级以上地方人民政府或者其授权的部门负责组织实施封井或者回填。

第五十五条 违反本条例规定,未经批准擅自取用地下水,或者利用渗井、渗坑、裂隙、溶洞以及私设暗管等逃避监管的方式排放水污染物等违法行为,依照《中华人民共和国水法》、《中华人民共和国水污染防治法》、《中华人民共和国土壤污染防治法》、《取水许可和水资源费征收管理条例》等法律、行政法规的规定处罚。

53 将危险废物交由无处置资质单位处置的,应承担什么责任?

疑惑

刘某和李某冒用某环保科技公司营业执照,并伪造该公司公章与某运动器械公司签订了《一般工业固体废物转移处置合同》。某运动器械公司明知该环保科技公司没有危险废物处置资质，仍将大量危险废物以1000多元的价格交由该环保科技公司处置，此价格是交由有危险废物处置资质的公司处置价格的1/10。后刘某、李某接收油漆渣、废树脂等数吨危险废物后，于凌晨倾倒至某村山坡下。那么，某运动器械公司是否违法，应当承担什么责任？

解析

危险废物，是指列入国家危险废物名录或者根据国家规定的危险废物鉴别标准和鉴别方法认定的具有危险特性的固体废物。我国《固体废物污染环境防治法》明确规定，禁止没有取得许可证的单位从事危险废物收集、贮存、利用、处置的经营活动；禁止将危险废物提供或者委托给无许可证的单位或者其他生产经营者从事收集、贮存、利用、处置活动。将危险废物提供或者委托给无许可证的单位或者其他生产经营者从事经营活动的，由生态环境主管部门责令改正，处以罚款，没收违法所得；情节严重的，报经有批准权的人民政府批准，可以责令停业或者关闭。本案中，某运动器械公司明知该环保科技公司没有危险废物处置资质，仍将危险废物交由其处置，违反了我国《固体废物污染环境防治法》的管理性规定，应当承担不限于罚款等行政处罚。

同时，我国《刑法》规定，违反国家规定，排放、倾倒或者处置有放射性的废物、含传染病病原体的废物、有毒物质或者其他有害物质，严重污染环境的，构成污染环境罪。《最高人民法院、最高人民检察院关于办理环境污染刑事案件适用法律若干问题的解释》(法释〔2016〕29号)第7条规定,明知他人无危险废物经营许可证,向其提供或者委托其收集、贮存、利用、处置危险废物,严重污染环境的,以污染环境罪共同犯罪论处。本案中,某运动器械公司不仅面临行政处罚,如造成环境严重污染的,还将承担污染环境罪刑事责任。故而危险废物产生单位不要心存侥幸,为蝇头小利以身试法。

政策法律依据

《中华人民共和国固体废物污染环境防治法》(2020年修订)

第八十条 从事收集、贮存、利用、处置危险废物经营活动的单位,应当按照国家有关规定申请取得许可证。许可证的具体管理办法由国务院制定。

禁止无许可证或者未按照许可证规定从事危险废物收集、贮存、利用、处置的经营活动。

禁止将危险废物提供或者委托给无许可证的单位或者其他生产经营者从事收集、贮存、利用、处置活动。

第一百一十二条 违反本法规定,有下列行为之一,由生态环境主管部门责令改正,处以罚款,没收违法所得;情节严重的,报经有批准权的人民政府批准,可以责令停业或者关闭:

(一)未按照规定设置危险废物识别标志的;

(二)未按照国家有关规定制定危险废物管理计划或者申报危险废物有关资料的;

（三）擅自倾倒、堆放危险废物的；

（四）将危险废物提供或者委托给无许可证的单位或者其他生产经营者从事经营活动的；

（五）未按照国家有关规定填写、运行危险废物转移联单或者未经批准擅自转移危险废物的；

（六）未按照国家环境保护标准贮存、利用、处置危险废物或者将危险废物混入非危险废物中贮存的；

（七）未经安全性处置，混合收集、贮存、运输、处置具有不相容性质的危险废物的；

（八）将危险废物与旅客在同一运输工具上载运的；

（九）未经消除污染处理，将收集、贮存、运输、处置危险废物的场所、设施、设备和容器、包装物及其他物品转作他用的；

（十）未采取相应防范措施，造成危险废物扬散、流失、渗漏或者其他环境污染的；

（十一）在运输过程中沿途丢弃、遗撒危险废物的；

（十二）未制定危险废物意外事故防范措施和应急预案的；

（十三）未按照国家有关规定建立危险废物管理台账并如实记录的。

有前款第一项、第二项、第五项、第六项、第七项、第八项、第九项、第十二项、第十三项行为之一，处十万元以上一百万元以下的罚款；有前款第三项、第四项、第十项、第十一项行为之一，处所需处置费用三倍以上五倍以下的罚款，所需处置费用不足二十万元的，按二十万元计算。

《中华人民共和国刑法》(2020年修正)

第三百三十八条　【污染环境罪】违反国家规定,排放、倾倒或者处置有放射性的废物、含传染病病原体的废物、有毒物质或者其他有害物质,严重污染环境的,处三年以下有期徒刑或者拘役,并处或者单处罚金;情节严重的,处三年以上七年以下有期徒刑,并处罚金;有下列情形之一的,处七年以上有期徒刑,并处罚金:

(一)在饮用水水源保护区、自然保护地核心保护区等依法确定的重点保护区域排放、倾倒、处置有放射性的废物、含传染病病原体的废物、有毒物质,情节特别严重的;

(二)向国家确定的重要江河、湖泊水域排放、倾倒、处置有放射性的废物、含传染病病原体的废物、有毒物质,情节特别严重的;

(三)致使大量永久基本农田基本功能丧失或者遭受永久性破坏的;

(四)致使多人重伤、严重疾病,或者致人严重残疾、死亡的。

有前款行为,同时构成其他犯罪的,依照处罚较重的规定定罪处罚。

54 在禁渔区使用“密目网”捕捞的，是否应承担刑事责任？

疑惑

某村处于长江流域某水库禁渔区，当地政府已向村民多次宣传禁渔退捕政策，但村民李某和邓某偷偷驾驶渔船使用“密目网”在禁渔区捕鱼。从7月至9月近两个月，就非法捕捞各种野生鱼类上百斤。他们捕捞的野生鱼除小部分自家食用以外，绝大部分出售给镇里的餐馆和饭店，造成恶劣影响。那么，李某和邓某是否触犯刑法，犯什么罪？

解析

我国《渔业法》明确禁止利用炸鱼、毒鱼、电鱼等破坏渔业资源的方法捕捞；禁止在禁渔期、禁渔区捕捞；禁止使用小于最小网目尺寸的网具进行捕捞；禁止在禁渔区或者禁渔期内销售非法捕捞的渔获物。违反上述规定进行非法捕捞的，不仅承担罚款、没收渔具、渔获物、渔船、吊销捕捞许可证、没收违法所得等行政处罚责任，情节严重的有可能被追究刑事责任。我国《刑法》规定，违反保护水产资源法规,在禁渔区、禁渔期或者使用禁用的工具、方法捕捞水产品,情节严重的,犯非法捕捞水产品罪,处 3 年以下有期徒刑、拘役、管制或者罚金。本案中,李某和邓某明知禁渔退捕政策,仍到禁渔区用小于最小网目尺寸的网具进行捕捞,已经构成非法捕捞水产品罪。

政策法律依据

《中华人民共和国渔业法》(2013 年修正)

第三十条 禁止使用炸鱼、毒鱼、电鱼等破坏渔业资源的方法进行捕捞。禁止制造、销售、使用禁用的渔具。禁止在禁渔区、禁渔期进行捕捞。禁止使用小于最小网目尺寸的网具进行捕捞。捕捞的渔获物中幼鱼不得超过规定的比例。在禁渔区或者禁渔期内禁止销售非法捕捞的渔获物。

重点保护的渔业资源品种及其可捕捞标准,禁渔区和禁渔期,禁止使用或者限制使用的渔具和捕捞方法,最小网目尺寸以及其他保护渔业资源的措施,由国务院渔业行政主管部门或者省、自治区、直辖市人民政府渔业行政主管部门规定。

第三十八条 使用炸鱼、毒鱼、电鱼等破坏渔业资源方法进行捕捞的,违反关于禁渔区、禁渔期的规定进行捕捞的,或者使用禁用的渔具、捕捞方法和小于最小网目尺寸的网具进行捕捞或者渔获物中幼鱼超过规定比例的,没收渔获物和违法所得,处五万元以下的罚款;情节严重的,没收渔具,吊销捕捞许可证;情节特别严重的,可以没收渔船;构成犯罪的,依法追究刑事责任。

《中华人民共和国刑法》(2020年修正)

第三百四十条　【非法捕捞水产品罪】违反保护水产资源法规，在禁渔区、禁渔期或者使用禁用的工具、方法捕捞水产品，情节严重的，处三年以下有期徒刑、拘役、管制或者罚金。

(三)促进乡风文明

55 农村高龄老人赡养问题如何解决?

疑惑

村民吴老太与王老汉系夫妻关系，共生了5个儿子。王老汉过世后，吴老太一直自己生活，孩子们时常来照料。唯独四儿子王四很不孝顺，在吴某生病期间从未看望过，也没有给过赡养费。现在吴某已近80岁，同时患有糖尿病、高血压等疾病，丧失劳动能力，没有生活来源，无法独自生活。吴老太想让孩子们轮流照顾自己，每月给500元赡养费并且平均负担医疗费用，但是吴老太不想去王四家住，又担心王四不给钱，于是吴老太犯了难。那么，吴老太的赡养问题怎么解决呢?

解析

我国人口老龄化问题日益严重。农村人口不仅数量大,又加之农村青壮年外出务工创业,农村空巢老人越来越多。特别是农村养老保险、医疗保险保障力度不够,农民种植土地收入低,农村老人养老难一直都是农村基础治理中亟待解决的问题。成年子女对父母有赡养扶助的义务。子女不履行赡养义务时,无劳动能力或生活困难的父母有要求子女给付赡养费的权利。赡养人应当使患病的老年人及时得到治疗和护理;对经济困难的老年人,应当提供医疗费用。成年子女的家庭成员应当尊重、关心和照料老年人。

本案中,吴老太将5个儿子诉至法院。经审理,法院认为,吴老太年事已高、患有疾病且已丧失劳动能力、生活困难,吴老太的子女应履行赡养义务;考虑到尊重吴老太意愿,由其他4个儿子轮班接家照顾,每两个月轮班一次;由于王四不参加轮班照顾吴老太,法院酌情确定其每月适当多给付赡养费予以弥补,医疗费则5个儿子平均负担。

政策法律依据

《中华人民共和国民法典》

第一千零四十三条第一款 家庭应当树立优良家风,弘扬家庭美德,重视家庭文明建设。

第一千零六十七条第二款　成年子女不履行赡养义务的，缺乏劳动能力或者生活困难的父母，有要求成年子女给付赡养费的权利。

56 村民自身违反乡村民约导致损害，村民委员会应当承担赔偿责任吗？

疑惑

某村是国家级三A级旅游景点，村民委员会为了美化环境在村河道旁栽植了杨梅树。村民吴某看到杨梅已经成熟，就私自上树采摘，结果从树上跌落受伤后死亡。吴某的家人认为，村民委员会没有尽到安全保障义务，没有采取安全风险防范措施，将村民委员会告上法院，要求赔偿。一审法院和二审法院均认为，吴某和村民委员会都有过错，酌定村民委员会承担5%的损失份额。案件生效后，在社会上引起了广泛的讨论。许多网友纷纷留言，认为吴某自己偷摘，摔伤死亡还要失主赔偿，从人之常理也不能接受！那么，吴某自身违反乡村民约导致损害，村民委员会应当承担赔偿责任吗？

解析

本案是最高人民法院公布的社会主义核心价值观典型案例之一。2021年1月19日，最高人民法院发出《关于深入推进社会主义核心价值观融入裁判文书释法说理的指导意见》的通知，充分发挥司法裁判在国家治理、社会治理中的规则引领和价值导向作用，通过裁判文书说理，进一步把社会主义核心价值观融入法治建设，用人民群众喜闻乐见的方式，大力弘扬真善美、打击假恶丑，将社会主义核心价值观逐步转化为人民群众的情感认同和行为习惯。

最高人民法院通过“深入推进社会主义核心价值观融入裁判文书释法说理”活动，发布“弘扬社会主义核心价值观典型案例”，充分发挥司法在培育法治精神，践行社会主义核心价值观方面的引领作用。“英烈保护公益诉讼”“私自上树摘杨梅坠亡案”“冰面遛狗溺亡索赔案”“电梯吸烟劝阻案”等典型案例，法院通过裁判文书向全社会广而告之——遵法者扬眉吐气，违法者寸步难行。

乡村民约是社会主义核心价值观的一部分，违背乡村民约的行为也应当受到法律的否定评价。本案中，一审、二审均判决村民委员会具有过错，承担5%的赔偿责任。但该案经再审程序认为，村民委员会虽然是村景区的管理人，但是并未向村民或者游客提供免费采摘杨梅的活动，况且杨梅树本身并无安全隐患，村民委员会没有必要对景区内的所有树木加以围蔽、设置警示标志。村民吴某是成年人，不仅应当认识到私自上树采摘杨梅的行为，违反了村规民约，损害了集体利益,更应当预见攀爬采摘具有人身危险。村民委员会没有违反安全保障义务,相反吴某的行为有违村规民约和公序良俗,村民委员会不应当承担赔偿责任。

政策法律依据

《中华人民共和国民法典》

第一条　为了保护民事主体的合法权益,调整民事关系,维护社会和经济秩序,适应中国特色社会主义发展要求,弘扬社会主义核心价值观,根据宪法,制定本法。

第八条　民事主体从事民事活动,不得违反法律,不得违背公序良俗。

《关于深入推进社会主义核心价值观融入裁判文书释法说理的指导意见》(法〔2021〕21号)

十七、最高人民法院、各高级人民法院应当定期收集、整理和汇编运用社会主义核心价值观释法说理的典型案例,加强宣传教育工作,进一步带动人民群众将法治精神融入社会生活,培育和营造自觉践行社会主义核心价值观的法治环境。

57 前院农户做外墙保温，并在后墙安装空调外挂机和排水管，后院农户能要求前院支付占地费吗？

疑惑

张某和陈某是南北为邻的同村农民，张某居北，陈某居南。2013年陈某在北房房后做保温并悬挂空调室外机及排水管。张某认为陈某做保温和安装空调水管占用了其宅基地，要求陈某支付占地费用3000元，那么，陈某应给张某占地费吗？

解析

不动产的相邻各方，应该按照有利生产、方便生活、团结互助、公平合理的精神，正确处理相邻关系。相邻一方为了对其建筑进行修缮、维护，可以合理利用另一方的土地，另一方应当提供适当的便利。本案中，陈某做房后保温符合国家政策，其空调安装也符合合理使用的范围，即便占用张某的宅基地，张某也应当负有容忍的义务，为邻居提供适当的便利。张某以陈某占用其宅基地为由主张占地费，既没有事实依据也不符合法律规定。当然作为邻居，陈某的行为应当以必要为限,应尽量减少对张某居住生活的不利影响。作为南北为邻的邻居,双方应互谅互让,共建和谐的邻里关系。

政策法律依据

《中华人民共和国民法典》

第二百八十八条 不动产的相邻权利人应当按照有利生产、方便生活、团结互助、公平合理的原则,正确处理相邻关系。

第二百九十二条 不动产权利人因建造、修缮建筑物以及铺设电线、电缆、水管、暖气和燃气管线等必须利用相邻土地、建筑物的,该土地、建筑物的权利人应当提供必要的便利。

第二百九十三条 建造建筑物,不得违反国家有关工程建设标准,不得妨碍相邻建筑物的通风、采光和日照。

第二百九十五条 不动产权利人挖掘土地、建造建筑物、铺设管线以及安装设备等,不得危及相邻不动产的安全。

第二百九十六条 不动产权利人因用水、排水、通行、铺设管线等利用相邻不动产的,应当尽量避免对相邻的不动产权利人造成损害。

58 自行出资印制邪教宣传品并免费散发的，是否构成刑事责任?

疑惑

2001年至2002年，公某、滕某、石某先后自行出资在某省贫困乡村地区租赁房屋，购买计算机、复印机、速印机等设备，进行“法轮功”邪教宣传品制作印刷，共制作邪教宣传品100余万张，并无偿交给“法轮功”习练者在附近乡村散发。那么，公某、滕某、石某应否负刑事责任?

解析

习近平总书记在2016年全国宗教工作会议上的讲话中指出："新形势下，宗教工作范围广、任务重，既要全面推进，也要重点突破。要结合各宗教情况，抓住主要矛盾，解决突出问题，以做好重点工作推进全局工作。"但是农村非法宗教活动、邪教活动仍旧存在，严重影响农村社会治理和生产生活秩序。《刑法》第300条第1款规定了组织、利用会道门、邪教组织、利用迷信破坏法律实施罪，该罪是指组织、利用会道门、邪教组织或者利用迷信破坏国家法律、行政法规实施的行为。触犯该罪，一般处 3 年以上 7 年以下有期徒刑，并处罚金；情节特别严重的，处 7 年以上有期徒刑或者无期徒刑，并处罚金或者没收财产；情节较轻的，处 3 年以下有期徒刑、拘役、管制或者剥夺政治权利，并处或者单处罚金。本案中，公某、滕某、石某大量制作、传播邪教宣传品，已经触犯了利用邪教组织破坏法律实施罪，依法应当承担刑事责任。

政策法律依据

《中华人民共和国刑法》(2020 年修正)

第三百条第一款　【组织、利用会道门、邪教组织、利用迷信破坏法律实施罪】组织、利用会道门、邪教组织或者利用迷信破坏国家法律、行政法规实施的，处三年以上七年以下有期徒刑，并处罚金；情节特别严重的，处七年以上有期徒刑或者无期徒刑，并处罚金或者没收财产；情节较轻的，处三年以下有期徒刑、拘役、管制或者剥夺政治权利，并处或者单处罚金。

CHAPTER

4

第四章

社会治理与保障

（一）社会保障与特殊群体保护

59 什么是新型农村社会养老保险？哪些人可以参加？

疑惑

2010年，刚高中毕业的小李到县城找了一份修车的工作，从学徒到出师，足足花了两年时间。2012年的一个周末，小李从租住的小区公示栏中看到，新一年的城镇居民养老保险缴费开始了，想到自己一直没有正规的“五险一金”待遇，就打算趁这个机会交城镇居民养老保险，给将来多个保障。谁知在缴费时，工作人员告知小李，他已经在农村老家缴纳了新型农村社会养老保险，不能重复参保，必须先退交才能再办理。小李赶紧联系家里询问缘由，原来是村里集中组织交“新农保”的时候，父母给小李也交了一份，那时候告诉小李的名字是“新农保”，就是个简称，所以小李没有什么印象。那么，什么是新型农村社会养老保险？哪些人可以参加？

解析

农村社会养老保险是参照行之有效的城镇居民养老保险制度模式，以保障农村居民年老时的基本生活为目的，由政府组织开展的，专门针对农村居民的社会养老保险制度。2009 年推行的新型农村社会养老保险，也就是人们俗称的"新农保"，更加适于当时我国农村参保现状。

2014 年，经国务院决定，将新农保和城镇居民社会养老保险（以下简称城居保）的试点经验整合，将新农保和城居保两项制度合并实施，在全国范围内建立统一的城乡居民基本养老保险（以下简称城乡居民养老保险）制度。《国务院关于建立统一的城乡居民基本养老保险制度的意见》第 2 条明确指出，"十二五"末，在全国基本实现新农保和城居保制度合并实施，并与职工基本养老保险制度相衔接。2020 年前，全面建成公平、统一、规范的城乡居民养老保险制度。该文件的实施，意味着新农保政策退出了历史舞台，但新农保政策发挥的作用得以延续下来。如果说，新农保是数千年来，以养儿防老为主要模式的中国农民，第一次有了自己的国家养老金，那么，当下的城乡居民养老保险制度，又将这一历史进步再次固化、优化。

新农保的参保人员范围被现行的城乡居民养老保险参保范围完全涵盖进来，二者均将年龄起始线限定为年满 16 周岁，并且都排除了在校学生、参加职工基本养老保险群体。因此，在上面的案例中，投保发生 2014 年以前，新农保和城居保尚未并轨，二者只能选其一，小李不能重复参保。

政策法律依据

《国务院关于建立统一的城乡居民基本养老保险制度的意见》

二、任务目标

坚持和完善社会统筹与个人账户相结合的制度模式，巩固和拓宽个人缴费、集体补助、政府补贴相结合的资金筹集渠道，完善基础养老金和个人账户养老金相结合的待遇支付政策，强化长缴多得、多缴多得等制度的激励机制，建立基础养老金正常调整机制，健全服务网络，提高管理水平，为参保居民提供方便快捷的服务。“十二五”末，在全国基本实现新农保和城居保制度合并实施，并与职工基本养老保险制度相衔接。2020 年前，全面建成公平、统一、规范的城乡居民养老保险制度，与社会救助、社会福利等其他社会保障政策相配套，充分发挥家庭养老等传统保障方式的积极作用，更好保障参保城乡居民的老年基本生活。

三、参保范围

年满 16 周岁（不含在校学生），非国家机关和事业单位工作人员及不属于职工基本养老保险制度覆盖范围的城乡居民，可以在户籍地参加城乡居民养老保险。

60 什么是新型农村合作医疗制度？其对农民有哪些切实的帮助？

疑惑

最近，老王在村民委员会公示栏中看到了新型农村合作医疗缴费通知，老王算了一下，按照今年每人320元的价格，一个家庭6口人，需要交纳2000元，这对长期以务农为生的家庭来说确实是个不小的负担。老王、他妻子还有两个孩子基本上每年都用不上这份保障，老王就和妻子商量，趁着现在身体条件比较好，就只给孩子的爷爷、奶奶参保，他们4个人实在没必要浪费这笔钱。缴费的截止日期就快到了，村民委员会见老王家没有全员参保，就上门做政策宣传解答工作，工作人员指出：就是因为老王一家不了解新型农村合作医疗制度的好处，才没参保的。那么，什么是新型农村合作医疗制度？其对农民有哪些切实的帮助？

解析

新型农村合作医疗制度的定义在《国务院办公厅转发卫生部等部门关于建立新型农村合作医疗制度意见的通知》“目标和原则”部

分就作出了专门解答，这一制度是由政府组织、引导、支持，农民自愿参加，个人、集体和政府多方筹资，以大病统筹为主的农民医疗互助共济制度。个人尤其是经济较为落后的农民，抵御重大疾病风险的能力是十分有限的，导致因病致贫和因病返贫问题较为突出，更有很多患病群众因此不敢随便就医，小病拖延成大病，错过最佳治疗时间，苦不堪言。所以国家出台互助共济制度，推进农村卫生改革，让农村朋友切实得到实惠，切实解决广大农民“看病难、看病贵”的难题。

建立新型农村合作医疗制度，最为直接的作用就是降低了参保农民治病就医的医药费个人支出，治大病花小钱，也就保障了农民敢于享受基本卫生服务，缓解了农民因病致贫和因病返贫的窘状。随着报销范围、比例的不断增加，老王家这一群体必然会更加理智地进行参保缴费，毕竟参加新农合能增强我们的防范能力。目前，地方政府还推出了很多“血糖血压血脂检测”等医疗检查活动，回馈参保人员，真正做到集于百姓的钱，用于百姓的事。

政策法律依据

《国务院办公厅转发卫生部等部门关于建立新型农村合作医疗制度意见的通知》

一、目标和原则

新型农村合作医疗制度是由政府组织、引导、支持，农民自愿参加，个人、集体和政府多方筹资，以大病统筹为主的农民医疗互助共济制度。从 2003 年起,各省、自治区、直辖市至少要选择 2 ~ 3 个县(市)先行试点,取得经验后逐步推开。到 2010 年,实现在全国建立基本覆盖农村居民的新型农村合作医疗制度的目标,减轻农民因疾病带来的经济负担,提高农民健康水平。

61 “五保户”指哪些人? 其会享受到哪些待遇?

疑惑

李某今年 24 岁,是个残疾人,母亲是个精神病患者,生下李某后就去世了。李某从小和父亲相依为命,前不久,李某的父亲也意外去世了,只给李某留下了一个只有几千元的存折。父亲去世后,李某失去了唯一的依靠,自己又没有劳动能力,失去了生活来源,往后的日子不知如何度过。就在这时,村民委员会的人找到李某,一番安慰后,表示愿意帮助李某申请五保供养待遇,这样可以保障李某以后的生活。请问,“五保户”指哪些人? 其会享受到哪些待遇?

解析

在农村,我们常说的“五保户”指的是享受农村五保供养待遇的人,根据我国《农村五保供养工作条例》第6条的规定,老年、残疾或者未满16周岁的村民,无劳动能力、无生活来源又无法定赡养、抚养、扶养义务人,或者其法定赡养、抚养、扶养义务人无赡养、抚养、扶养能力的,享受农村五保供养待遇。本案中,李某是个残疾人,没有劳动能力、没有生活来源、没有扶养人,在这种情况下,根据法律规定其可以享受农村五保供养待遇,成为“五保户”。

那么,成为“五保户”以后,可以享受哪些待遇呢?根据《农村五保供养工作条例》第9条的规定,国家对于“五保户”主要供养以下五个方面的内容:(1)供给粮油、副食品和生活用燃料;(2)供给服装、被褥等生活用品和零用钱;(3)提供符合基本居住条件的住房;(4)提供疾病治疗,对生活不能自理的给予照料;(5)办理丧葬事宜。即五保供养是国家在吃、穿、住、医、葬方面给予“五保户”村民的生活照顾和物质帮助。具体的农村五保供养标准,一般不得低于当地村民的平均生活水平,并根据当地村民平均生活水平的提高适时调整。

农村五保供养制度是对农村地区最贫困、弱势群体的救助,保障了他们的基本生活。近年来,国家也在加强对弱势群体的帮扶,采取一系列措施,不断完善农村地区贫困群体工作机制,让五保对象的生活得到更全面的保障。

政策法律依据

《农村五保供养工作条例》

第六条　老年、残疾或者未满16周岁的村民,无劳动能力、无生活来源又无法定赡养、抚养、扶养义务人,或者其法定赡养、抚养、扶养义务人无赡养、抚养、扶养能力的,享受农村五保供养待遇。

第九条 农村五保供养包括下列供养内容:

(一)供给粮油、副食品和生活用燃料;

(二)供给服装、被褥等生活用品和零用钱;

……

农村五保供养对象未满16周岁或者已满16周岁仍在接受义务教育的,应当保障他们依法接受义务教育所需费用。

农村五保供养对象的疾病治疗,应当与当地农村合作医疗和农村医疗救助制度相衔接。

62 组织成员形成稳定组织,通过暴力欺压村民的,构成什么犯罪?

疑惑

某村村民陈老头年过六旬,认为村里土地出租程序违法,多次和其他几个村民代表去政府上访。刘某名义上是商人,承租该村大面积土地,但实际通过放高利贷、骗取拆迁补偿款、非法承租占用农村土地、非法扩建农村建筑等方式获取大额经济利益,然后利用金钱组织多人进行有组织的暴力犯罪活动。刘某就是该组织的领导者。陈老头信访反映的问题正好触及刘某非法承租占用农村土地的利益，于是刘某指使手下多人，晚上11点多钟在陈老头玩完牌后回家的路上，将陈老头殴打至轻伤一级。那么，刘某及其手下构成什么罪？

解析

2018年1月11日，中共中央、国务院发出《关于开展扫黑除恶专项斗争的通知》；2018年1月23日，中央政法委召开全国扫黑除恶专项斗争电视电话会议，至此从2018年至2020年为期3年的扫黑除恶专项斗争在全国范围内开始。习近平总书记对当前农村涉黑问题高度重视，多次作出重要批示，亲自决策部署扫黑除恶专项斗争。我国《刑法》第294条规定了组织、领导、参加黑社会性质组织罪。黑社会性质的组织，应当同时具备以下特征：第一，形成较稳定的犯罪组织，人数较多，有明确的组织者、领导者，骨干成员基本固定；第二，有组织地通过违法犯罪活动或者其他手段获取经济利益，具有一定的经济实力，以支持该组织的活动；第三，以暴力、威胁或者其他手段，有组织地多次进行违法犯罪活动，为非作恶，欺压、残害群众；第四，通过实施违法犯罪活动，或者利用国家工作人员的包庇或者纵容，称霸一方，在一定区域或者行业内，形成非法控制或者重大影响，严重破坏经济、社会生活秩序。对组织、领导黑社会性质的组织的，处7年以上有期徒刑，并处没收财产；对积极参加的，处3年以上7年以下有期徒刑，可以并处罚金或者没收财产；对其他参加的，处3年以下有期徒刑、拘役、管制或者剥夺政治权利，可以并处罚金。

本案中，刘某借助金钱利益集结多人，自己担任该组织的领导者和组织者，组织的骨干成员相对固定，结构较为稳定，为了达到非法目的以暴力为手段多次长久进行违法犯罪活动，欺压村民、称霸乡里，故刘某及其手下构成组织、领导、参加黑社会性质组织罪。

政策法律依据

《中华人民共和国刑法》(2020年修正)

第二百九十四条　【组织、领导、参加黑社会性质组织罪】组织、领导黑社会性质的组织的，处七年以上有期徒刑，并处没收财产；积极参加的，处三年以上七年以下有期徒刑，可以并处罚金或者没收财产；其他参加的，处三年以下有期徒刑、拘役、管制或者剥夺政治权利，可以并处罚金。

【入境发展黑社会组织罪】境外的黑社会组织的人员到中华人民共和国境内发展组织成员的，处三年以上十年以下有期徒刑。

【包庇、纵容黑社会性质组织罪】国家机关工作人员包庇黑社会性质的组织，或者纵容黑社会性质的组织进行违法犯罪活动的，处五年以下有期徒刑；情节严重的，处五年以上有期徒刑。

犯前三款罪又有其他犯罪行为的，依照数罪并罚的规定处罚。

黑社会性质的组织应当同时具备以下特征：

(一)形成较稳定的犯罪组织，人数较多，有明确的组织者、领导者，骨干成员基本固定；

（二）有组织地通过违法犯罪活动或者其他手段获取经济利益，具有一定的经济实力，以支持该组织的活动；

（三）以暴力、威胁或者其他手段，有组织地多次进行违法犯罪活动，为非作恶，欺压、残害群众；

（四）通过实施违法犯罪活动，或者利用国家工作人员的包庇或者纵容，称霸一方，在一定区域或者行业内，形成非法控制或者重大影响，严重破坏经济、社会生活秩序。

63 诱骗妇女卖与他人，买卖双方承担什么刑事责任？

疑惑

蓝某在西南某自治区认识20多岁的女青年向某，蓝某哄骗向某，要带她去外地打工挣大钱，将向某拐带至福建省某村。经同村人介绍，蓝某将向某卖给另一村民李某。向某发现被骗后，多次逃跑，后经公安机关解救，方回到自己家乡。蓝某和李某承担什么刑事责任？

解析

自2022年3月1日起至12月31日，公安机关在全国范围内开展打击拐卖妇女儿童犯罪专项行动。拐卖妇女、儿童罪属于侵犯公民人身权利的犯罪类型。我国《刑法》规定，拐卖妇女、儿童罪是指以出卖为目的，有拐骗、绑架、收买、贩卖、接送、中转妇女、儿童的行为之一的，构成拐卖妇女、儿童罪。该罪基于不同情节，适用不同的量刑幅度。一般处5年以上10年以下有期徒刑，并处罚金。但是对于拐卖妇女、儿童集团的首要分子，或者拐卖妇女、儿童3人以上的；奸淫被拐卖的妇女的；诱骗、强迫被拐卖的妇女卖淫或者将被拐卖的妇女卖给他人迫使其卖淫的；以出卖为目的，使用暴力、胁迫或者麻醉方法绑架妇女、儿童的；以出卖为目的，偷盗婴幼儿的；造成被拐卖的妇女、儿童或者其亲属重伤、死亡或者其他严重后果的；将妇女、儿童卖往境外的，存在上述情形的，将处10年以上有期徒刑或者无期徒刑，并处罚金或者没收财产。对于情节特别严重的，将处以死刑。

不仅拐卖妇女、儿童构成犯罪，收买被拐卖的妇女、儿童的也构成犯罪，即我国《刑法》第241条规定的收买被拐卖的妇女、儿童罪，但该罪仅是针对收买这一犯罪行为，因此法律规定刑罚为3年以下有期徒刑、拘役或者管制。实际上，被拐卖的妇女、儿童不一定都能被收买人善待，在收买被拐卖的妇女和儿童后，收买人可能同时对被拐卖妇女、儿童实施强奸、非法拘禁、故意伤害、侮辱等犯罪行为，甚至将收买来的妇女、儿童再行出卖。因此，《刑法》规定收买被拐卖妇女、儿童罪常常会与强奸罪、非法拘禁罪、故意伤害罪、侮辱罪、拐卖妇女、儿童罪数罪并罚。而且法律从保护被拐卖妇女、儿童角度出发，如果收买人对被拐卖人不存在虐待行为，在公安机关解救被拐卖人时不阻碍的，可以从轻处罚；如果按照被买妇女的意愿，不阻碍其返回原居住地的，可以从轻或者减轻处罚。

本案中，蓝某以出卖为目的，将向某拐骗至他乡卖与李某，构成拐卖妇女罪。同时李某明知向某被拐卖，仍花钱购买妇女的行为构成收买被拐卖妇女罪。

政策法律依据

《中华人民共和国刑法》（2020年修正）

第二百四十条　【拐卖妇女、儿童罪】拐卖妇女、儿童的，处五年以上十年以下有期徒刑，并处罚金；有下列情形之一的，处十年以上有期徒刑或者无期徒刑，并处罚金或者没收财产；情节特别严重的，处死刑，并处没收财产：

（一）拐卖妇女、儿童集团的首要分子；

（二）拐卖妇女、儿童三人以上的；

（三）奸淫被拐卖的妇女的；

（四）诱骗、强迫被拐卖的妇女卖淫或者将被拐卖的妇女卖给他人迫使其卖淫的；

（五）以出卖为目的，使用暴力、胁迫或者麻醉方法绑架妇女、儿童的；

（六）以出卖为目的，偷盗婴幼儿的；

（七）造成被拐卖的妇女、儿童或者其亲属重伤、死亡或者其他严重后果的；

（八）将妇女、儿童卖往境外的。

拐卖妇女、儿童是指以出卖为目的，有拐骗、绑架、收买、贩卖、接送、中转妇女、儿童的行为之一的。

第二百四十一条　【收买被拐卖的妇女、儿童罪】收买被拐卖的妇女、儿童的，处三年以下有期徒刑、拘役或者管制。

【强奸罪】收买被拐卖的妇女，强行与其发生性关系的，依照本法第二百三十六条的规定定罪处罚。

【非法拘禁罪】【故意伤害罪】【侮辱罪】收买被拐卖的妇女、儿童，非法剥夺、限制其人身自由或者有伤害、侮辱等犯罪行为的，依照本法的有关规定定罪处罚。

收买被拐卖的妇女、儿童，并有第二款、第三款规定的犯罪行为的，依照数罪并罚的规定处罚。

【拐卖妇女、儿童罪】收买被拐卖的妇女、儿童又出卖的，依照本法第二百四十条的规定定罪处罚。

收买被拐卖的妇女、儿童，对被买儿童没有虐待行为，不阻碍对其进行解救的，可以从轻处罚；按照被买妇女的意愿，不阻碍其返回原居住地的，可以从轻或者减轻处罚。

64 将刚出生的亲生子女送给他人，是否构成犯罪？

疑惑

邢某和妻子结婚不久发现妻子怀孕，经检查发现是一对双胞胎。邢某不想要孩子，就经别人介绍，将刚出生不久的两个孩子送给他人，并收取2.5万元。次年，妻子又怀孕，邢某又将孩子再行送给他人，收到1万元。那么，邢某将亲生子女送与他人，收取钱款的行为，是否构成犯罪？

解析

拐卖儿童罪，是指以出卖为目的，采用蒙骗、利诱或者其他方法，使未成年人脱离家庭或者监护人的行为的犯罪行为。实践中，拐卖他人孩子较为多见，拐卖亲生子女的并不多。《关于依法惩治拐卖妇女儿童犯罪的意见》规定，以非法获利为目的，出卖亲生子女的，应当以拐卖儿童罪论处。当然生活中也存在迫于生活困难，或者受重男轻女思想影响，将子女送给他人抚养，仅收取少量的感谢费、营养费的情况，上述情形属于民间送养行为，不构成犯罪。但是如果因为自行送养致使子女身心受到严重损害，或者其他恶劣情节的，可能以遗弃罪论处。因此司法机关针对父母出卖亲生子女的情况，要严格区分罪与非罪。主要区分点就在于，行为人是否存在非法获取利益的目的。如果将生育作为非法获利手段，生育后即出卖子女；或者明知对方不具有抚养目的，甚至根本不考虑对方是否具有抚养目的，仅是为了收取钱财将子女“送”给他人；或者为了收取明显不属于“营养费”“感谢费”等巨额钱财将子女“送”给他人等情形，就具备了非法获取利益的特征，应当以拐卖儿童罪论处。

本案中，邢某将3个孩子作为商品在出生后就出卖给他人，收取钱财数额较大，具备非法获取利益的特征，应当以拐卖儿童罪论处。我国对父母出卖亲生子女的犯罪行为一样依法惩处。

政策法律依据

《关于依法惩治拐卖妇女儿童犯罪的意见》（法发〔2010〕7号）

16.以非法获利为目的，出卖亲生子女的，应当以拐卖妇女、儿童罪论处。

17.要严格区分借送养之名出卖亲生子女与民间送养行为的界限。区分的关键在于行为人是否具有非法获利的目的。应当通过审查将子女“送”人的背景和原因、有无收取钱财及收取钱财的多少、对方是否具有抚养目的及有无抚养能力等事实，综合判断行为人是否具有非法获利的目的。

具有下列情形之一的，可以认定属于出卖亲生子女，应当以拐卖妇女、儿童罪论处：

(1)将生育作为非法获利手段，生育后即出卖子女的；

(2)明知对方不具有抚养目的，或者根本不考虑对方是否具有抚养目的，为收取钱财将子女“送”给他人的；

(3)为收取明显不属于“营养费”、“感谢费”的巨额钱财将子女“送”给他人的；

(4)其他足以反映行为人具有非法获利目的的“送养”行为的。

不是出于非法获利目的，而是迫于生活困难，或者受重男轻女思想影响，私自将没有独立生活能力的子女送给他人抚养，包括收取少量“营养费”、“感谢费”的，属于民间送养行为，不能以拐卖妇女、儿童罪论处。对私自送养导致子女身心健康受到严重损害，或者具有其他恶劣情节，符合遗弃罪特征的，可以遗弃罪论处；情节显著轻微危害不大的，可由公安机关依法予以行政处罚。

65 监护人殴打留守儿童，其监护资格能否撤销，以及如何撤销？

疑惑

农村留守儿童刘小小3岁时，父母进城务工没多久就离异了，刘小小一直没办法和父母取得联系。刘小小的爷爷临终前将他交由姑妈刘某和姑父张某代为抚养，承担监护责任。8岁的刘小小，趁姑妈、姑父不在家，偷拿走姑妈200元现金。两天后被姑妈、姑父发现，他二人将刘小小衣服脱掉，用皮带、废电线等物品长时间抽打刘小小背部、胸部及臀部等部位，又让刘小小光着身子站在二楼阳台上罚站。又过了两天，姑父张某仍殴打刘小小，后被群众发现并报警。经鉴定，刘小小的伤情属于轻伤一级。后张某因涉嫌故意伤害罪被依法批准逮捕。那么，能否撤销张某和刘某对刘小小的监护资格，如何撤销？

解析

近年来，随着经济发展，农村大量年轻人外出务工创业。由于工作和生活不稳定，经济条件有限，大多数年轻人将未成年的孩子留在农村老家交由亲戚照料。这些未成年人常年缺少父母关爱和监护，不仅容易受到身体伤害，更容易产生心理健康方面的问题。农村留守儿童的权益保护，不仅影响社会和谐稳定，更关涉祖国的未来和希望。我国民事法律规定，父母是未成年子女的监护人；未成年人的父母已经死亡或者没有监护能力的，由第一顺位祖父母、外祖父母，第二顺位兄、姐，第三顺位其他愿意担任监护人的个人或组织，按照上述顺序担任监护人。当然其他愿意担任监护人的个人或者组织必须经未成年人所在地的居民委员会、村民委员会或者民政部门同意。监护人应当按照最有利于被监护人的原则履行监护职责。监护人不履行监护职责或者侵害被监护人合法权益的，应当承担法律责任。当监护人对被监护人实施严重损害被监护人合法权益的行为时，包括但不限于严重损失被监护人身心健康的行为；怠于履行监护职责，或者无法履行监护职责且拒绝将监护职责部分或者全部委托给他人，导致被监护人处于危困状态的，其他依法具有监护资格的人或组织应向人民法院申请撤销该监护人监护资格，及时安排必要的临时监护措施，并按照最有利于被监护人的原则依法指定新的监护人。具体组织包括，居民委员会、村民委员会、学校、医疗机构、妇女联合会、残疾人联合会、未成年人保护组织、依法设立的老年人组织、民政部门等。

本案中，张某、刘某作为未成年人刘小小的监护人，在监护过程中殴打被监护人并致其轻伤，其行为给未成年人刘小小造成严重的心灵创伤，已经不适宜再继续履行监护人的职责，人民法院经当地民政局申请依法撤销了张某、刘某对刘小小的监护资格。

政策法律依据

《中华人民共和国民法典》

第三十六条　监护人有下列情形之一的，人民法院根据有关个人或者组织的申请，撤销其监护人资格，安排必要的临时监护措施，并按照最有利于被监护人的原则依法指定监护人：

（一）实施严重损害被监护人身心健康的行为；

（二）怠于履行监护职责，或者无法履行监护职责且拒绝将监护职责部分或者全部委托给他人，导致被监护人处于危困状态；

（三）实施严重侵害被监护人合法权益的其他行为。

本条规定的有关个人、组织包括：其他依法具有监护资格的人，居民委员会、村民委员会、学校、医疗机构、妇女联合会、残疾人联合会、未成年人保护组织、依法设立的老年人组织、民政部门等。

前款规定的个人和民政部门以外的组织未及时向人民法院申请撤销监护人资格的，民政部门应当向人民法院申请。

66 农村外嫁女是否具有集体组织成员资格？

疑惑

农村外嫁女在娘家被看作客人，在婆家被看作外人，她们作为农村社会中的特殊群体，其权益维护应当得到足够的重视。但是由于"旧思想"的存在，随着城镇化进城加快，每每遇到集体土地征收补偿分配、土地经营权流转等案件时，娘家人、娘家村集体都可能否认外嫁女的村集体组织成员资格，侵害外嫁女的权益。那么，外嫁女享有村集体组织成员资格吗？

解析

外嫁女是否具有村集体组织成员资格这个问题，不能一概而论，需要结合具体情况来看。司法实务中认定村集体组织成员资格，需要考虑的因素一般有户籍、是否承包土地、村民主决议。

户籍是否登记在村集体是认定集体组织成员资格的标准之一，但也不是绝对性标准。因为一般情况下，生产、生活在村里，户籍自然就在村里。但是即使户籍不在村集体，但是实际生产、生活均在村集体，已经与村集体其他成员形成较为固定的生产和生活关系的，此时也应具有集体成员资格。因此，户籍仅是认定成员资格的一个标准，甚至在特殊情况下，户籍与享有成员资格存在背离。

土地是农民的基本生活保障，是否承包本集体经济组织土地，也是衡量成员资格的因素之一。当农民以耕种承包地或者流转承包地所得收入为基本生活保障时，应认定为享有成员资格。因婚姻、出生等原承包户内增加的人口，按照“增人不增地，减人不减地”的政策要求，也具备成员资格。

村民主程序决议也是实务中认定是否具备成员资格的标准之一。是否享有成员资格属于村集体经济组织自治事项，应当由全体村民代表大会决议决定。但是该决议也应当符合法律规定，不得侵犯他人权益，如果与宪法、法律、行政法规的强制性规定违背，则该决议无效。

户籍、是否承包土地和村民主决议虽属于认定是否具备成员资格的考虑因素，但是核心的判断标准仍然是，农村土地是否为其基本生活保障，其是否履行村集体义务，如果是则具有成员资格。

因此，如果外嫁女因为出生属于承包户成员，其自然具备集体成员资格。成年后出嫁，户口离开村集体，但仍依赖原土地生产、生活的，并履行法律法规和村集体组织章程规定义务的，仍享有村集体经济组织成员资格。反之，如果外嫁女婚后户籍仍在原集体经济组织，但是已经在嫁入地形成较为固定的生产、生活的，甚至已经享有土地承包权益的，则不再具有原集体经济组织成员资格。

政策法律依据

《中华人民共和国农村土地承包法》第5~6条

67 进城农户还享有土地承包经营权吗？

疑惑

1997年，周老汉与某村经济合作社签订《(粮果)承包(租赁)合同》，约定发包方为村经济合作社，承包方为周老汉，用途为种植粮食、柿树。周老汉取得《农村土地经营权证书》。村合作社出具《证明》，证明在1997年签订合同时，该承包地涉及5口人，分别是周老汉和其老伴张某、长子周老大、长子的闺女周某某，以及三儿子周老三。周老汉和老伴共育有5个子女，除户内的周老大、周老三以外，其余子女在1997年时因婚嫁已将户籍转出，取得了新的承包地。周老汉和周老大2006年去世，张某2017年去世，周某某2001年出生。周某某户籍已经转为非农业家庭户口，户籍地址仍在村里，也没有单独取得其他承包地。那么，周某某还享有对周老汉户内承包土地的各项权益吗？

解析

家庭承包是我国根据农业生产的特点和生产力发展水平以及农民的愿望，由集体组织将集体所有或国家所有归其使用的土地等生产资料发包给本组织的社员、农户、专业队（组）进行经营的一种承包方式。家庭承包是带有社会保障性质的承包方式，承担保证农民基本生活、保障社会稳定的功能。土地承包合同是我国农村集体经济组织内部普遍实行的家庭承包经营体制的具体表现形式，土地承包经营权的权利主体是承包农户，承包农户内部的个体成员均平等享有该土地承包经营权。《农村土地承包法》第27条规定："承包期内，发包方不得收回承包地。国家保护进城农户的土地承包经营权。不得以退出土地承包经营权作为农户进城落户的条件。承包期内，承包农户进城落户的，引导支持其按照自愿有偿原则依法在本集体经济组织内转让土地承包经营权或者将承包地交回发包方，也可以鼓励其流转土地经营权。承包期内，承包方交回承包地或者发包方依法收回承包地时，承包方对其在承包地上投入而提高土地生产能力的，有权获得相应的补偿。”因此，即使承包农户全家迁入城镇落户，纳入城镇住房和社会保障体系，丧失农村集体经济组织成员身份，发包方也不得据此收回承包地。

本案中，周老汉在1997年签订承包合同时，户内有周老汉、妻子张某、周老大和周老三。周某某在2001年出生后，随周老大也成为该农户成员，且其在该村并未新分配土地，故周某某也应享有该农户的土地承包经营权。现周某某虽已转为居民户籍，但其户籍仍登记在村内，并未丧失该集体经济组织成员身份，因此，其仍然与户内其他成员平等享有该承包土地的各项权益。

政策法律依据

《中华人民共和国农村土地承包法》第27条

68 进城农户还享有集体收益分配权吗？

疑惑

古某在2002年将某村农业户口转为非农业户口，从村里搬至小城镇居住，但在村里仍承包土地，有宅基地和菜地，每年领取种粮直补补贴，享受承包土地收益。2014 年国家征用村里的集体土地，并支付村里集体土地补偿费用。2015 年，该村通过村民代表会议形成《收益分配方案》，规定“非农业户口没有转入本组的，不可享受本组的收益分配”。该村以古某户口未转入村集体，不符合《收益分配方案》规定的条件为由，没有给古某分配土地补偿款。那么，古某享有集体收益分配权吗，有权主张征地补偿费吗？

解析

农村集体经济组织或者村民委员会、村民小组，可以依照法律规定的民主议定程序，决定在本集体经济组织内部分配已经收到的土地补偿费。在征地补偿安置方案确定时，已经具有本集体经济组织成员资格的人，享有请求支付相应份额的权利。村民会议或者村民代表会议的决定对全体经济组织成员具有约束力，但是不得与宪法、法律、法规和国家的政策相抵触，更不得有侵犯村民的人身权利、民主权利和合法财产权利的内容。如果存在侵犯村民人身权利、民主权利和合法财产权利的，应当由乡、民族乡、镇的人民政府责令改正。

本案中，古某虽在 2003 年将户口迁移到小城镇，但在村里仍有承包地和宅基地，仍需要以集体经济组织的土地作为基本生活保障，属于本村村集体经济组织成员。《收益分配方案》虽然程序上符合民主议定程序，但内容上有损古某的财产权利，不能依据该方案否定古某的集体收益分配权。因此，古某有权获得征地补偿费。

政策法律依据

《中华人民共和国村民委员会组织法》第27条

《最高人民法院关于审理涉及农村土地承包纠纷案件适用法律问题的解释》(2020年修正)

第二十二条 农村集体经济组织或者村民委员会、村民小组，可以依照法律规定的民主议定程序，决定在本集体经济组织内部分配已经收到的土地补偿费。征地补偿安置方案确定时已经具有本集体经济组织成员资格的人，请求支付相应份额的，应予支持。但已报全国人大常委会、国务院备案的地方性法规、自治条例和单行条例、地方政府规章对土地补偿费在农村集体经济组织内部的分配办法另有规定的除外。

（二）惩处涉农腐败

69 村书记和村主任骗取国家扶贫资金，是否构成贪污罪？

疑惑

某村开展整村连片扶贫开发，村支部书记夏某和村民委员会主任杨某负责协助政府开展扶贫项目。二人利用职务之便，由夏某承揽水田埂建设工程。后杨某与夏某进行工程账务结算，二人虚增工程量190平方米，套取国家扶贫开发和一事一议项目资金5万元。后两人进行私分。那么，夏某和杨某骗取扶贫资金是否构成贪污罪？

解析

我国《刑法》规定了贪污罪，是指国家工作人员或者以国家工作人员论的人员，利用职务上的便利，侵吞、窃取、骗取或者以其他手段非法占有公共财物的犯罪。贪污罪的主体具有特定性，国家工作人员和以国家工作人员论的人员。国家工作人员，是指国家机关中从事公务的人员。以国家工作人员论的人员，包括国有公司、企业、事业单位、人民团体中从事公务的人员和国家机关、国有公司、企业、事业单位委派到非国有公司、企业、事业单位、社会团体从事公务的人员，以及其他依照法律从事公务的人员。村民委员会等村基层组织人员不属于国家工作人员。但是当其协助政府从事行政管理工作时，村基层组织人员属于其他依照法律从事公务的人员范围，可以按照贪污罪定罪处罚。从事的具体行政管理工作包括：第一，救灾、抢险、防汛、优抚、扶贫、移民、救济款物的管理；第二，社会捐助公益事业款物的管理；第三，国有土地的经营和管理；第四，土地征用补偿费用的管理；第五，代征、代缴税款；第六，有关计划生育、户籍、征兵工作；第七，协助人民政府从事的其他行政管理工作。村民委员会等村基层组织人员在从事扶贫工作中，利用职务上的便利，非法占有公共财物，触犯贪污罪。贪污罪根据情节轻重，规定了 3 年以下至死刑不同刑罚标准。虽然贪污数额在 1 万元以上不满 3 万元，但如果贪污的是救灾、抢险、防汛、优抚、扶贫、移民、救济、防疫、社会捐助等特定款物的，就属于“其他较重情节”，依法判处 3 年以下有期徒刑或者拘役，并处罚金。

本案中，夏某和杨某作为村集体组织人员，在协助政府开展扶贫工作中，利用职务上的便利，共谋通过虚增工程量的方式骗取扶贫特定款物进行私分，二人行为构成贪污罪的共同犯罪。

政策法律依据

《中华人民共和国刑法》(2020 年修正)

第三百八十二条　【贪污罪】国家工作人员利用职务上的便利，侵吞、窃取、骗取或者以其他手段非法占有公共财物的，是贪污罪。

受国家机关、国有公司、企业、事业单位、人民团体委托管理、经营国有财产的人员，利用职务上的便利，侵吞、窃取、骗取或者以其他手段非法占有国有财物的，以贪污论。

与前两款所列人员勾结，伙同贪污的，以共犯论处。

第三百八十三条　【贪污罪的处罚规定】对犯贪污罪的，根据情节轻重，分别依照下列规定处罚：

(一)贪污数额较大或者有其他较重情节的，处三年以下有期徒刑或者拘役，并处罚金。

(二)贪污数额巨大或者有其他严重情节的，处三年以上十年以下有期徒刑，并处罚金或者没收财产。

(三)贪污数额特别巨大或者有其他特别严重情节的，处十年以上有期徒刑或者无期徒刑，并处罚金或者没收财产；数额特别巨大，并使国家和人民利益遭受特别重大损失的，处无期徒刑或者死刑，并处没收财产。

对多次贪污未经处理的，按照累计贪污数额处罚。

犯第一款罪，在提起公诉前如实供述自己罪行、真诚悔罪、积极退赃，避免、减少损害结果的发生，有第一项规定情形的，可以从轻、减轻或者免除处罚;有第二项、第三项规定情形的,可以从轻处罚。

犯第一款罪,有第三项规定情形被判处死刑缓期执行的,人民法院根据犯罪情节等情况可以同时决定在其死刑缓期执行二年期满依法减为无期徒刑后,终身监禁,不得减刑、假释。

《最高人民法院、最高人民检察院关于办理贪污贿赂刑事案件适用法律若干问题的解释》

第一条　贪污或者受贿数额在三万元以上不满二十万元的,应当认定为刑法第三百八十三条第一款规定的“数额较大”,依法判处三年以下有期徒刑或者拘役,并处罚金。

贪污数额在一万元以上不满三万元,具有下列情形之一的,应当认定为刑法第三百八十三条第一款规定的“其他较重情节”,依法判处三年以下有期徒刑或者拘役,并处罚金:

(一)贪污救灾、抢险、防汛、优抚、扶贫、移民、救济、防疫、社会捐助等特定款物的;

(二)曾因贪污、受贿、挪用公款受过党纪、行政处分的;

(三)曾因故意犯罪受过刑事追究的;

(四)赃款赃物用于非法活动的;

(五)拒不交待赃款赃物去向或者拒不配合追缴工作,致使无法追缴的;

(六)造成恶劣影响或者其他严重后果的。

第十九条　对贪污罪、受贿罪判处三年以下有期徒刑或者拘役的,应当并处十万元以上五十万元以下的罚金;判处三年以上十年以下有期徒刑的,应当并处二十万元以上犯罪数额二倍以下的罚金或者没收财产；判处十年以上有期徒刑或者无期徒刑的，应当并处五十万元以上犯罪数额二倍以下的罚金或者没收财产。

《全国人民代表大会常务委员会关于〈中华人民共和国刑法〉第九十三条第二款的解释》

全国人民代表大会常务委员会讨论了村民委员会等村基层组织人员在从事哪些工作时属于刑法第九十三条第二款规定的“其他依照法律从事公务的人员”，解释如下：

村民委员会等村基层组织人员协助人民政府从事下列行政管理工作，属于刑法第九十三条第二款规定的“其他依照法律从事公务的人员”：

（一）救灾、抢险、防汛、优抚、扶贫、移民、救济款物的管理；

（二）社会捐助公益事业款物的管理；

（三）国有土地的经营和管理；

（四）土地征用补偿费用的管理；

（五）代征、代缴税款；

（六）有关计划生育、户籍、征兵工作；

（七）协助人民政府从事的其他行政管理工作。

村民委员会等村基层组织人员从事前款规定的公务，利用职务上的便利，非法占有公共财物、挪用公款、索取他人财物或者非法收受他人财物，构成犯罪的，适用刑法第三百八十二条和第三百八十三条贪污罪、第三百八十四条挪用公款罪、第三百八十五条和第三百八十六条受贿罪的规定。

70 以他人名义冒领粮食补贴，构成什么罪？

疑惑

刘某担任某村村民委员会主任。2014年至2016年，正赶上镇政府开展粮食直补和菜田补贴工作，孟某协助政府处理具体事务。某农业公司在某村租赁200多亩土地，开展农业种植。刘某在某农业公司未申请补贴的情况下，将该公司租赁的土地面积和种植数量登记在自己和他人名下，自己冒领粮食直补和菜田补贴20余万元。那么，刘某构成什么罪？

解析

粮食补贴对象是拥有耕地承包权的种植农户；菜田补贴对象是进行蔬菜规模生产的农户、农业生产企业或者种植合作社。补贴流程一般为，农户、企业或者合作社向村组织提出补贴申请，村民委员会进行确认公示，再由乡镇、区县两级政府审核批准，市农业部门备案，由区级财政下发到镇财政，进而发放到农户、企业、合作社手中。村组织是农业补贴工作的重要环节，其主要负责接受申请、确认面积、公示补贴信息，上报乡镇等具体工作。农业补贴是国家对农业支持与保护的惠农政策，通过发放农业补贴不仅可以最大限度反哺农业，更可以起到促进粮食增产和农民增收的效果。因此任何组织、机构和个人不得以任何形式挤占、挪用、骗取和套用农业补贴，严禁虚报冒领、集体代领等行为。我国《刑法》规定，诈骗罪是以非法占有为目的，虚构事实、隐瞒真相骗取公私财物，数额较大的行为。犯诈骗罪，处 3 年以下有期徒刑、拘役或者管制，并处或者单处罚金；数额巨大或者有其他严重情节的，处 3 年以上 10 年以下有期徒刑，并处罚金；数额特别巨大或者有其他特别严重情节的，处 10 年以上有期徒刑或者无期徒刑，并处罚金或者没收财产。

本案中，刘某以非法占有为目的，虚构农业公司租赁、种植的土地系自己或他人所有并种植的事实，骗取政府补贴款，数额较大，其行为符合诈骗罪的构成要件，应以诈骗罪惩处。

政策法律依据

《中华人民共和国刑法》(2020 年修正)

第二百六十六条　【诈骗罪】诈骗公私财物，数额较大的，处三年以下有期徒刑、拘役或者管制，并处或者单处罚金；数额巨大或者有其他严重情节的，处三年以上十年以下有期徒刑，并处罚金；数额特别巨大或者有其他特别严重情节的，处十年以上有期徒刑或者无期徒刑，并处罚金或者没收财产。本法另有规定的，依照规定。

71 村领导将村集体资金予以私分的行为，构成什么罪？

疑惑

某村被县政府确定为“农村宅基地有偿退出复垦制度”改革试点地区。县政府向村民委员会拨付“农村宅基地退出复垦结余制表流转资金”共计1200余万元。在村民委员会向镇政府申报项目工人工资数额时，村书记聂某、村主任胡某、村副主任张某通过虚增工人工资的方式，多获得项目款8万余元，并私分。那么，村书记聂某、村主任胡某、村副主任张某，将村集体资金予以私分的行为，构成什么罪？

解析

我国《刑法》规定，公司、企业或者其他单位的工作人员，利用职务上的便利，将本单位财物非法占为己有，数额较大的，以职务侵占罪论处。犯职务侵占罪的，处3年以下有期徒刑或者拘役，并处罚金；数额巨大的，处3年以上10年以下有期徒刑，并处罚金；数额特别巨大的，处10年以上有期徒刑或者无期徒刑，并处罚金。本案中，聂某、胡某、张某作为村干部，在管理村集体资金过程中，利用职务便利，采用骗取手段，侵占村集体资金数额较大，以职务侵占罪追究3人刑事责任。

政策法律依据

《中华人民共和国刑法》(2020年修正)

第二十五条　【共同犯罪的概念】共同犯罪是指二人以上共同故意犯罪。

第二百七十一条　【职务侵占罪】公司、企业或者其他单位的工作人员，利用职务上的便利，将本单位财物非法占为己有，数额较大的，处三年以下有期徒刑或者拘役，并处罚金；数额巨大的，处三年以上十年以下有期徒刑，并处罚金；数额特别巨大的，处十年以上有期徒刑或者无期徒刑，并处罚金。

72 村书记将集体资金拿给儿子使用，5年没有归还的，构成什么罪？

疑惑

曾某任某村党支部书记。某商贸公司与该村签订《山林承包合同书》,并向村民委员会缴纳了30万元保证金,约定合同期满后村民委员会如数归还公司。半年后,曾某的儿子急需用钱购买车辆,曾某利用村民委员会资金管理的职务便利,挪用30万元保证金交由其儿子使用,至案发超过5年未归还。那么,曾某的行为,应当承担什么刑事责任?

解析

我国《刑法》规定,公司、企业或者其他单位的工作人员,利用职务上的便利,挪用本单位资金归个人使用或者借贷给他人,数额较大、超过3个月未还的,或者虽未超过3个月,但数额较大、进行营利活动的,或者进行非法活动的,以挪用资金罪论处。犯挪用资金罪,处3年以下有期徒刑或者拘役;挪用本单位资金数额巨大的,处3年以上7年以下有期徒刑;数额特别巨大的,处7年以上有期徒刑。案例中,曾某作为村干部,在对村集体资金管理过程中,挪用集体资金归个人使用,数额较大,超过3个月未归还,应以挪用资金罪追究其刑事责任。

政策法律依据

《中华人民共和国刑法》(2020年修正)

第二百七十二条　【挪用资金罪】公司、企业或者其他单位的工作人员,利用职务上的便利,挪用本单位资金归个人使用或者借贷给他人,数额较大、超过三个月未还的,或者虽未超过三个月,但数额较大、进行营利活动的，或者进行非法活动的，处三年以下有期徒刑或者拘役；挪用本单位资金数额巨大的，处三年以上七年以下有期徒刑；数额特别巨大的，处七年以上有期徒刑。

73 村干部将政府工程交由他人施工，并收取感谢费的，构成什么罪？

疑惑

某地镇政府在全镇范围内启动实施“农田水利重点建设项目”，涉及项目资金由县财政支出，并成立“镇小农水项目指挥部”。村书记陆某和村主任秦某均是指挥部相关工作组成员，负责协助镇政府修建农田水利项目。某农业科技公司中标承建该项目，并开始施工。在施工过程中，该农业科技公司相关施工负责人找到项目指挥部成员陆某，委托其将该项目中“某地块整治”施工工程分包给其他施工队。后陆某将该情况告知秦某，二人共同商量后，决定利用职务便利将该项目交由江某负责承建。此后，江某顺利承建该施工项目并得到了工程款项。江某为表示对陆某和秦某的感谢，向其二人分别赠送 4 万元。那么，村书记陆某和村主任秦某，应当承担什么刑事责任？

解析

我国《刑法》规定,国家工作人员利用职务上的便利,索取他人财物的,或者非法收受他人财物,为他人谋取利益的,构成受贿罪。村民委员会等村基层组织人员本不属于国家工作人员,但当其协助政府从事行政管理工作时,村基层组织人员属于其他依照法律从事公务的人员。此时,村组织人员利用职务上的便利,索取他人财物或者非法收受他人财物,按照受贿罪处罚。索贿的从重处罚。案例中,村书记陆某和村主任秦某在协助政府从事公务过程中,利用职务便利为他人谋取利益,并分别收受贿赂 4 万元,数额较大,应当以受贿罪追究其刑事责任。

政策法律依据

《中华人民共和国刑法》(2020 年修正)

第二十五条 【共同犯罪的概念】共同犯罪是指二人以上共同故意犯罪。

二人以上共同过失犯罪,不以共同犯罪论处;应当负刑事责任的,按照他们所犯的罪分别处罚。

第三百八十五条 【受贿罪】国家工作人员利用职务上的便利,索取他人财物的,或者非法收受他人财物,为他人谋取利益的,是受贿罪。

国家工作人员在经济往来中,违反国家规定,收受各种名义的回扣、手续费，归个人所有的，以受贿论处。

第三百八十六条　【受贿罪的处罚规定】对犯受贿罪的，根据受贿所得数额及情节，依照本法第三百八十三条的规定处罚。索贿的从重处罚。

《全国人民代表大会常务委员会关于〈中华人民共和国刑法〉第九十三条第二款的解释》

村民委员会等村基层组织人员从事前款规定的公务，利用职务上的便利，非法占有公共财物、挪用公款、索取他人财物或者非法收受他人财物，构成犯罪的，适用刑法第三百八十二条和第三百八十三条贪污罪、第三百八十四条挪用公款罪、第三百八十五条和第三百八十六条受贿罪的规定。

（三）农民工权益保护

74 总承包将工程分包给不具备用工资质的个人，是否对实际施工人欠付的工资承担连带责任？

疑惑

春节过后，农民张某从老家来到某市打工，在某建工集团公司承建的住宅小区负责施工管理工作。工程结束后，尚欠张某工资 13 万余元。张某多次找建工集团公司和李某索要工资，但一直未成。李某仅给张某出具一张欠条，写明李某拖欠张某工资共计 13 万余元。张某将某建工集团公司和李某诉至法院，要求连带支付欠付的工资。建工集团公司认为，欠款人不是公司，拒绝支付。法院审理发现，李某由于没有用工资质，于是挂靠某建工集团公司，李某是该建设工程的实际施工人。那么，某建工集团公司应当对尚欠张某的工资承担连带清偿责任吗？

解析

我国《民法典》规定了连带债务，具体是指债务人为两人以上，债权人可以请求部分或者全部债务人履行全部债务，也就是说，针对同一笔债权，债权人既可以向多个债务人要求各自履行部分债务，也可以向其中任何一个债务人要求履行全部债务。实际承担债务超过自己份额的连带债务人，有权就超出部分在其他连带债务人未履行的份额范围内向其追偿。从这一点来看，连带债务对债权人债权受偿确实十分有利，但对债务人是非常不利的。因此法律规定，连带债务必须有明确法律规定或者当事人之间的约定。违法发包、违法分包在建设工程领域多发，而且危害很大，不仅不利于保障工程质量，更会加重农民工欠薪问题。《建设领域农民工工资支付管理暂行办法》第 12 条规定，工程总承包企业不得将工程违反规定发包、分包给不具备用工主体资格的组织或个人，否则应承担清偿拖欠工资连带责任。

本案中，某建工集团公司作为工程的承包方，将案涉工程分包给不具有用工资质的李某，现张某被拖欠工资 13 万余元，某建工集团公司应当与李某一起连带清偿被拖欠的工资。建工集团公司承担清偿责任后，可以按照其与李某工程挂靠的约定进行责任分配。

政策法律依据

《中华人民共和国民法典》第 518～519 条

《建设领域农民工工资支付管理暂行办法》第 12 条

75 在被执行人到期债权执行程序中，执行法院是否应优先保障农民工工资？

疑惑

某工程公司拖欠江某借款 1200 余万元，江某向法院申请对该工程公司强制执行。执行过程中，法院发现某投资公司尚欠工程公司 1200 余万元工程款。于是执行法院将投资公司对工程公司待支付的工程款以 1200 余万元的限额予以冻结。在冻结期间，投资公司以发放农民工工资为由支付了上述冻结款项。执行法院向投资公司发送通知书,要求投资公司在15日内追回擅自支付的款项,否则将对投资公司强制执行。投资公司遂向法院提出执行异议,其认为公司是按照劳动监察部门指令拨付工程公司欠付的农民工工资,且在拨付款项前已向执行法院说明了情况,因此不属于擅自处分被查封冻结财产的行为。那么,在被执行人某工程公司到期债权执行程序中,执行法院是否应优先保障农民工工资呢?

解析

我国《民法典》规定了建设工程价款优先受偿权,即发包人未按照约定支付价款,承包人可以与发包人协议将该工程折价,也可以请求人民法院将该工程依法拍卖,工程折价或者拍卖的价款优先清偿建设工程的价款。

建设工程的价款是施工人投入或者物化到建设工程中的价值体现,包括承包人应当支付给工人的工资、其他劳务费用等。法律保护建设工程价款优先受偿的主要目的是优先保护建设工程劳动者,主要是农民工的工资及其他劳动报酬,维护劳动者的合法权益。长期以来,国家高度重视农民工欠薪问题,制定了一系列保障农民工权益和改善农民工就业环境的政策措施,特别是建立了农民工工资支付保障制度。国务院出台的《保障农民工工资支付条例》规定,施工总承包单位应当按照有关规定开设农民工工资专用账户,及时拨付工程款,并将人工费用及时足额拨付至农民工工资专用账户,因建设单位未按照合同约定及时拨付工程款导致农民工工资拖欠的，建设单位应当以未结清的工程款为限先行垫付被拖欠的农民工工资，体现了优先保护工人工资和其他劳务费用的政策。因此在法院执行程序中也应当优先保护农民工工资的支付。

本案中，如果某投资公司支付的款项确属农民工工资，则执行法院不得要求投资公司承担责任。但是在执行法院裁定冻结案涉到期债权的情况下，投资公司支付农民工工资，应在支付款项之前向执行法院提出申请说明理由，经审查同意后方可支付，如果未经准许擅自支付冻结案款的，其行为仍旧违法。

政策法律依据

《中华人民共和国民法典》

第八百零七条　发包人未按照约定支付价款的，承包人可以催告发包人在合理期限内支付价款。发包人逾期不支付的，除根据建设工程的性质不宜折价、拍卖外，承包人可以与发包人协议将该工程折价，也可以请求人民法院将该工程依法拍卖。建设工程的价款就该工程折价或者拍卖的价款优先受偿。

《保障农民工工资支付条例》

第二十六条　施工总承包单位应当按照有关规定开设农民工工资专用账户，专项用于支付该工程建设项目农民工工资。

开设、使用农民工工资专用账户有关资料应当由施工总承包单位妥善保存备查。

第二十九条 建设单位应当按照合同约定及时拨付工程款,并将人工费用及时足额拨付至农民工工资专用账户,加强对施工总承包单位按时足额支付农民工工资的监督。

因建设单位未按照合同约定及时拨付工程款导致农民工工资拖欠的,建设单位应当以未结清的工程款为限先行垫付被拖欠的农民工工资。

建设单位应当以项目为单位建立保障农民工工资支付协调机制和工资拖欠预防机制,督促施工总承包单位加强劳动用工管理,妥善处理与农民工工资支付相关的矛盾纠纷。发生农民工集体讨薪事件的,建设单位应当会同施工总承包单位及时处理,并向项目所在地人力资源社会保障行政部门和相关行业工程建设主管部门报告有关情况。

76 用工单位拖欠劳动报酬,农民工可以向检察院求助吗?

疑惑

2015年至2017年,杨某、黄某等进城务工人员13人先后进入某投资公司从事机电工、安保、办公室等工作,但该公司一直存在延迟发放劳动报酬问题。后经过核算,公司拖欠杨某等13人的劳动报酬共计18万余元。杨某等人多次找公司协商,公司总以各种理由推脱。杨某等人想通过劳动仲裁维权,但又拿不到充分的证据。那么,杨某等人可以向当地检察院求助吗?

解析

我国《民事诉讼法》规定,机关、社会团体、企业事业单位对损害国家、集体或者个人民事权益的行为,可以支持受损害的单位或者个人向人民法院起诉。该条文规定了我国民事诉讼中的一项基本原则,即支持起诉原则。实践中,检察机关是支持起诉的重要主体。在赡养纠纷、人身损害纠纷、劳动争议纠纷等领域,检察机关通过履行支持起诉职能,在维护老年人、妇女儿童、进城务工人员等弱势群体权益方面发挥了突出的作用。当出现用人单位拖欠劳动报酬时,进城务工人员可以向用工单位所在地检察院申请追索劳动报酬支持起诉。检察院受理后,会主动进行调查、收集证据,在确认农民工反映的事情属实后,会向当地法院递交民事诉讼支持起诉书。

本案中,杨某等13名农民工向当地检察院提交了支持起诉申请,检察院向当地法院提交民事诉讼支持起诉书。经过人民法院调解,最终杨某等13名农民工拿到了全部劳动报酬。

政策法律依据

《中华人民共和国民事诉讼法》(2017年修正)

第十五条　机关、社会团体、企业事业单位对损害国家、集体或者个人民事权益的行为，可以支持受损害的单位或者个人向人民法院起诉。

77 农民工达到法定退休年龄后与用工单位存在的是劳动关系还是劳务关系？

疑惑

2005 年 3 月 1 日至 2011 年 8 月 15 日，农民工严某一直在某中专学校从事卫生保洁工作，但双方未签订书面劳动合同。2008 年 4 月，严某达到法定退休年龄。2011 年 8 月 16 日，中专学校与严某签订《临时工聘任合同》，之后每年签订一次，工作期限为每年 11 个月，签订至 2019 年 3 月 18 日。2020 年 2 月，严某向劳动人事争议仲裁委员会申请仲裁，要求确认严某与中专学校自 2005 年 3 月 1 日起至 2019 年 3 月 18 日存在劳动关系。在劳动仲裁裁决和法院审理阶段，双方争议的主要分歧点就是严某在达到法定退休年龄后与中专学校之间是属于劳动关系，还是劳务关系。那么，农民工达到法定退休年龄后与用工单位存在的是劳动关系还是劳务关系呢？

解析

《劳动合同法实施条例》第 21 条规定，劳动者达到法定退休年龄的，劳动合同终止，但该条文的内容实质系赋予用人单位终止劳动合同的权利，并未规定劳动者达到法定退休年龄后与用人单位即构成劳务关系。案例中，严某在 2005 年 3 月 1 日至 2011 年 8 月 15 日，一直在中专学校从事保洁工作。虽然严某于 2008 年 4 月达到法定退休年龄，但是上述时间二者一直处于持续用工状态。中专学校并未在严某达到法定退休年龄后与其解除合同，因此在上述时间内双方存在劳动合同关系。但是从 2011 年 8 月 16 日开始，中专学校与严某签订了《临时工聘任合同》，这就意味着双方已经建立了一个新的合同关系，之前从 2005 年 3 月 1 日至 2011 年 8 月 15 日的劳动关系已经解除。签订《临时工聘任合同》时，严某已超出法定退休年龄，因此其与中专学校之间建立的用工关系应当按劳务关系处理。

政策法律依据

《中华人民共和国劳动合同法实施条例》

第二十一条　劳动者达到法定退休年龄的，劳动合同终止。

78 用工单位未给农民工缴纳社会保险，农民工因工受伤致残，农民工可以要求用工单位支付哪些费用？

疑惑

农民工吕某在某制作公司从事轧花工作，双方未签订书面劳动合同，工资为计件工资，制作公司未给吕某缴纳社会保险。不到一个月，吕某工作时，不慎被机器绞伤。经当地人社局作出《工伤决定书》，认定为工伤。又经当地劳动能力鉴定委员会作出《工伤伤残等级鉴定》，鉴定吕某为四级伤残，需要配置上臂肌电假肢。后吕某提起劳动仲裁，某制作公司对裁决结果不服诉至法院。那么，某制作公司应当支付哪些费用呢？

解析

劳动者因工作遭受事故伤害进行治疗，享受工伤医疗待遇。工伤保险基金支付职工住院治疗工伤的伙食补助费、交通、食宿费用、工伤康复费用、安装假肢等辅助器具的费用。另外，劳动者因工作遭受事故伤害需要暂停工作接受工伤医疗的，在停工留薪期内，原工资福利待遇不变，由所在单位按月支付；评定伤残等级后，停发原待遇，按照伤残等级享受伤残待遇。因工致残被鉴定为一级至四级伤残的，保留劳动关系，退出工作岗位，享有一次性伤残补助金、按月支付伤残津贴，达到退休年龄并办理退休手续后，停发伤残津贴，享受基本养老保险待遇。我国《工伤保险条例》规定，应当参加而未参加工伤保险的用人单位职工发生工伤的，由该用人单位按照工伤保险待遇项目和标准支付费用。本案中，某制作公司应当支付吕某的劳动能力鉴定费、检查费、住院期间伙食补助费、护理费，停工留薪期内原工资待遇工资以及一次性伤残补助金、伤残津贴；异地医治的交通费、食宿费、配置辅助器具费，并按月为吕某缴纳社会保险。

政策法律依据

《工伤保险条例》

第三十条　职工因工作遭受事故伤害或者患职业病进行治疗，享受工伤医疗待遇。

……

职工住院治疗工伤的伙食补助费，以及经医疗机构出具证明，报经办机构同意，工伤职工到统筹地区以外就医所需的交通、食宿费用从工伤保险基金支付，基金支付的具体标准由统筹地区人民政府规定。

工伤职工治疗非工伤引发的疾病，不享受工伤医疗待遇，按照基本医疗保险办法处理。

工伤职工到签订服务协议的医疗机构进行工伤康复的费用，符合规定的，从工伤保险基金支付。

第三十二条 工伤职工因日常生活或者就业需要，经劳动能力鉴定委员会确认，可以安装假肢、矫形器、假眼、假牙和配置轮椅等辅助器具，所需费用按照国家规定的标准从工伤保险基金支付。

第三十三条 职工因工作遭受事故伤害或者患职业病需要暂停工作接受工伤医疗的，在停工留薪期内，原工资福利待遇不变，由所在单位按月支付。

停工留薪期一般不超过12个月。伤情严重或者情况特殊，经设区的市级劳动能力鉴定委员会确认，可以适当延长，但延长不得超过12个月。工伤职工评定伤残等级后，停发原待遇，按照本章的有关规定享受伤残待遇。工伤职工在停工留薪期满后仍需治疗的，继续享受工伤医疗待遇。

生活不能自理的工伤职工在停工留薪期需要护理的，由所在单位负责。

第三十五条 职工因工致残被鉴定为一级至四级伤残的，保留劳动关系，退出工作岗位，享受以下待遇：

（一）从工伤保险基金按伤残等级支付一次性伤残补助金，标准为：一级伤残为27个月的本人工资，二级伤残为25个月的本人工资，三级伤残为23个月的本人工资，四级伤残为21个月的本人工资；

（二）从工伤保险基金按月支付伤残津贴，标准为：一级伤残为本人工资的90%，二级伤残为本人工资的85%，三级伤残为本人工资的80%，四级伤残为本人工资的75%。伤残津贴实际金额低于当地最低工资标准的，由工伤保险基金补足差额；

（三）工伤职工达到退休年龄并办理退休手续后，停发伤残津贴，按照国家有关规定享受基本养老保险待遇。基本养老保险待遇低于伤残津贴的，由工伤保险基金补足差额。

职工因工致残被鉴定为一级至四级伤残的，由用人单位和职工个人以伤残津贴为基数，缴纳基本医疗保险费。

第六十二条　用人单位依照本条例规定应当参加工伤保险而未参加的，由社会保险行政部门责令限期参加，补缴应当缴纳的工伤保险费，并自欠缴之日起，按日加收万分之五的滞纳金；逾期仍不缴纳的，处欠缴数额1倍以上3倍以下的罚款。

依照本条例规定应当参加工伤保险而未参加工伤保险的用人单位职工发生工伤的，由该用人单位按照本条例规定的工伤保险待遇项目和标准支付费用。

用人单位参加工伤保险并补缴应当缴纳的工伤保险费、滞纳金后，由工伤保险基金和用人单位依照本条例的规定支付新发生的费用。

第六十四条　本条例所称工资总额，是指用人单位直接支付给本单位全部职工的劳动报酬总额。

本条例所称本人工资，是指工伤职工因工作遭受事故伤害或者患职业病前12个月平均月缴费工资。本人工资高于统筹地区职工平均工资300%的，按照统筹地区职工平均工资的300%计算；本人工资低于统筹地区职工平均工资60%的，按照统筹地区职工平均工资的60%计算。

79 保姆在雇主家受伤，雇主承担赔偿责任吗？

疑惑

施某进城务工靠做保姆挣钱。2019年年初，姜某通过劳务公司雇用施某，照顾姜某母亲起居生活，月薪2500元。由于姜某母亲居住的房屋没有卫生间，需要去室外附近的二楼平台上厕所，姜某为其母亲准备了便携式马桶。某天早上，施某穿着拖鞋去室外附近的二楼平台上厕所。返回时，其经过底楼水泥斜坡时不慎滑倒，跌地受伤。医院诊断为左腕关节骨折，经保守治疗后，遗有左腕关节活动受限，但未达到伤残等级。施某将姜某诉至法院，要求赔偿医疗费、营养费、误工费、护理费、精神损害抚慰金、交通费等。姜某则认为，施某穿着拖鞋去室外，本身具有过错，不同意赔偿损失。那么，姜某是否承担赔偿责任？

解析

近年来，很多进城务工人员从事保姆、月嫂、看护工作，其与接受劳务方形成劳务关系。我国《民法典》规定，个人之间形成劳务关系，提供劳务一方因劳务受到损害的，根据提供劳务方和接受劳务方双方各自的过错承担相应的责任。可见，提供劳务者因劳务自身遭受损害的侵权责任属于过错责任，即接受劳务者具有过错才应承担民事责任；但提供劳务者自身也存在过错的，可以减轻接受劳务者部分或者全部责任，也就是说，如果提供劳务者对损害的发生本身具有过错的，接受劳务一方在相应过错范围内减轻赔偿责任。该种侵权责任的赔偿范围一般包括医疗费、护理费、交通费、营养费、住院伙食补助费等为治疗和康复支出的合理费用以及因误工减少的收入；如果造成残疾的，应当赔偿辅助器具费和残疾赔偿金；如果造成死亡的，还应当赔偿丧葬费和死亡赔偿金。

本案中，施某应姜某的雇请从事保姆工作，双方之间形成劳务关系。虽然施某受损是因为上厕所，但由于其照顾老人服务时间一般为 24 小时，根据施某提供劳务的特性，确认施某系在提供劳务中受到损害。姜某未能向提供劳务者提供必要的日常生活设施，无论是施某上厕所还是为老人处理马桶污物，都要到室外二楼平台厕所进行，而经过的路段属水泥斜坡路且周围搭建装修使用的脚手架存在一定安全隐患。同时，施某穿着拖鞋行走，鞋底花纹已经出现磨损，鞋底和地面的摩擦力降低，其自身在返回途中未能小心谨慎而跌倒受伤也具有过错。最终法院判决由施某承担 70% 的主要责任，由姜某承担未能提供相应便利生活设施的 30% 的次要责任。

政策法律依据

《中华人民共和国民法典》

第一千一百七十三条 被侵权人对同一损害的发生或者扩大有过错的，可以减轻侵权人的责任。

第一千一百七十九条 侵害他人造成人身损害的，应当赔偿医疗费、护理费、交通费、营养费、住院伙食补助费等为治疗和康复支出的合理费用，以及因误工减少的收入。造成残疾的，还应当赔偿辅助器具费和残疾赔偿金；造成死亡的，还应当赔偿丧葬费和死亡赔偿金。

第一千一百九十二条 个人之间形成劳务关系，提供劳务一方因劳务造成他人损害的，由接受劳务一方承担侵权责任。接受劳务一方承担侵权责任后，可以向有故意或者重大过失的提供劳务一方追偿。提供劳务一方因劳务受到损害的，根据双方各自的过错承担相应的责任。

提供劳务期间，因第三人的行为造成提供劳务一方损害的，提供劳务一方有权请求第三人承担侵权责任，也有权请求接受劳务一方给予补偿。接受劳务一方补偿后，可以向第三人追偿。

《最高人民法院关于审理人身损害赔偿案件适用法律若干问题的解释》(2020年修正)

第六条 医疗费根据医疗机构出具的医药费、住院费等收款凭证，结合病历和诊断证明等相关证据确定。赔偿义务人对治疗的必要性和合理性有异议的，应当承担相应的举证责任。

医疗费的赔偿数额，按照一审法庭辩论终结前实际发生的数额确定。器官功能恢复训练所必要的康复费、适当的整容费以及其他后续治疗费，赔偿权利人可以待实际发生后另行起诉。但根据医疗证明或者鉴定结论确定必然发生的费用，可以与已经发生的医疗费一并予以赔偿。

第七条　误工费根据受害人的误工时间和收入状况确定。

误工时间根据受害人接受治疗的医疗机构出具的证明确定。受害人因伤致残持续误工的，误工时间可以计算至定残日前一天。

受害人有固定收入的，误工费按照实际减少的收入计算。受害人无固定收入的，按照其最近三年的平均收入计算；受害人不能举证证明其最近三年的平均收入状况的，可以参照受诉法院所在地相同或者相近行业上一年度职工的平均工资计算。

第八条　护理费根据护理人员的收入状况和护理人数、护理期限确定。

护理人员有收入的，参照误工费的规定计算；护理人员没有收入或者雇佣护工的，参照当地护工从事同等级别护理的劳务报酬标准计算。护理人员原则上为一人，但医疗机构或者鉴定机构有明确意见的，可以参照确定护理人员人数。

护理期限应计算至受害人恢复生活自理能力时止。受害人因残疾不能恢复生活自理能力的，可以根据其年龄、健康状况等因素确定合理的护理期限，但最长不超过二十年。

受害人定残后的护理，应当根据其护理依赖程度并结合配制残疾辅助器具的情况确定护理级别。

第九条 交通费根据受害人及其必要的陪护人员因就医或者转院治疗实际发生的费用计算。交通费应当以正式票据为凭;有关凭据应当与就医地点、时间、人数、次数相符合。

第十条 住院伙食补助费可以参照当地国家机关一般工作人员的出差伙食补助标准予以确定。

受害人确有必要到外地治疗,因客观原因不能住院,受害人本人及其陪护人员实际发生的住宿费和伙食费,其合理部分应予赔偿。

第十一条 营养费根据受害人伤残情况参照医疗机构的意见确定。

80 农民工在 App 上注册外卖骑手从事配送工作，是否与用人单位构成劳动关系？

疑惑

进城务工人员王某在某 App 上注册为外卖骑手从事送餐工作,某网络公司和王某约定每月前 600 单,每单 3 元;600 单至 1200 单,每单 5 元;1200 单以上,每单 6 元,某网络公司按月向王某支付报酬。王某自行配备交通工具,通过手机系统软件平台接单、送单,还可以进行转单,送餐收入是其全部经济来源。但是王某需要按照某网络公司的要求,每天早6点至晚24点接单,每天工作7小时,午餐及晚餐时间段均在岗工作。后因某网络公司并未按照当初约定支付报酬,王某对某网络公司申请劳动争议仲裁。仲裁裁决结果为双方存在劳动关系。某网络公司不服,向法院提起诉讼。那么,王某和某网络公司之间是否存在劳动关系呢?

解析

实际生活中,常常有部分用人单位招用劳动者不签订劳动合同,发生劳动争议时,用人单位通常主张劳务关系逃避责任,致使劳动者合法权益难以维护。劳动关系和劳务关系虽然存在相似性,但是区别还是比较明显的。主要存在如下区别:第一,劳动关系中,用工单位对劳动者具有管理权,劳动者对用人单位具有人身依附关系,劳动者需要按照用人单位要求服从管理制度、接受单位监督,让渡自己一定限度内的人身自由;但是劳务关系不存在管理和支配关系,双方地位是平等的,提供劳务一方虽然也会受到指挥和监督,但并不受用人单位内部管理制度约束。第二,劳动关系的建立需要经过一定程序,用工周期长,形式稳定;而劳务关系成立比较随意,用工期限也比较短,常常属于临时用工。第三,劳动关系一般签订劳动合同,对工作时间、地点、报酬、保险等重要因素进行约定;而劳务关系中提供劳务方不享受最低工资、休息休假、社会保险等待遇,双方主要是约定报酬。

劳动仲裁机构和人民法院在裁决或审理没有签订劳动合同的劳动争议时,一般通过工资支付凭证或记录(职工工资发放花名册)、缴纳各项社会保险费的记录、用人单位向劳动者发放的“工作证”“服务证”等能够证明身份的证件、劳动者填写的用人单位招工招聘“登记表”“报名表”等招用记录、考勤记录以及其他劳动者的证言等证据材料来综合认定双方是否存在劳动关系。因此,判断劳动者与用人单位是否存在劳动关系,应结合当事人的意思表示及劳动者是否在用人单位的指挥管理下提供劳动,劳动者提供的劳动是否为用人单位业务的组成部分等因素综合认定。具备上述情形的,即使双方没有签订劳动合同,也构成事实劳动关系。

随着我国经济发展,人民生活水平提高,外卖行业发展迅猛。大量农民工进城从事骑手工作。实际上骑手也分很多种,有的是和互联网平台公司或者劳务派遣公司签订用工合同,被称为“专送骑手”;有的则是在App上注册通过后上岗的“外卖骑手”。在用工关系认定上,前者构成劳动关系,后者可能构成劳务关系或者承揽关系。

本案中,王某自备交通工具,通过手机系统软件平台接单、送单,还可以进行转单,对于接单具有较大自主性,因此王某与某网络公司并未存在劳动法意义上的从属关系。某网络公司要求吃饭时间必须在岗、执行配送时间等,并非属于形成劳动关系的要素,也是劳务合同中单位对劳动者的基本规范。综合劳动过程、工资发放等方面因素,王某与某网络公司该种用工模式不符合劳动关系的本质属性和其他特征,属于劳务关系,因此双方之间不存在劳动关系。

政策法律依据

《劳动和社会保障部关于确立劳动关系有关事项的通知》(劳社部发〔2005〕12号)

一、用人单位招用劳动者未订立书面劳动合同,但同时具备下列情形的,劳动关系成立。

(一)用人单位和劳动者符合法律、法规规定的主体资格;

(二)用人单位依法制定的各项劳动规章制度适用于劳动者,劳动者受用人单位的劳动管理,从事用人单位安排的有报酬的劳动;

(三)劳动者提供的劳动是用人单位业务的组成部分。

二、用人单位未与劳动者签订劳动合同,认定双方存在劳动关系时可参照下列凭证:

(一)工资支付凭证或记录(职工工资发放花名册)、缴纳各项社会保险费的记录;

(二)用人单位向劳动者发放的"工作证"、"服务证"等能够证明身份的证件;

(三)劳动者填写的用人单位招工招聘"登记表"、"报名表"等招用记录;

(四)考勤记录;

(五)其他劳动者的证言等。

其中,(一)、(三)、(四)项的有关凭证由用人单位负举证责任。

81 公司拖欠农民工工资，可以执行老板个人的钱吗？

疑惑

戴某和其他13个工友在某服装公司打工一年多，催要工资多次，还有5万元迟迟没有结算。戴某和工友通过当地劳动仲裁与服装公司达成调解协议，但是某服装公司一直没有履行。戴某等人向法院申请强制执行。进入执行程序后，发现某服装公司早已停产停业，银行账户没有钱，公司名下也没有财产，执行案件陷入僵局。后执行法官发现，服装公司是张老板持股100%的一人有限责任公司，张老板名下有车有房产。那么，可以执行张老板的财产吗？

解析

《最高人民法院关于民事执行中变更、追加当事人若干问题的规定》规定，一人有限责任公司自身财产不足以清偿生效法律文书确定的债务，唯一股东如果不能举证证明公司财产独立于自己的财产的，申请执行人可以向执行法院申请变更、追加该股东为被执行人，让股东与公司一起承担连带清偿责任。本案中，张老板是服装公司唯一股东，农民工戴某向法院申请追加张老板为被执行人，张老板没有证据证明自己的财产和服装公司财产相互独立，遂被追加成被执行人。执行法院通过查封张老板个人财产，对其形成执行威慑，张老板向戴某等农民工清偿了全部欠付工资。

政策法律依据

《最高人民法院关于民事执行中变更、追加当事人若干问题的规定》

第二十条　作为被执行人的一人有限责任公司，财产不足以清偿生效法律文书确定的债务，股东不能证明公司财产独立于自己的财产，申请执行人申请变更、追加该股东为被执行人，对公司债务承担连带责任的，人民法院应予支持。

（四）农村金融与保险

82 贷来的钱给别人用了，自己还用还贷款吗？

疑惑

金某和王某是多年的好朋友。一天王某找到金某说自己急需10

万元钱，要从银行办理农户贷款，但是需要一个保证人，希望金某能作个保证，并表示一定会按时还钱，不让金某受损失。金某觉得王某人不错，不会骗自己，就在王某提供的《农户小额贷款业务申请表》上签了字，也把自己的身份证交给了王某。之后金某和王某约好去某农行支行网点办理手续。金某在银行柜台办理业务，出于对王某的信任，在没有仔细看的情况下签订了不少手续，包括《农户贷款借款合同》《个人结算账户开户》《服务签约申请》，办理完毕后金某将办好的银行卡交由王某保管。随后，某银行支行向金某银行卡账户发放贷款10万元。王某将上述钱款取出，自己使用。贷款到期后，某银行支行向金某提起诉讼，金某觉得冤枉，明明是王某用钱，为什么让自己还。金某找到王某，王某表示现在没有钱，还不了银行。那么，金某应当偿还银行贷款吗？

解析

我国《民法典》规定，借款合同是借款人向贷款人借款，到期返还借款并支付利息的合同。借款人应当按照约定的期限返还借款，如果未按照约定的期限返还借款，应当按照约定或者国家有关规定支付逾期利息。

本案中，金某亲自签署《农户小额贷款业务申请表》《农户贷款借款合同》，已经与某银行支行形成金融借款合同法律关系，银行已完成贷款发放义务，但借款期满后，金某未按约偿付借款本息，应当承担清偿责任。金某作为成年人理应明白什么字该签，什么字不该签，他在申请表和借款合同上“借款人处”签字，不可能未认识到自己正在做的是借款而不是保证。金某因自己的疏忽而未尽到注意义务，将自己的身份证交由他人使用，并放任自己的银行卡由他人保管，所导致的后果应由其自己承担。银行将借款发放给合同约定的借款人金某后，至于借款由金某自己使用或由他人使用，都不能免除金某作为借款人的还款责任。

政策法律依据

《中华人民共和国民法典》

第六百六十七条　借款合同是借款人向贷款人借款，到期返还借款并支付利息的合同。

第六百七十五条　借款人应当按照约定的期限返还借款。对借款期限没有约定或者约定不明确，依据本法第五百一十条的规定仍不能确定的，借款人可以随时返还；贷款人可以催告借款人在合理期限内返还。

第六百七十六条　借款人未按照约定的期限返还借款的，应当按照约定或者国家有关规定支付逾期利息。

83 丈夫经营农场贷的款，妻子用一起还吗？

疑惑

蔡某个人投资经营某果业种植家庭农场，农场经营收益用于蔡某和妻子郝某的家庭共同生活。为了扩大经营规模，蔡某向某小额贷款公司申请130万元贷款。双方签订了《借款合同》，借款期限为一年，借款用途为农林牧渔业贷款。小额贷款公司通过网上银行向蔡某账户转账130万元。借款到期后，蔡某未能偿还贷款，小额贷款公司将蔡某和郝某诉至法院，要求二人共同承担还款责任。郝某认为，借款用于农场扩大经营规模，农场是蔡某个人投资的，蔡某因经营农场产生的债权债务均应由蔡某个人承担。那么，郝某应当承担还款责任吗？

解析

我国《民法典》规定，夫妻在婚姻关系存续期间所得的生产、经营、投资的收益为夫妻共同财产，归夫妻共同所有。夫妻双方共同签名或者夫妻一方事后追认等共同意思表示所负的债务，以及夫妻一方在婚姻关系存续期间以个人名义为家庭日常生活需要所负的债务,属于夫妻共同债务。对于夫妻一方在婚姻关系存续期间以个人名义超出家庭日常生活需要所负的债务,原则上不认定为夫妻共同债务;但是,如果债权人能够证明该债务确实用于夫妻共同生活、共同生产经营或者基于夫妻双方共同意思表示的则可以认定为夫妻共同债务。

本案中,因借款用于蔡某经营的家庭农场投资,而该农场的收益用于蔡某和郝某的家庭共同生活,因此借款属于夫妻共同债务,郝某应当承担共同还款责任。

政策法律依据

《中华人民共和国民法典》

第一千零六十二条　夫妻在婚姻关系存续期间所得的下列财产,为夫妻的共同财产,归夫妻共同所有:

(一)工资、奖金、劳务报酬;

(二)生产、经营、投资的收益;

(三)知识产权的收益;

(四)继承或者受赠的财产,但是本法第一千零六十三条第三项规定的除外;

(五)其他应当归共同所有的财产。

夫妻对共同财产,有平等的处理权。

第一千零六十四条　夫妻双方共同签名或者夫妻一方事后追认等共同意思表示所负的债务,以及夫妻一方在婚姻关系存续期间以个人名义为家庭日常生活需要所负的债务,属于夫妻共同债务。

夫妻一方在婚姻关系存续期间以个人名义超出家庭日常生活需要所负的债务,不属于夫妻共同债务;但是,债权人能够证明该债务用于夫妻共同生活、共同生产经营或者基于夫妻双方共同意思表示的除外。

84 银行代办人员侵吞存款的,银行要负责吗?

疑惑

某银行聘用村民张某在其家中设立代办点并开展存储业务。多年来张某一直在为村民代办银行业务,张某也在其家中悬挂银行招牌,使用银行POS终端等银行专有设备。后该银行与张某解除了代办存款业务,仅为助农取款点,没有存款功能。村民齐某不知情,将家中存款2万元交由张某存储。张某利用其代办员身份,侵吞了许多村民储户的存款,其中就包括齐某的2万元。之后张某因涉嫌贪污罪被刑事拘留,附近村民才知道此事。齐某向法院提起诉讼,要求该银行返还2万元存款。银行认为其已经取消代办点存款功能,齐某的钱款也没有交给银行,银行和齐某之间不存在储蓄合同关系,不应当承担责任。那么,银行应当承担责任吗?

解析

我国《民法典》规定了表见代理制度。表见代理，是指行为人没有代理权、超越代理权或者代理权终止后，仍然实施代理行为，相对人有理由相信行为人有代理权的，代理行为有效。那什么是“相对人有理由相信行为人有代理权”呢？比如，行为人存在代理权的外观，或者相对人不知道行为人行为时没有代理权，并且相对人无过失。如果当事人对是否构成表见代理发生争议的，相对人应就符合“有理由相信行为人有代理权”承担举证责任；而被代理人应当就相对人不符合“有理由相信行为人有代理权”承担举证责任。

本案中，银行和张某存在聘用关系，银行在取消存款业务后，未向村民告知，也缺乏对张某的监管，存在重大过错。多年来附近村民已经形成交易习惯，加之张某于家中悬挂银行招牌，使用银行 POS 终端等银行专有设备，已经形成了张某具有银行代理权的客观表象。村民齐某属于善意相对人，张某构成表见代理，代理行为对银行有效。因此，银行和齐某之间存在储蓄合同关系，齐某要求解除储蓄合同，银行应予返还存款。

政策法律依据

《中华人民共和国民法典》

第一百七十二条　行为人没有代理权、超越代理权或者代理权终止后，仍然实施代理行为，相对人有理由相信行为人有代理权的，代理行为有效。

《最高人民法院关于适用〈中华人民共和国民法典〉总则编若干问题的解释》（法释〔2022〕6号）

第二十八条 同时符合下列条件的，人民法院可以认定为民法典第一百七十二条规定的相对人有理由相信行为人有代理权：

（一）存在代理权的外观；

（二）相对人不知道行为人行为时没有代理权，且无过失。

因是否构成表见代理发生争议的，相对人应当就无权代理符合前款第一项规定的条件承担举证责任；被代理人应当就相对人不符合前款第二项规定的条件承担举证责任。

85 贷款人与银行约定以新贷偿还旧贷，保证人不知道的，要承担保证责任吗？

疑惑

村民杨某承包土地搞生姜种植。由于之前收成不太好，现在又遇化肥、农药涨价，杨某不仅没有钱还之前的10万元贷款，更没有钱买化肥、农药。村镇银行的朋友告诉杨某，可以借新还旧，但是需要有人担保。杨某找来邻居王某做担保,只说借钱用于种姜,并没有告诉王某贷款中有10万元用于偿还旧账。于是杨某和村镇银行签订了《农林牧渔业贷款合同》,贷款15万元,王某承担连带保证责任,借期6个月。随后,村镇银行向杨某网上银行转账5万元,其余10万元本金,用之前的借款抵顶,并且双方办理了10万元的还款手续。借款期满,杨某无力偿还15万元贷款。村镇银行将杨某和王某诉至法院,要求王某对杨某欠付的15万元贷款及利息承担连带保证责任。那么,王某应当对还旧账的10万元承担保证责任吗?

解析

保证合同是为保障债权的实现,保证人和债权人约定,当债务人不履行到期债务或者发生当事人约定的情形时,保证人履行债务或者承担责任的合同。保证方式分为一般保证和连带责任保证。连带责任保证的债务人不履行到期债务或者发生当事人约定的情形时,债权人可以请求债务人履行债务,也可以请求保证人在其保证范围内承担保证责任。保证责任承担的范围包括主债权及其利息、违约金、损害赔偿金和实现债权的费用。债权人应当在保证期间内,请求保证人承担保证责任;超过保证期间的,保证人不再承担保证责任。债权人和债务人约定以新贷偿还旧贷,如果新贷与旧贷均有担保人,且担保人相同的,新贷担保人承担担保责任;如果旧贷无担保新贷有担保,或者新贷与旧贷的担保人不相同,新贷担保人不承担担保责任,但是如果新贷担保人提供担保时,对以新贷偿还旧贷的事实知道或者应当知道的,新贷担保人仍承担担保责任。

本案中,杨某旧账10万元没有担保人;王某对15万元中的10万元是用新贷偿还旧贷的事实也不知道,因此王某对10万元欠款及相应利息不承担连带保证责任。

政策法律依据

《中华人民共和国民法典》

第六百八十一条 保证合同是为保障债权的实现,保证人和债权人约定,当债务人不履行到期债务或者发生当事人约定的情形时,保证人履行债务或者承担责任的合同。

第六百八十二条 保证合同是主债权债务合同的从合同。主债权债务合同无效的,保证合同无效,但是法律另有规定的除外。

保证合同被确认无效后,债务人、保证人、债权人有过错的,应当根据其过错各自承担相应的民事责任。

第六百八十六条 保证的方式包括一般保证和连带责任保证。

当事人在保证合同中对保证方式没有约定或者约定不明确的,按照一般保证承担保证责任。

第六百八十八条 当事人在保证合同中约定保证人和债务人对债务承担连带责任的,为连带责任保证。

连带责任保证的债务人不履行到期债务或者发生当事人约定的情形时,债权人可以请求债务人履行债务,也可以请求保证人在其保证范围内承担保证责任。

第六百九十一条　保证的范围包括主债权及其利息、违约金、损害赔偿金和实现债权的费用。当事人另有约定的，按照其约定。

第六百九十三条　一般保证的债权人未在保证期间对债务人提起诉讼或者申请仲裁的，保证人不再承担保证责任。

连带责任保证的债权人未在保证期间请求保证人承担保证责任的，保证人不再承担保证责任。

《最高人民法院关于适用〈中华人民共和国民法典〉有关担保制度的解释》

第十六条　主合同当事人协议以新贷偿还旧贷，债权人请求旧贷的担保人承担担保责任的，人民法院不予支持；债权人请求新贷的担保人承担担保责任的，按照下列情形处理：

（一）新贷与旧贷的担保人相同的，人民法院应予支持；

（二）新贷与旧贷的担保人不同，或者旧贷无担保新贷有担保的，人民法院不予支持，但是债权人有证据证明新贷的担保人提供担保时对以新贷偿还旧贷的事实知道或者应当知道的除外。

主合同当事人协议以新贷偿还旧贷，旧贷的物的担保人在登记尚未注销的情形下同意继续为新贷提供担保，在订立新的贷款合同前又以该担保财产为其他债权人设立担保物权，其他债权人主张其担保物权顺位优先于新贷债权人的，人民法院不予支持。

86 农民专业合作社理事长私自用本社资产为自己债务提供担保，担保合同对合作社生效吗？

疑惑

农民张某和同村好友刘某想要一起搞板栗种植专业经营，就由张某、刘某及另外7个村民共9人设立了某板栗种植专业合作社。张某任理事长，刘某任执行监事。后张某由于个人债务要向银行贷款，于是让合作社做保证人为他担保，自己代表合作社签订了担保合同，并加盖了合作社公章。张某未将担保一事在合作社成员大会上表决，办理担保手续时，也没有向银行出具任何成员大会决议。张某到期未还贷款，银行将张某、合作社诉至法院，要求合作社承担保证责任。那么，担保合同对合作社有效吗？合作社应当承担责任吗？

解析

农民专业合作社，是指在农村家庭承包经营基础上，农产品的生产经营者或者农业生产经营服务的提供者、利用者，自愿联合、民主管理的互助性经济组织。农民专业合作社成员大会由全体成员组成,成员大会是合作社的权力机构,决定本社重大财产处置、对外投资、对外担保以及涉及生产经营活动中的其他重大事项。因此,当合作社对外提供担保时,该事项应当提交合作社成员大会决议,理事长不具有代表合作社对外担保的权利。理事长擅自签署担保合同,属于越权担保。如果担保合同相对方是善意的,则担保合同对合作社发生效力;如果相对方非善意,则担保合同对合作社不发生效力。当担保合同对合作社不发生担保效力时,合作社根据其是否存在过错,对担保权人承担赔偿责任。只要合作社承担了担保责任或者赔偿责任,都可以就其损失要求理事长承担责任。

本案中,合作社理事长未经成员大会同意,用本社资产为自身债务提供担保,属于越权担保。银行作为相对方,没有审查成员大会决议情况,明知理事长越权担保仍接受担保的,银行具有过错,因此该担保合同对合作社不发生效力,合作社不承担担保责任。如果合作社在理事长越权担保时没有任何过错,则合作社也不应承担赔偿责任。

政策法律依据

《中华人民共和国民法典》

第六十一条　依照法律或者法人章程的规定,代表法人从事民事活动的负责人,为法人的法定代表人。

法定代表人以法人名义从事的民事活动,其法律后果由法人承受。

法人章程或者法人权力机构对法定代表人代表权的限制，不得对抗善意相对人。

第六十二条 法定代表人因执行职务造成他人损害的，由法人承担民事责任。

法人承担民事责任后，依照法律或者法人章程的规定，可以向有过错的法定代表人追偿。

《中华人民共和国农民专业合作社法》第2条、第29条、第33条、第36条

87 镇政府为村民委员会提供担保，担保合同有效吗？

疑惑

某村村民委员会与某旅游公司签订《经营合作协议》，约定旅游公司进行民宿旅游开发建设，建成后双方按照一定比例分配景区运营收入。当地镇政府与旅游公司签订保证合同，对村民委员会按照约定所负义务承担连带保证责任。后因水域治理问题，旅游公司与村民委员会解除开发合同，旅游公司就自己的损失要求村民委员会赔偿，并要求镇政府按照保证合同的约定承担连带赔偿责任。那么，镇政府作出的保证有效吗?

解析

我国《民法典》将法人分为营利法人、非营利法人和特别法人。机关法人、农村集体经济组织法人、城镇农村的合作经济组织法人、基层群众性自治组织法人属于特别法人。机关法人不得成为保证人,机关法人对他人提供担保的,担保合同无效。当然如果担保合同属于经国务院批准的机关法人为使用外国政府或者国际经济组织贷款进行转贷而签订的,则该担保合同有效。

本案中,镇政府为机关法人,不得作为保证人。镇政府对旅游公司提供担保,该担保合同因违反法律法规的强制性规定,当属无效。

政策法律依据

《中华人民共和国民法典》

第九十六条 本节规定的机关法人、农村集体经济组织法人、城镇农村的合作经济组织法人、基层群众性自治组织法人,为特别法人。

第六百八十三条 机关法人不得为保证人,但是经国务院批准为使用外国政府或者国际经济组织贷款进行转贷的除外。

《最高人民法院关于适用〈中华人民共和国民法典〉有关担保制度的解释》

第五条 机关法人提供担保的,人民法院应当认定担保合同无效,但是经国务院批准为使用外国政府或者国际经济组织贷款进行转贷的除外。

居民委员会、村民委员会提供担保的,人民法院应当认定担保合同无效,但是依法代行村集体经济组织职能的村民委员会,依照村民委员会组织法规定的讨论决定程序对外提供担保的除外。

88 农民专业合作社用土地经营权抵押贷款的,银行可以行使优先受偿权吗?

疑惑

某现代农机专业合作社因流动资金短缺,向某商业银行贷款500万元,双方签订《流动资金借款合同》,贷款期限为一年。合作社用其名下的农村土地经营权为借款提供担保,双方签订了《抵押合同》,并办理了抵押登记。贷款期限届满,合作社未偿还贷款,银行将合作社诉至法院,要求对合作社名下的土地经营权以其现有价值拍卖、变卖的价款优先受偿。那么,银行可以对合作社的土地经营权行使优先受偿权吗?

解析

抵押权,是指为了担保债务的履行,债务人或者第三人不转移财产的占有,将该财产抵押给债权人,债务人不履行到期债务或者发生当事人约定的实现抵押权的情形时,债权人有权就该财产优先受偿的权利。我国《农村土地承包法》规定,通过土地流转合同受让土地经营权的受让方,在经承包方书面同意并向发包方备案的情况下,可以向金融机构融资担保。该担保物权从融资担保合同生效时予以设立;但未向登记机构进行登记的,不得对抗善意第三人。当债务人到期未履行债务的,担保物权人有权就土地经营权优先受偿,实现担保物权。只不过实现抵押权时,不得改变土地所有权的性质和土地用途。

本案中,合作社以其名下土地经营权与银行签订《抵押合同》,并办理了登记手续。合作社到期未偿还借款及利息,银行有权对土地经营权拍卖、变卖所得款项优先受偿,但实现抵押权时,不得改变土地所有权的性质和土地用途。

政策法律依据

《中华人民共和国民法典》

第三百九十四条　为担保债务的履行,债务人或者第三人不转移财产的占有,将该财产抵押给债权人的,债务人不履行到期债务或者发生当事人约定的实现抵押权的情形,债权人有权就该财产优先受偿。

前款规定的债务人或者第三人为抵押人,债权人为抵押权人,提供担保的财产为抵押财产。

第三百九十五条 债务人或者第三人有权处分的下列财产可以抵押:

(一)建筑物和其他土地附着物;

(二)建设用地使用权;

(三)海域使用权;

(四)生产设备、原材料、半成品、产品;

(五)正在建造的建筑物、船舶、航空器;

(六)交通运输工具;

(七)法律、行政法规未禁止抵押的其他财产。

抵押人可以将前款所列财产一并抵押。

第四百一十八条 以集体所有土地的使用权依法抵押的,实现抵押权后,未经法定程序,不得改变土地所有权的性质和土地用途。

《中华人民共和国农村土地承包法》第47条

89 对村办企业厂房范围外集体建设用地使用权，可以行使抵押权吗？

疑惑

某村办食品企业主要经营盐渍菜加工、农副产品销售。因生产需要向某农村信用社申请贷款，双方签订《借款合同》。合同约定：贷款金额为人民币300万元，贷款利率为月利率8.7‰，按月结息，借期一年。同日，双方又签订了《抵押合同》，食品企业以自占的20,034平方米集体土地建设用地使用权、企业院内1200平方米厂房作为抵押财产，担保《借款合同》的履行。随后，厂房办理了抵押登记。信用社按照合同约定发放了贷款。借款期限届满，食品企业未能偿还贷款。那么，信用社有权对食品企业的集体土地建设用地使用权优先受偿吗？

解析

我国《民法典》规定，乡镇、村企业的集体建设用地使用权不得单独抵押，仅在乡镇、村企业的厂房等建筑物抵押时，厂房占用范围内的集体建设用地使用权才可以一并抵押。上述规定属于法律、法规的强制性规定，违反规定进行抵押的，抵押合同或者抵押条款无效。抵押合同无效，抵押权无法设立，债权人也不能享有将集体建设用地使用权折价、拍卖、变卖价款优先受偿的抵押权。但是，如果抵押的是乡镇、村企业的厂房，且不属于违法建筑的，厂房抵押权经登记设立，房子占用范围内的集体建设用地随厂房一并抵押。只是在实现抵押权时，未经法定程序，不得改变集体建设用地土地所有权性质和土地用途。

本案中，厂房经过抵押登记，信用社仅在厂房所占集体土地范围内对集体土地使用权享有优先受偿权；厂房之外的集体土地使用权，信用社无权优先受偿。

政策法律依据

《中华人民共和国民法典》

第一百五十三条 违反法律、行政法规的强制性规定的民事法律行为无效。但是，该强制性规定不导致该民事法律行为无效的除外。

第三百九十五条 债务人或者第三人有权处分的下列财产可以抵押：

（一）建筑物和其他土地附着物；

（二）建设用地使用权；

（三）海域使用权；

（四）生产设备、原材料、半成品、产品；

（五）正在建造的建筑物、船舶、航空器；

（六）交通运输工具；

（七）法律、行政法规未禁止抵押的其他财产。

抵押人可以将前款所列财产一并抵押。

第三百九十八条　乡镇、村企业的建设用地使用权不得单独抵押。以乡镇、村企业的厂房等建筑物抵押的，其占用范围内的建设用地使用权一并抵押。

第三百九十九条　下列财产不得抵押：

（一）土地所有权；

（二）宅基地、自留地、自留山等集体所有土地的使用权，但是法律规定可以抵押的除外；

（三）学校、幼儿园、医疗机构等为公益目的成立的非营利法人的教育设施、医疗卫生设施和其他公益设施；

（四）所有权、使用权不明或者有争议的财产；

（五）依法被查封、扣押、监管的财产；

（六）法律、行政法规规定不得抵押的其他财产。

第四百零二条　以本法第三百九十五条第一款第一项至第三项规定的财产或者第五项规定的正在建造的建筑物抵押的，应当办理抵押登记。抵押权自登记时设立。

第四百一十八条　以集体所有土地的使用权依法抵押的，实现抵押权后，未经法定程序，不得改变土地所有权的性质和土地用途。

90 保险公司替农户偿还贷款，可以向农户追偿吗？

疑惑

李某、王某等四人共同向某农村商业银行申请贷款，双方签订《农户贷款借款合同》，约定贷款金额为150万元，借款期限为12个月。随后李某四人又与该银行、某农业保险公司签订《助农宝贷款保证保险追偿协议》，约定在保险期间内，李某四人如未按照与银行签订的《农户贷款借款合同》约定履行偿还本息的义务，保险公司就未偿还的贷款本金和利息对银行进行赔偿。李某四人到期未偿还债务，由保险公司向银行支付了150万元本金及借款合同约定的利息。那么，保险公司可以向李某四人追偿吗？

解析

保险合同是投保人与保险人约定保险权利义务关系的协议。保证保险合同属于财产保险合同的一种。在金融借款的保证保险合同中，投保人是贷款合同的借款方，被保险人是贷款方。保证保险合同的内容为投保人交纳保费，保险人在出现保险事故时承担保险赔付责任。保证保险合同虽然也具有一定担保属性,但不同于保证合同,其本质上是一种保险,二者不能混淆。

本案中,李某四人与某农业保险公司之间形成保证保险合同关系,李某四人已经交纳保险费用,保险公司应当按照合同约定承担保险责任。李某四人未依约还款,导致保险事故发生,保险公司向银行赔偿保险金后,取得对李某四人的代位求偿权。

政策法律依据

《中华人民共和国保险法》(2015 年修正)

第十条　保险合同是投保人与保险人约定保险权利义务关系的协议。

投保人是指与保险人订立保险合同,并按照合同约定负有支付保险费义务的人。

保险人是指与投保人订立保险合同,并按照合同约定承担赔偿或者给付保险金责任的保险公司。

第十四条　保险合同成立后,投保人按照约定交付保险费,保险人按照约定的时间开始承担保险责任。

91 投保农业保险，遇自然灾害受损，保险公司会赔偿吗？

疑惑

村民雷某种植玉米210亩。经农业推广站推荐，雷某在某保险公司投保了玉米种植保险。保险合同约定，每亩保险金额为260元，210亩共计保险金额54,600元，保险期限为137天；在保险期间，由于冻灾直接造成保险玉米经济损失，保险人依照本保险合同约定负责赔偿。雷某按照合同约定交纳了保险费用。保险期间，雷某种的210亩玉米被冻伤，受损率达50%以上。当天雷某就向保险公司报案，保险公司也派人进行了现场勘查，但保险公司迟迟没有理赔。于是雷某将保险公司诉至法院。那么，保险公司应当赔偿吗？

解析

农业保险，是指保险机构根据农业保险合同，对被保险人在种植业、林业、畜牧业和渔业生产中因保险标的遭受约定的自然灾害、意外事故、疫病、疾病等保险事故所造成的财产损失，承担赔偿保险金责任的保险活动。农业保险属于财产损失保险，投保人按照约定交付保险费,保险人按照约定的时间开始承担保险责任。保险事故发生后,投保人、被保险人或者受益人应当及时通知保险人。保险人收到被保险人或者受益人的赔偿或者给付保险金的请求后,应当及时作出核定;情形复杂的,应当在30日内作出核定。对属于保险责任的,在与被保险人或者受益人达成赔偿或者给付保险金的协议后10日内,履行赔偿或者给付保险金义务。保险人未及时履行赔偿义务的,除支付保险金外,应当赔偿被保险人或者受益人因此受到的损失。

本案中,雷某在发生保险事故后通知了保险公司,保险公司也派人进行了现场勘验,保险事故发生后,保险公司应当履行赔付义务。

政策法律依据

《中华人民共和国保险法》(2015年修正)

第十四条　保险合同成立后,投保人按照约定交付保险费,保险人按照约定的时间开始承担保险责任。

第二十一条　投保人、被保险人或者受益人知道保险事故发生后,应当及时通知保险人。故意或者因重大过失未及时通知,致使保险事故的性质、原因、损失程度等难以确定的,保险人对无法确定的部分,不承担赔偿或者给付保险金的责任,但保险人通过其他途径已经及时知道或者应当及时知道保险事故发生的除外。

第二十三条　保险人收到被保险人或者受益人的赔偿或者给付保险金的请求后,应当及时作出核定;情形复杂的,应当在三十日内作出核定,但合同另有约定的除外。保险人应当将核定结果通知被保险人或者受益人;对属于保险责任的,在与被保险人或者受益人达成赔偿或者给付保险金的协议后十日内,履行赔偿或者给付保险金义务。保险合同对赔偿或者给付保险金的期限有约定的,保险人应当按照约定履行赔偿或者给付保险金义务。

保险人未及时履行前款规定义务的,除支付保险金外,应当赔偿被保险人或者受益人因此受到的损失。

任何单位和个人不得非法干预保险人履行赔偿或者给付保险金的义务,也不得限制被保险人或者受益人取得保险金的权利。

92 投保后,保险公司在未告知投保人的情况下,更改保险条款,对投保人有约束力吗?

疑惑

某种植合作社为降低柑橘种植风险,决定向某保险公司投保种植业保险。合作社支付了保险费,保险公司向其提供了《种植业保险保险单》,该保险单文本上写有"鉴于投保人已向本保险人投保果树天气指数保险并按本保险合同约定交付保险费,保险人同意按照《商业性柑橘种植综合气象指数保险条款》约定承担保险责任，特立本保险单为凭”。其后没多久，保险公司将保险条款赔偿标准降低，但并未告知合作社。保险期内遭遇暴雨和低温冻害，合作社柑橘受灾严重。合作社要求保险公司按照之前的赔偿标准赔付，但保险公司仅同意按照新标准赔付。那么，新赔付标准对投保人合作社有约束力吗？

解析

保险合同是最大诚信合同。订立保险合同，应当协商一致，遵循公平原则确定各方的权利和义务。合同双方应当遵循诚实信用原则行使权利、履行义务。投保人提出保险要求，保险人同意承保，保险合同成立。保险人应当及时向投保人签发保险单或者其他保险凭证。保险单或者其他保险凭证应当载明当事人双方约定的合同内容。由于订立保险合同需要双方协商一致，单方变更合同条款，未经对方同意的，该变更内容不能成为保险合同的一部分，对另一方不具有约束力。

本案中，合作社与保险公司虽然没有签订书面保险合同，但是合作社已经交纳保险费，保险公司向合作社交付了投保单，双方已经成立保险合同关系。投保单上载明的旧版本保险合同的赔付标准，是双方保险合同的重要内容。保险公司在未告知合作社的情况下，单方更改通用保险条款中的赔付标准，属于单方行为，新赔付标准对合作社不具有合同约束力。

政策法律依据

《中华人民共和国保险法》(2015年修正)

第五条 保险活动当事人行使权利、履行义务应当遵循诚实信用原则。

第十一条 订立保险合同,应当协商一致,遵循公平原则确定各方的权利和义务。

除法律、行政法规规定必须保险的外,保险合同自愿订立。

第十三条 投保人提出保险要求,经保险人同意承保,保险合同成立。保险人应当及时向投保人签发保险单或者其他保险凭证。

保险单或者其他保险凭证应当载明当事人双方约定的合同内容。当事人也可以约定采用其他书面形式载明合同内容。

依法成立的保险合同,自成立时生效。投保人和保险人可以对合同的效力约定附条件或者附期限。

任何单位和个人不得非法干预保险人履行赔偿或者给付保险金的义务,也不得限制被保险人或者受益人取得保险金的权利。

93 承租人无法支付租金，融资租赁公司可以解除合同收回租赁物吗？

疑惑

某种植专业合作社想要扩大生产规模，但资金紧张，于是通过融资租赁的方式承租三台联合收割机，并每月支付租金，共46个月。《融资租赁合同》约定：租赁期内租赁物的所有权属于融资租赁公司；租赁期满后，合作社不拖欠租金及其他费用情况下，融资租赁公司将租赁物的所有权转移给合作社。签订合同后，合作社仅支付了前3个月的租金，之后无法支付。那么，融资租赁公司可以解除合同收回租赁物吗？

解析

融资租赁合同是出租人根据承租人对出卖人、租赁物的选择，向出卖人购买租赁物，提供给承租人使用，承租人支付租金的合同。在融资租赁合同项下，承租人按照约定支付租金，出租人保证承租人对租赁物的占有和使用。如果承租人经催告后在合理期限内仍未及时足额支付租金，出租人或可以要求承租人继续履行支付租金义务；也可以因承租人违约而解除合同，取回租赁物。出租人和承租人可以通过约定的方式确定租赁期限届满租赁物归哪一方。双方约定期限届满租赁物归承租人所有的,在承租人开始出现租金给付逾期之前,大部分租金已经支付,此时如果出租人仍要求解除合同返还租赁物的,承租人可以就租赁物现有价值超过欠付租金及其他费用的差额,请求出租人予以返还。如果双方约定租赁期限届满租赁物归出租人所有,此时租赁物毁损、灭失或者附合、混合于他物致使不能返还的,出租人有权请求承租人给予合理补偿。

《最高人民法院关于适用〈中华人民共和国民法典〉有关担保制度的解释》规定,当承租人未按照约定支付租金,经催告后在合理期限内仍不支付的,出租人可以请求承租人支付全部剩余租金,并以拍卖、变卖租赁物所得的价款受偿。此时,法律是将融资租赁中的租赁物看作对出租人租金债权的担保。如果出租人的所有权经过了登记,那么出租人就对租赁物享有了排他性的担保物权,可以优先受偿,而不仅是受偿。

本案中,合作社未按约定支付租金,其行为构成违约,融资租赁公司有权行使合同约定的解除权,解除融资租赁合同,并要求合作社承担赔偿责任。此时的赔偿责任范围以收回租赁物的现有价值与承租人全部未付租金及其他费用之间的差额为计。

政策法律依据

《中华人民共和国民法典》

第七百三十五条 融资租赁合同是出租人根据承租人对出卖

人、租赁物的选择，向出卖人购买租赁物，提供给承租人使用，承租人支付租金的合同。

第七百五十二条　承租人应当按照约定支付租金。承租人经催告后在合理期限内仍不支付租金的，出租人可以请求支付全部租金；也可以解除合同，收回租赁物。

第七百五十七条　出租人和承租人可以约定租赁期限届满租赁物的归属；对租赁物的归属没有约定或者约定不明确，依据本法第五百一十条的规定仍不能确定的，租赁物的所有权归出租人。

第七百五十八条　当事人约定租赁期限届满租赁物归承租人所有，承租人已经支付大部分租金，但是无力支付剩余租金，出租人因此解除合同收回租赁物，收回的租赁物的价值超过承租人欠付的租金以及其他费用的，承租人可以请求相应返还。

当事人约定租赁期限届满租赁物归出租人所有，因租赁物毁损、灭失或者附合、混合于他物致使承租人不能返还的，出租人有权请求承租人给予合理补偿。

《最高人民法院关于适用〈中华人民共和国民法典〉有关担保制度的解释》

第六十五条　在融资租赁合同中，承租人未按照约定支付租金，经催告后在合理期限内仍不支付，出租人请求承租人支付全部剩余租金，并以拍卖、变卖租赁物所得的价款受偿的，人民法院应予支持；当事人请求参照民事诉讼法“实现担保物权案件”的有关规定，以拍卖、变卖租赁物所得价款支付租金的，人民法院应予准许。

出租人请求解除融资租赁合同并收回租赁物，承租人以抗辩或者反诉的方式主张返还租赁物价值超过欠付租金以及其他费用的，人民法院应当一并处理。当事人对租赁物的价值有争议的，应当按照下列规则确定租赁物的价值：

（一）融资租赁合同有约定的，按照其约定；

（二）融资租赁合同未约定或者约定不明的，根据约定的租赁物折旧以及合同到期后租赁物的残值来确定；

（三）根据前两项规定的方法仍然难以确定，或者当事人认为根据前两项规定的方法确定的价值严重偏离租赁物实际价值的，根据当事人的申请委托有资质的机构评估。

第六十七条 在所有权保留买卖、融资租赁等合同中，出卖人、出租人的所有权未经登记不得对抗的"善意第三人"的范围及其效力，参照本解释第五十四条的规定处理。

94 认购理财产品失败，销售机构违约吗？

疑惑

村里发给李大姐30万元征地补偿款。李大姐将30万元存入某银行账户，开始用于购买理财产品。李大姐先购买理财产品A，定于4月7日返本派息。4月7日当天，李大姐与银行签订《银行理财产品及风险和客户权益说明书》，约定：李大姐认购某理财产品B，认购/申购金额为30万元，该产品约定客户持有期为360天；投资者认购/申购理财产品的行为并不代表已经成功认购/申购对应的理财产品，投资者认购/申购成功的数额以银行实际划转的资金为准；李大姐签署或确认认购/申购委托后，银行将依约定划款，划款时将不与李大姐再次进行确认。李大姐对合同上述内容知悉并同意。当日，李大姐分别在投资理财业务凭证、国债业务凭证、业务回单上签名确认。理财产品A在4月7日21时17分41秒自营派息，于当日21时19分43秒自营返本。后李大姐发现并未收到理财产品B的收益12,000元。李大姐认为自己已经与银行签订了合同，且银行存折里有30万元，银行应当对没有认购成功承担违约责任，因此应当赔偿收益损失。那么，银行存在违约行为吗？

解析

随着城镇化进程，征地拆迁后许多农民获得不少征地补偿款。如何让这些钱保值增值也是乡村振兴、农民富裕的重要内容。但是金融知识专业性很强，普通老百姓并不了解。在基金等理财产品投资中，认购和认购成功不是同一个环节。填写认购单，仅是向理财产品销售者提交认购申请；至于是否能够认购成功却不一定。只有申请资料无误、认购资金充足，才有可能认购成功。特别是就基金而言，基金募集成功尚需要达到法律或合同约定的条件要求，否则可能因募集不成功而导致投资人认购失败。

本案中，李大姐仅向销售机构银行认购了理财产品，但银行工作时间内,李大姐的账户资金并不足以购买。当日理财产品A返本派息时,已经超过了银行营业时间,因此理财认购失败在于李大姐未存入理财资金或理财资金不足,银行不存在违约行为,不应承担违约责任。

政策法律依据

《中华人民共和国民法典》

第五百零九条 当事人应当按照约定全面履行自己的义务。

当事人应当遵循诚信原则,根据合同的性质、目的和交易习惯履行通知、协助、保密等义务。

当事人在履行合同过程中,应当避免浪费资源、污染环境和破坏生态。

95 经银行工作人员介绍购买基金产品,基金行情下滑本金受损,银行应当承担责任吗?

疑惑

李某为某村农民,来城市做服装批发生意数年,有一些积蓄。后经银行储蓄员介绍购买某基金49份,价值50万元。银行向李某出具了《投资理财业务凭证》,该凭证中标注了"投资有风险,购买需谨慎""基金风险等级:中高""客户风险类型:进取型"等内容,李某予以确认。后该基金行情下滑,到赎回时价值已经缩减到23万元。李某认为银行作为推荐机构未履行适当性义务导致自己损失27万元,要求银行赔偿损失。银行则认为,李某之前多次在银行购买基金等理财产品,当时对李某的风险等级评估为进取型,且也进行了风险提示,不应承担责任。那么,银行是否履行了适当性义务,应否承担责任呢?

解析

适当性义务,是指卖方机构在向金融消费者推介、销售银行理财产品、保险投资产品、信托理财产品、券商集合理财计划、杠杆基金份额、期权及其他场外衍生品等高风险等级金融产品,以及为金融消费者参与融资融券、新三板、创业板、科创板、期货等高风险等级投资活动提供服务的过程中,必须履行的了解客户、了解产品、将适当的产品(或者服务)销售(或者提供)给适合的金融消费者的义务。如果金融产品的发行人、销售者未尽到适当性义务,导致消费者遭受损失的,金融消费者既可要求发行人或销售者单独承担赔偿责任,还可请求发行人和销售者承担连带赔偿责任。金融服务提供者未尽适当性义务,致消费者在接受金融服务后参与高风险等级投资活动遭受损失的,消费者也可以请求金融服务提供者承担赔偿责任。金融产品的发行人、销售者、金融服务提供者,应当根据金融产品、投资活动的风险和金融消费者自身的实际情况,综合理性人能够理解的客观标准和金融消费者能够理解的主观标准来适当履行告知说明义务。

对适当性义务的举证责任在卖方机构或服务机构,而不在消费者。但是,如果消费者故意提供虚假信息、拒绝听取卖方机构的建议等自身原因导致其购买产品或者接受服务不适当,卖方机构可以免除相应责任。卖方机构如果能够举证证明根据金融消费者的既往投资经验、受教育程度等事实,即使存在违反适当性义务也不会影响金融消费者作出自主决定的,则不应承担责任。商业银行利用理财顾问服务向客户推介投资产品时,应了解客户的风险偏好、风险认知能力和承受能力,评估客户的财务状况,提供合适的投资产品由客户自主选择,并应向客户解释相关投资工具的运作市场及方式,揭示相关风险。

本案中,李某在购买该基金之前已经有过多次购买中高风险基金产品的经验;银行已经评估李某为进取型,也进行了风险提示,由李某予以确认。由此银行已经履行了适当性义务,李某基金亏损与银行推荐服务不存在因果关系。李某作为完全民事行为能力人,在明知基金具有中高风险后仍自愿购买,按照“卖者尽责,买者自负”的原则,李某的基金损失应当由其自行承担,银行不承担责任。

政策法律依据

《全国法院民商事审判工作会议纪要》

72.【适当性义务】适当性义务是指卖方机构在向金融消费者推

介、销售银行理财产品、保险投资产品、信托理财产品、券商集合理财计划、杠杆基金份额、期权及其他场外衍生品等高风险等级金融产品,以及为金融消费者参与融资融券、新三板、创业板、科创板、期货等高风险等级投资活动提供服务的过程中,必须履行的了解客户、了解产品、将适当的产品(或者服务)销售(或者提供)给适合的金融消费者等义务……

74.【责任主体】金融产品发行人、销售者未尽适当性义务,致消费者遭受损失的,金融消费者既可请求发行人也可请求销售者承担赔偿责任,还可根据《民法总则》第 167 条的规定,请求金融产品的发行人、销售者共同承担连带赔偿责任。发行人、销售者请求人民法院明确各自责任份额的,法院可以在判决发行人、销售者对金融消费者承担连带赔偿责任的同时,明确发行人、销售者在实际承担了赔偿责任后,有权向责任方追偿其应当承担的赔偿份额。

金融服务提供者未尽适当性义务,致消费者在接受金融服务后参与高风险等级投资活动遭受损失的,消费者可请求金融服务提供者承担赔偿责任。

75.【举证责任分配】……金融消费者应当对购买产品(或者接受服务)、遭受的损失等事实承担举证责任。卖方机构对其是否履行了适当性义务承担举证责任……

76.【告知说明义务】……人民法院应当根据产品、投资活动的风险和金融消费者的实际情况,综合理性人能够理解的客观标准和金融消费者能够理解的主观标准来确定卖方机构是否已履行告知说明义务……

78.【免责事由】……消费者故意提供虚假信息、拒绝听取卖方机构的建议等自身原因导致其购买产品或者接受服务不适当，卖方机构请求免除相应责任的，予以支持，但消费者能证明该虚假信息的出具系卖方机构误导的除外。卖方机构能够举证证明根据金融消费者的既往投资经验、受教育程度等事实，适当性义务的违反并未影响金融消费者作出自主决定的，对其关于应当由金融消费者自负投资风险的抗辩理由，人民法院依法予以支持。

CHAPTER

5

第五章

矛盾解决与纠纷处理

96 什么情况下可以向法院申请司法救助？

疑惑

在村头丁字路口，村民孟某骑电动车与村民刘老头骑农用三轮车相撞，导致孟某右臂骨折。经法院判决，刘老头赔偿孟某各项损失7万元。刘老头一直未履行赔偿义务，孟某向法院申请执行。经法院了解，刘老头属于村里的低保户，自己生活尚且困难，根本无力赔偿孟某。孟某家庭生活也不富裕，急等赔偿款进行恢复治疗。那么，孟某可以向法院申请司法救助吗？

解析

人民法院在审判、执行工作中，对权利受到侵害无法获得有效赔偿的当事人，可以采取一次性辅助救济措施，以解决其生活面临的急迫困难。对同一案件的同一救助申请人只进行一次性国家司法救助。支付救助金为国家司法救助的主要方式。在追索赡养费、扶养费、抚育费等案件中，被执行人没有履行能力，而申请执行人陷入生活困难的；或者在道路交通事故等民事侵权案件中，受害人受到人身伤害，无法通过诉讼获得赔偿，陷入生活困难的，以上两种情形，当事人均可以提出国家司法救助申请。人民法院执行部门认为案件当事人符合救助条件的，也应当告知其有权提出国家司法救助申请。申请人应当以书面形式提出申请；书面申请确有困难的，可以口头提出，人民法院记入笔录。申请人除提交救助申请书外，还需要提交救助申请人的身份证明、实际损失的证明、救助申请人及其家庭成员生活困难的证明、是否获得其他赔偿或救助等相关证明以及其他能够证明救助申请人需要救助的材料。救助金的数额一般应以案件管辖法院所在省、自治区、直辖市上一年度职工月平均工资为基准确定，一般不超过36个月的月平均工资总额；但是对损失特别重大、生活特别困难，需适当突破救助限额的，救助金额不得超过人民法院依法应当判决给付或者虽已判决但未执行到位的标的数额。救助申请人获得救助后，人民法院又从被执行人处执行到赔偿款或者其他应当给付的执行款的，法院会将已发放的救助金从执行款中扣除，剩余的发放给申请人。

本案中，执行法院在深入了解孟某生活困难的实际情况后，为其争取到了司法救助，并发放了2万元司法救助金，暂时缓解了孟某的生活困难。

政策法律依据

《最高人民法院关于加强和规范人民法院国家司法救助工作的意见》

第一条 人民法院在审判、执行工作中，对权利受到侵害无法获得有效赔偿的当事人，符合本意见规定情形的，可以采取一次性辅助救济措施,以解决其生活面临的急迫困难。

第三条　当事人因生活面临急迫困难提出国家司法救助申请,符合下列情形之一的,应当予以救助:

(一)刑事案件被害人受到犯罪侵害,造成重伤或者严重残疾,因加害人死亡或者没有赔偿能力,无法通过诉讼获得赔偿,陷入生活困难的;

(二)刑事案件被害人受到犯罪侵害危及生命,急需救治,无力承担医疗救治费用的;

(三)刑事案件被害人受到犯罪侵害而死亡,因加害人死亡或者没有赔偿能力,依靠被害人收入为主要生活来源的近亲属无法通过诉讼获得赔偿,陷入生活困难的;

(四)刑事案件被害人受到犯罪侵害,致使其财产遭受重大损失,因加害人死亡或者没有赔偿能力,无法通过诉讼获得赔偿,陷入生活困难的;

(五)举报人、证人、鉴定人因举报、作证、鉴定受到打击报复,致使其人身受到伤害或财产受到重大损失,无法通过诉讼获得赔偿,陷入生活困难的;

(六)追索赡养费、扶养费、抚育费等,因被执行人没有履行能力,申请执行人陷入生活困难的;

(七)因道路交通事故等民事侵权行为造成人身伤害,无法通过诉讼获得赔偿,受害人陷入生活困难的;

(八)人民法院根据实际情况,认为需要救助的其他人员。

涉诉信访人,其诉求具有一定合理性,但通过法律途径难以解决，且生活困难，愿意接受国家司法救助后息诉息访的，可以参照本意见予以救助。

第四条 救助申请人具有以下情形之一的，一般不予救助：

（一）对案件发生有重大过错的；

（二）无正当理由，拒绝配合查明案件事实的；

（三）故意作虚伪陈述或者伪造证据，妨害诉讼的；

（四）在审判、执行中主动放弃民事赔偿请求或者拒绝侵权责任人及其近亲属赔偿的；

（五）生活困难非案件原因所导致的；

（六）已经通过社会救助措施，得到合理补偿、救助的；

（七）法人、其他组织提出的救助申请；

（八）不应给予救助的其他情形。

第六条 救助金以案件管辖法院所在省、自治区、直辖市上一年度职工月平均工资为基准确定，一般不超过三十六个月的月平均工资总额。

损失特别重大、生活特别困难，需适当突破救助限额的，应当严格审核控制，救助金额不得超过人民法院依法应当判决给付或者虽已判决但未执行到位的标的数额。

第八条 人民法院审判、执行部门认为案件当事人符合救助条件的，应当告知其有权提出国家司法救助申请。当事人提出申请的，审判、执行部门应当将相关材料及时移送立案部门。

当事人直接向人民法院立案部门提出国家司法救助申请，经审查确认符合救助申请条件的，应当予以立案。

第九条　国家司法救助申请应当以书面形式提出；救助申请人书面申请确有困难的，可以口头提出，人民法院应当制作笔录。

救助申请人提出国家司法救助申请，一般应当提交以下材料：

（一）救助申请书，救助申请书应当载明申请救助的数额及理由；

（二）救助申请人的身份证明；

（三）实际损失的证明；

（四）救助申请人及其家庭成员生活困难的证明；

（五）是否获得其他赔偿、救助等相关证明；

（六）其他能够证明救助申请人需要救助的材料。

救助申请人确实不能提供完整材料的，应当说明理由。

第十条　救助申请人生活困难证明，主要是指救助申请人户籍所在地或者经常居住地村（居）民委员会或者所在单位出具的有关救助申请人的家庭人口、劳动能力、就业状况、家庭收入等情况的证明。

第二十条　救助申请人获得救助后，人民法院从被执行人处执行到赔偿款或者其他应当给付的执行款的，应当将已发放的救助金从执行款中扣除。

救助申请人通过提供虚假材料等手段骗取救助金的，人民法院应当予以追回；构成犯罪的，应当依法追究刑事责任。

涉诉信访救助申请人领取救助金后，违背息诉息访承诺的，人民法院应当将救助金予以追回。

97 向农村土地承包仲裁委员会申请仲裁是指什么？

疑惑

苏某夫妻是某村村民，由于长年外出打工没有时间耕种土地，于是将自家承包的3亩口粮田交由苏某弟弟一家耕种。当时弟弟一家人答应，等苏某夫妻回来就还给他们。2020年春节刚过，由于新冠肺炎疫情，苏某夫妻商量不出去打工了，留家种田。此时弟弟一家人反悔，不愿交还土地。那么，苏某夫妻可以向农村土地承包仲裁委员会申请仲裁吗？

解析

因农村土地承包经营发生矛盾，当事人无法自行和解的，可以向农村土地承包仲裁委员会申请仲裁，也可以直接向人民法院起诉。这里的农村土地承包经营纠纷包括但不限于：(1)因订立、履行、变更、解除和终止农村土地承包合同发生的纠纷；(2)因农村土地承包经营权转包、出租、互换、转让、入股等流转发生的纠纷；(3)因收回、调整承包地发生的纠纷；(4)因确认农村土地承包经营权发生的纠纷;(5)因侵害农村土地承包经营权发生的纠纷。但是因征收集体所有的土地及其补偿发生的纠纷不属于农村土地承包仲裁委员会的受理范围,可以通过行政复议或者诉讼等方式解决。

农村土地承包仲裁委员会由当地人民政府根据解决农村土地承包经营纠纷的实际需要设立。委员会聘任的仲裁员应当公道正派,且至少满足其中一个条件:从事农村土地承包管理工作满 5 年;或从事法律工作或者人民调解工作满 5 年;或在当地威信较高,并熟悉农村土地承包法律以及国家政策的居民。

农村申请土地承包仲裁可以提交仲裁申请书的书面方式,也可以口头方式提出申请;并且不需要缴纳申请费用。申请仲裁的时效为 2 年,自知道或者应当知道其权利被侵害之日起计算。如果是家庭承包的,可以由农户代表人参加仲裁;如果一方人数众多,可以推选代表人参加仲裁。申请需要同时具备四个条件:第一,申请人与纠纷有直接的利害关系;第二,有明确的被申请人;第三,有具体的仲裁请求和事实、理由;第四,属于农村土地承包仲裁委员会的受理范围。

仲裁庭可以进行调解或裁决。当事人不服仲裁裁决的,可以自收到裁决书之日起 30 日内向人民法院起诉。逾期不起诉的,裁决书即发生法律效力。发生法律效力的调解书、裁决书,当事人应当履行。一方当事人逾期不履行的,另一方当事人可以向人民法院申请执行。

政策法律依据

《中华人民共和国农村土地承包经营纠纷调解仲裁法》第 2 条、

第12条、第13条、第15条、第18~26条、第30条、第42条、第44条、第48条、第49条、第52条

98 向人民调解委员会寻求调解是指什么？

疑惑

胡老汉和张老太是夫妻，共生育两个孩子，大儿子胡老大、二闺女胡老二。1998年胡老汉作为户主和村里签订了《口粮田承包合同》，取得7.5亩土地承包经营权，涉及户内人员有胡老汉、张老太、胡老二。当时胡老大已经娶妻另立门户，村里也给胡老大分配了土地。胡老二在2000年嫁到邻村，生活不到3年离婚回到自己家。此时，胡老汉已经去世，张老太身体不好需要照顾、陪伴。胡老大和妹妹胡老二，因为土地承包和母亲赡养问题发生矛盾，如果他们不想去法院起诉，可以通过人民调解委员会帮忙调解吗？

解析

人民调解委员会是村民委员会和居民委员会下设的调解民间纠纷的群众性组织，在基层人民政府和基层人民法院指导下进行工作。人民调解委员会的调解工作应当遵守以下原则：第一，依据法律、法

规、规章和政策进行调解，但法律、法规、规章和政策没有明确规定的，依据社会公德进行调解；第二，在双方当事人自愿平等的基础上进行调解；第三，尊重当事人的诉讼权利，不得因未经调解或者调解不成而阻止当事人向人民法院起诉。

人民调解委员会进行调解不收取费用，可以基于当事人申请调解，也可以发现问题主动开展调解。通过查明事实、分辨是非进行耐心疏导，帮助当事人不伤和气地达成协议。如果当事人需要，还可以制作调解协议书，经双方当事人和调解人员签名，并加盖人民调解委员会的印章。当事人对调解协议应当主动履行；但经过调解，当事人未达成协议或者达成协议后又反悔的，任何一方可以请求基层人民政府处理，也可以向人民法院起诉。

政策法律依据

《人民调解委员会组织条例》

第二条　人民调解委员会是村民委员会和居民委员会下设的调解民间纠纷的群众性组织，在基层人民政府和基层人民法院指导下进行工作。

基层人民政府及其派出机关指导人民调解委员会的日常工作由司法助理员负责。

第三条　人民调解委员会由委员三至九人组成，设主任一人，必要时可以设副主任。

人民调解委员会委员除由村民委员会成员或者居民委员会成员

兼任的以外由群众选举产生,每三年改选一次,可以连选连任。

多民族居住地区的人民调解委员会中,应当有人数较少的民族的成员。

人民调解委员会委员不能任职时,由原选举单位补选。

人民调解委员会委员严重失职或者违法乱纪的,由原选举单位撤换。

第四条 为人公正,联系群众,热心人民调解工作,并有一定法律知识和政策水平的成年公民,可以当选为人民调解委员会委员。

第五条 人民调解委员会的任务为调解民间纠纷,并通过调解工作宣传法律、法规、规章和政策,教育公民遵纪守法,尊重社会公德。

人民调解委员会应当向村民委员会或者居民委员会反映民间纠纷和调解工作的情况。

第六条 人民调解委员会的调解工作应当遵守以下原则:

(一)依据法律、法规、规章和政策进行调解,法律、法规、规章和政策没有明确规定的,依据社会公德进行调解;

(二)在双方当事人自愿平等的基础上进行调解;

(三)尊重当事人的诉讼权利,不得因未经调解或者调解不成而阻止当事人向人民法院起诉。

第七条 人民调解委员会根据当事人的申请及时调解纠纷;当事人没有申请的,也可以主动调解。

人民调解委员会调解纠纷可以由委员一人或数人进行;跨地区、跨单位的纠纷,可以由有关的各方调解组织共同调解。

人民调解委员会调解纠纷,可以邀请有关单位和个人参加,被邀请的单位和个人应当给予支持。

第八条　人民调解委员会调解纠纷，应当在查明事实、分清是非的基础上，充分说理，耐心疏导，消除隔阂，帮助当事人达成协议。

调解纠纷应当进行登记，制作笔录，根据需要或者当事人的请求，可以制作调解协议书。调解协议书应当有双方当事人和调解人员的签名，并加盖人民调解委员会的印章。

第九条　人民调解委员会主持下达成的调解协议，当事人应当履行。

经过调解，当事人未达成协议或者达成协议后又反悔的，任何一方可以请求基层人民政府处理，也可以向人民法院起诉。

第十条　基层人民政府对于人民调解委员会主持下达成的调解协议，符合法律、法规、规章和政策的，应当予以支持；违背法律、法规、规章和政策的，应当予以纠正。

第十一条　人民调解委员会调解民间纠纷不收费。

99 人民法庭能够为乡村、农民提供什么服务呢？

疑惑

陈某是进城务工的建筑工人，在工作中不慎坠落去世。陈某上有70多岁的母亲需要赡养,下有两个未成年子女需要抚养。三人将工程承包方和发包方诉至法院。三人接到传票,开庭地点不是县人民法院,却是某人民法庭。经某人民法庭审理、宣判,三人获得70余万元赔偿款。那么,人民法庭能够为乡村、农民提供什么服务呢?

解析

人民法庭是基层人民法院的派出机构,是服务全面推进乡村振兴、基层社会治理、人民群众高品质生活需要的重要平台,也是体现中国特色社会主义司法制度优越性的重要窗口。人民法庭坚持"三个便于""三个服务""三个优化"工作原则,利用地缘优势在服务乡村产业振兴、维护农民合法权益、推动乡村文明进步、依法妥善处理家事及邻里纠纷、保护农村生态环境、健全基层社会治理、加强源头化解矛盾、进行基层法治宣传方面等发挥了突出的作用。为了更好地服务乡村、服务农民,许多人民法庭因地制宜建设诉讼服务站,在乡镇街道综治中心或者矛盾调解中心设立自助诉讼服务设备,便于农民随时就近办理诉讼业务。对一些地处偏远的法庭,提供直接立案、派驻立案的工作,农民不必下山到县人民法院提交诉状。人民法庭还可以发挥基层网格治理作用,借助网格员熟悉村里情况、掌握人员信息的优势,推动解决"送达难"。另外,有一些人民法庭积极探索直接执行机制,针对自己审判、调解的案件,人民法庭直接执行,加速纠纷解决进程,对农民负责到底。

政策法律依据

《最高人民法院关于推动新时代人民法庭工作高质量发展的意见》(法发〔2021〕24号)

3. 坚持"三个便于"。紧紧围绕"努力让人民群众在每一个司法案件中感受到公平正义"的目标,主动回应人民对美好生活的向往和公平正义新期待,坚持便于当事人诉讼,便于人民法院依法独立公正高效行使审判权,便于人民群众及时感受到公平正义的工作原则,不断弘扬人民司法优良传统和时代价值。

4. 坚持"三个服务"。紧扣"三农"工作重心历史性转移,发挥面向农村优势,积极服务全面推进乡村振兴;紧扣推进国家治理体系和治理能力现代化,发挥面向基层优势,积极服务基层社会治理;紧扣新时代社会主要矛盾新变化,发挥面向群众优势,积极服务人民群众高品质生活需要。

5. 坚持"三个优化"。综合考虑城乡差异,一要优化法庭布局。区分城区法庭、城乡结合法庭、乡村法庭,不断优化人民法庭区域布局。二要优化队伍结构。结合案件数量、区域面积、人口数量、交通条件、信息化发展状况、参与乡村振兴和社会治理任务等因素,建立并实行人员编制动态调整机制。三要优化专业化建设。坚持综合性与专业化建设相结合,实现人民法庭专业化建设更好服务乡村振兴和辖区基层治理需要。农村地区要继续加强和完善综合性人民法庭建设;城市近郊或者城区,可以由相关人民法庭专门或者集中负责审理道交、劳动、物业、旅游、少年、家事、金融商事、环境资源等案件;产业特色明显地区,可以由专业化人民法庭专门负责审理涉及特定区域或者特定产业的案件。

6. 服务乡村产业振兴。妥善处理涉“三农”领域传统纠纷以及休闲农业、乡村旅游、民宿经济、健康养老等新业态纠纷,促进农村产业融合发展,推动建立现代农业产业体系、生产体系和经营体系。深入贯彻粮食安全战略,积极参加保护种业知识产权专项行动,依法服务种业科技自立自强、种源自主可控,助推种业振兴。依法妥善处理涉及农业农村发展要素保障、城乡经济循环、征用征收等案件,保障农业农村改革,促进农业产业发展。

7. 维护农民合法权益。依法妥善审理涉及农村土地“三权分置”、乡村产业发展等纠纷,落实“资源变资产、资金变股金、农民变股东”,让农民更多分享产业增值收益。依法保障进城落户农民农村土地承包权、宅基地使用权、集体收益分配权,促进在城镇稳定就业生活的农民自愿有序进城落户。推动落实城乡劳动者平等就业、同工同酬,依法保障农民工工资支付和其他劳动权益。

8. 推动乡村文明进步。依法妥善处理家事、邻里纠纷,注重矛盾纠纷实质性、源头化解,依法治理高价彩礼、干预婚姻自由、虐待遗弃家庭成员等不良习气,依法打击封建迷信活动,培育和弘扬社会主义核心价值观。依法保护农村文化遗产和非物质文化遗产,加强保护历史文化名镇名村、传统村落、民族村寨,促进优秀传统乡土文化保护和乡村文化产业发展。引导依法制定村规民约,推进移风易俗,推动创建文明村镇、文明家庭。

9.保护农村生态环境。深入践行“绿水青山就是金山银山”理念,依法妥善审理环境资源案件,会同农业农村、自然资源、生态环境等部门健全执法司法协调联动机制,加强农业面源污染防治,推动国土综合整治和生态修复,推动解决“垃圾围村”和乡村黑臭水体等突出环境问题,助推农业生产方式绿色转型,改善乡村生态环境,助力建设美丽宜居乡村。

10.推动健全基层社会治理体系。坚持和发展新时代“枫桥经验”,积极融入党委领导的基层治理体系,充分利用辖区党委组织优势,与城乡基层党组织广泛开展联建共建,推进基层党建创新与基层治理创新相结合,强化党建引领基层治理作用,促进完善中国特色基层治理制度。推广“群众说事、法官说法”“寻乌经验”等做法,依托“街乡吹哨、部门报到、接诉即办”等基层治理机制,推动司法资源向街乡、村镇、社区下沉。充分运用平安建设考核和创建“无讼”乡村社区等政策制度,服务基层党委政府以更大力度加强矛盾纠纷多元化解机制建设。

11.明确参与基层治理途径。立足人民法庭法定职责,依法有序参与基层社会治理。对没有形成纠纷但具有潜在风险的社会问题,可以向乡镇、社区有关单位提出法律风险防控预案;对已经发生矛盾纠纷的社会问题,可以提出可能适用的法律依据以及相应裁判尺度,但是不宜在诉讼外对已经立案的纠纷提出处理意见;对审判、执行、信访等工作中发现普遍存在的社会问题,应当通过司法建议、白皮书、大数据研究报告等方式,及时向党委、政府反馈,服务科学决策。

12.加强源头预防化解矛盾。加强辖区多发常见类型化纠纷的源头治理，形成源头预防、非诉挺前、多元化解的分层递进前端治理路径。强化与当地乡镇街道的衔接、与综治中心的协同，充分利用网格化管理机制平台，及时掌握和研判综治矛盾纠纷信息，发挥网格员、特邀调解员作用，促进基层纠纷源头化解。充分运用人民法院调解平台等工作平台，推动人民法庭进乡村、进社区、进网格，广泛对接基层解纷力量，形成基层多元解纷网络，在线开展化解、调解、司法确认等工作。推动人民调解员进人民法庭、法官进基层全覆盖，加强委托调解、委派调解的实践应用，充分释明调解优势特点，引导人民群众通过非诉讼方式解决矛盾纠纷。

13. 加强基层法治宣传。推动建立以人民法庭为重要支点的基层社会法治体系，充分利用专业优势，加强对特邀调解员、人民调解员等在诉前或者诉中开展调解工作的指导，引导支持社会力量参与基层治理。通过巡回审判、公开审理、以案说法、送法下乡等活动，增强基层干部群众法治观念和依法办事能力。发挥司法裁判示范引领功能，推动裁判文书网、人民法庭信息平台与普法宣传平台对接，加强法治宣传教育，推动社会主义核心价值观和法治精神深入人心。

14. 完善相关纠纷审理规则。人民法庭在案件审理过程中，遇到审理依据和裁判标准不明确等类型化问题，可以及时按程序报告。高级人民法院应当依照民法典、乡村振兴促进法等法律规定，对辖区内反映强烈、处理经验成熟的问题以纪要、审判指南、参考性案例等方式及时明确裁判指引。最高人民法院应当适时就重点法律适用问题出台司法解释或者其他规范性文件。

15. 加强民生司法保障。切实实施民法典，依法妥善审理家事、民间借贷、人身损害赔偿等基层易发多发案件，畅通权利救济渠道，维护人民群众合法权益。深化家事审判改革，用好心理辅导干预、家事调查、诉前调解、案后回访等措施，加大人身安全保护令制度落实力度，保障留守儿童、留守妇女、留守老人以及困难群体和特殊人群的人身安全和人格尊严。依法妥善审理养老育幼、教育培训、就业创业、社会保险、医疗卫生、社会服务、住房保障等领域案件，促进提高公共服务质量水平。维护军人军属合法权益，最大限度把涉军纠纷化解在基层，解决在初始阶段。

16. 提升一站式诉讼服务能力。坚持因地制宜，在人民法庭建立诉讼服务站，在人民法庭及辖区乡镇街道综治中心或者矛盾调解中心设立自助诉讼服务设备，方便当事人随时随地办理诉讼业务。建立健全诉讼服务辅导机制，为人民群众提供在线调解、开庭等事务现场辅导服务。进一步增强人民法庭跨域立案诉讼服务质效，更加方便群众就近起诉、办理诉讼事务。有条件的人民法庭，可以设立视频调解室，提供跨地域视频调解等服务。

17. 完善直接立案机制。推进完善人民法庭直接立案或者基层人民法院派驻立案机制。推进人民法庭跨域立案服务，确保能够作为立案协作端办理跨辖区、跨县、跨市、跨省立案。适应人民法庭辖区主导产业或者中心工作需要，合理确定收案范围。

18. 推进案件繁简分流。积极优化司法确认程序，完善小额诉讼程序和简易程序规则，健全审判组织适用模式，推行在线审理机制，依法综合运用督促程序、司法确认程序、小额诉讼程序、简易程序、独任制审理等，积极推广适用令状式、要素式、表格式等裁判文书，有效降低当事人诉讼成本，提升司法效率，充分保障人民群众合法诉讼权益。

19. 推动解决送达难。发挥数字化时代电子通讯优势，加强电子送达，推行集约化送达方式。发挥基层网格员作用，充分调动网格员积极性，发挥其熟悉社区情况、了解辖区人员信息的优势，综合运用现代和传统手段破解送达难题。

20. 推进直接执行机制。探索部分案件由人民法庭直接执行的工作机制，由人民法庭执行更加方便当事人的案件，可以由人民法庭负责执行。可以根据人员条件设立专门执行团队或者相对固定人员负责执行。案件较多的人民法庭，探索由基层人民法院派驻执行组等方式，提高执行效率，最大限度方便群众实现诉讼权益。人民法庭执行工作由基层人民法院执行机构统一管理，专职或者兼职人员纳入执行人员名册，案件纳入统一的执行案件管理平台，切实预防廉政风险。

100 人民法院为解决农民纠纷有哪些便民的措施？

疑惑

村民老王和老李是前后院邻居，都快70岁了。但是因为邻里纠纷，长年闹矛盾。因为老王临时堆放玉米秸秆，两人再起纠纷，老王推了老李一把，老李摔伤了左腿。老李将老王告上法院，但是二人本身腿脚就不方便，下山的公交车班次又少。那么，法官可以来村民院里开庭吗？

解析

这个案例主要反映的是人民法院为特殊困难群体或者在特殊情况下如何更加便民地处理纠纷。近年来，人民法院在便民审判方面进行了积极的探索，主要有以下几个方面。

1. 巡回审判制度。巡回审判是人民法院基层基础工作的重要组成部分，是立足现有司法资源充分发挥审判职能作用的重要途径。在西部边远地区、少数民族地区以及其他群众诉讼不便地区的基层人民法院常常会通过巡回审判的方式提供司法服务。人民法院巡回审判遵循“面向农村、面向基层、面向群众”的“三面原则”和“方便人民群众诉讼，方便人民法院依法独立、公正、高效行使审判权”的“两便原则”，在群众家门口化解矛盾、定分止争。巡回审判一般针对以下案件，比如，当事人因行动、交通不便等到人民法院参加诉讼确有困难的案件，家事纠纷、邻里纠纷及其他涉民生纠纷案件，具有规范、引导、教育意义的典型案件，以及当地群众广泛关注、有较大社会影响等案件。上述案件中，当事人可以向人民法院提出巡回审判的申请，人民法院结合案件具体情况进行审查，并告知结果、说明理由。人民法院决定进行巡回审判的，在时间、地点的选择上也会尽可能地便利双方当事人参与，甚至有的法院积极开展“假日法庭”“农忙法庭”“预约开庭”等特色服务，设定“巡回办案周”“巡回办案月”等。巡回审判采取调解优先；如果调解不成，很多情况下会当庭宣判。

2. 小额诉讼程序。该程序的突出特点就是审理周期短、一审终审。但小额诉讼程序也有严格的适用条件：第一，必须是基层人民法院和它派出的法庭审理的案件。第二，案件属于事实清楚、权利义务关系明确、争议不大的简单金钱给付民事案件。第三，诉讼标的额不大，即标的额为各省、自治区、直辖市上一年度就业人员年平均工资2倍以下。标的额在各省、自治区、直辖市上一年度就业人员年平均工资的50%以下的，直接适用小额诉讼程序；标的额在各省、自治区、直辖市上一年度就业人员年平均工资的50%以上但在2倍以下的，当事人双方通过约定适用小额诉讼程序。但是对人身关系、财产确权案件，涉外案件，需要评估、鉴定或者对诉前评估、鉴定结果有异议的案件，一方当事人下落不明的案件，当事人提出反诉的案件，则不适用小额诉讼程序。适用小额诉讼程序审理的案件，要求在立案之日起2个月内审结，可以仅开一次庭并且当庭宣判。判决结果直接生效，实行一审终审。当然，如果当事人认为案件适用小额诉讼程序审理有违法律规定的，可以向人民法院提出异议。人民法院在审理过程中，发现案件不宜适用小额诉讼程序的，应当适用简易程序或普通程序。

3. 在线诉讼制度。2021年8月1日起施行的《人民法院在线诉讼规则》系统地规范了在线诉讼规则，极大地保障了诉讼主体的合法权利。人民法院、当事人及其他诉讼参与人可以通过电子诉讼平台（有的叫云法庭），通过互联网或者专用网络在线完成立案、调解、证据交换、询问、庭审、送达等全部或者部分诉讼环节。在线诉讼与线下诉讼活动具有同等法律效力，诸如民事、行政诉讼案件，刑事速裁程序案件，减刑、假释案件，民事特别程序、督促程序、破产程序和非诉执行审查案件以及民事、行政执行案件和刑事附带民事诉讼执行案件等都可以适用在线诉讼。在线诉讼适用当事人同意原则，当事人不同意的，人民法院仍旧开展线下诉讼活动。开展在线诉讼，人民法院会告知当事人适用在线诉讼的具体环节、主要形式、权利义务、法律后果和操作方法等。当然即使当事人同意采用在线诉讼程序，但是当事人欠缺在线诉讼能力，不具备在线诉讼条件或者相应诉讼环节不宜在线办理的，人民法院也会将诉讼活动转为线下进行。

4. 电子送达。我国《民事诉讼法》规定，经当事人同意，人民法院可以采用能够确认其收悉的电子方式送达诉讼文书。人民法院会通过电话确认、诉讼平台在线确认、线下发送电子送达确认书等方式，确认当事人是否同意电子送达以及当事人接收电子送达的具体方式和地址，并告知电子送达的适用范围、效力、送达地址变更方式以及其他需告知的送达事项。送达信息到达当事人特定系统的日期就是送达日期。如果人民法院对同一内容的送达材料采取了多种电子方式发送的，以最先完成的有效送达时间作为送达生效时间。人民法院适用电子送达时，还同步通过短信、即时通讯工具、诉讼平台提示等方式，提醒当事人查阅、接收、下载相关送达材料。对通过电子方式送达的判决书、裁定书、调解书，如果当事人提出需要纸质文书的，人民法院也应当提供。

政策法律依据

《最高人民法院关于大力推广巡回审判方便人民群众诉讼的意见》第4~6条

《中华人民共和国民事诉讼法》第90条、第165~170条

《人民法院在线诉讼规则》

《中华人民共和国民事诉讼法》(2021年修正)

APPENDIX

附　录

中华人民共和国乡村振兴促进法

（2021年4月29日第十三届全国人民代表大会
常务委员会第二十八次会议通过）

第一章　总　　则

第一条　为了全面实施乡村振兴战略，促进农业全面升级、农村全面进步、农民全面发展，加快农业农村现代化，全面建设社会主义现代化国家，制定本法。

第二条　全面实施乡村振兴战略，开展促进乡村产业振兴、人才振兴、文化振兴、生态振兴、组织振兴，推进城乡融合发展等活动，适用本法。

本法所称乡村，是指城市建成区以外具有自然、社会、经济特征和生产、生活、生态、文化等多重功能的地域综合体，包括乡镇和村庄等。

第三条　促进乡村振兴应当按照产业兴旺、生态宜居、乡风文明、治理有效、生活富裕的总要求，统筹推进农村经济建设、政治建设、文化建设、社会建设、生态文明建设和党的建设，充分发挥乡村在保障农产品供给和粮食安全、保护生态环境、传承发展中华民族优秀传统文化等方面的特有功能。

第四条　全面实施乡村振兴战略，应当坚持中国共产党的领导，贯彻创新、协调、绿色、开放、共享的新发展理念，走中国特色社会主义乡村振兴道路，促进共同富裕，遵循以下原则：

（一）坚持农业农村优先发展，在干部配备上优先考虑，在要素配置上优先满

足,在资金投入上优先保障,在公共服务上优先安排;

(二)坚持农民主体地位,充分尊重农民意愿,保障农民民主权利和其他合法权益,调动农民的积极性、主动性、创造性,维护农民根本利益;

(三)坚持人与自然和谐共生,统筹山水林田湖草沙系统治理,推动绿色发展,推进生态文明建设;

(四)坚持改革创新,充分发挥市场在资源配置中的决定性作用,更好发挥政府作用,推进农业供给侧结构性改革和高质量发展,不断解放和发展乡村社会生产力,激发农村发展活力;

(五)坚持因地制宜、规划先行、循序渐进,顺应村庄发展规律,根据乡村的历史文化、发展现状、区位条件、资源禀赋、产业基础分类推进。

第五条 国家巩固和完善以家庭承包经营为基础、统分结合的双层经营体制,发展壮大农村集体所有制经济。

第六条 国家建立健全城乡融合发展的体制机制和政策体系,推动城乡要素有序流动、平等交换和公共资源均衡配置,坚持以工补农、以城带乡,推动形成工农互促、城乡互补、协调发展、共同繁荣的新型工农城乡关系。

第七条 国家坚持以社会主义核心价值观为引领,大力弘扬民族精神和时代精神,加强乡村优秀传统文化保护和公共文化服务体系建设,繁荣发展乡村文化。

每年农历秋分日为中国农民丰收节。

第八条 国家实施以我为主、立足国内、确保产能、适度进口、科技支撑的粮食安全战略,坚持藏粮于地、藏粮于技,采取措施不断提高粮食综合生产能力,建设国家粮食安全产业带,完善粮食加工、流通、储备体系,确保谷物基本自给、口粮绝对安全,保障国家粮食安全。

国家完善粮食加工、储存、运输标准,提高粮食加工出品率和利用率,推动节粮减损。

第九条　国家建立健全中央统筹、省负总责、市县乡抓落实的乡村振兴工作机制。

各级人民政府应当将乡村振兴促进工作纳入国民经济和社会发展规划，并建立乡村振兴考核评价制度、工作年度报告制度和监督检查制度。

第十条　国务院农业农村主管部门负责全国乡村振兴促进工作的统筹协调、宏观指导和监督检查；国务院其他有关部门在各自职责范围内负责有关的乡村振兴促进工作。

县级以上地方人民政府农业农村主管部门负责本行政区域内乡村振兴促进工作的统筹协调、指导和监督检查；县级以上地方人民政府其他有关部门在各自职责范围内负责有关的乡村振兴促进工作。

第十一条　各级人民政府及其有关部门应当采取多种形式，广泛宣传乡村振兴促进相关法律法规和政策，鼓励、支持人民团体、社会组织、企事业单位等社会各方面参与乡村振兴促进相关活动。

对在乡村振兴促进工作中作出显著成绩的单位和个人，按照国家有关规定给予表彰和奖励。

第二章　产业发展

第十二条　国家完善农村集体产权制度，增强农村集体所有制经济发展活力，促进集体资产保值增值，确保农民受益。

各级人民政府应当坚持以农民为主体，以乡村优势特色资源为依托，支持、促进农村一二三产业融合发展，推动建立现代农业产业体系、生产体系和经营体系，推进数字乡村建设，培育新产业、新业态、新模式和新型农业经营主体，促进小农户和现代农业发展有机衔接。

第十三条　国家采取措施优化农业生产力布局，推进农业结构调整，发展优势特色产业，保障粮食和重要农产品有效供给和质量安全，推动品种培优、品质提升、品牌打造和标准化生产，推动农业对外开放，提高农业质量、效益和竞争力。

国家实行重要农产品保障战略，分品种明确保障目标，构建科学合理、安全高效的重要农产品供给保障体系。

第十四条 国家建立农用地分类管理制度，严格保护耕地，严格控制农用地转为建设用地，严格控制耕地转为林地、园地等其他类型农用地。省、自治区、直辖市人民政府应当采取措施确保耕地总量不减少、质量有提高。

国家实行永久基本农田保护制度，建设粮食生产功能区、重要农产品生产保护区，建设并保护高标准农田。

地方各级人民政府应当推进农村土地整理和农用地科学安全利用，加强农田水利等基础设施建设，改善农业生产条件。

第十五条 国家加强农业种质资源保护利用和种质资源库建设，支持育种基础性、前沿性和应用技术研究，实施农作物和畜禽等良种培育、育种关键技术攻关，鼓励种业科技成果转化和优良品种推广，建立并实施种业国家安全审查机制，促进种业高质量发展。

第十六条 国家采取措施加强农业科技创新，培育创新主体，构建以企业为主体、产学研协同的创新机制，强化高等学校、科研机构、农业企业创新能力，建立创新平台，加强新品种、新技术、新装备、新产品研发，加强农业知识产权保护，推进生物种业、智慧农业、设施农业、农产品加工、绿色农业投入品等领域创新，建设现代农业产业技术体系，推动农业农村创新驱动发展。

国家健全农业科研项目评审、人才评价、成果产权保护制度，保障对农业科技基础性、公益性研究的投入，激发农业科技人员创新积极性。

第十七条 国家加强农业技术推广体系建设，促进建立有利于农业科技成果转化推广的激励机制和利益分享机制，鼓励企业、高等学校、职业学校、科研机构、科学技术社会团体、农民专业合作社、农业专业化社会化服务组织、农业科技人员等创新推广方式，开展农业技术推广服务。

第十八条 国家鼓励农业机械生产研发和推广应用，推进主要农作物生产全程机械化，提高设施农业、林草业、畜牧业、渔业和农产品初加工的装备水平，推动农机农艺融合、机械化信息化融合，促进机械化生产与农田建设相适应、服务模式与农业适度规模经营相适应。

国家鼓励农业信息化建设，加强农业信息监测预警和综合服务，推进农业生产经营信息化。

第十九条 各级人民政府应当发挥农村资源和生态优势，支持特色农业、休闲农业、现代农产品加工业、乡村手工业、绿色建材、红色旅游、乡村旅游、康养和乡村物流、电子商务等乡村产业的发展；引导新型经营主体通过特色化、专业化经营，合理配置生产要素，促进乡村产业深度融合；支持特色农产品优势区、现代农业产业园、农业科技园、农村创业园、休闲农业和乡村旅游重点村镇等的建设；统筹农产品生产地、集散地、销售地市场建设，加强农产品流通骨干网络和冷链物流体系建设；鼓励企业获得国际通行的农产品认证，增强乡村产业竞争力。

发展乡村产业应当符合国土空间规划和产业政策、环境保护的要求。

第二十条 各级人民政府应当完善扶持政策，加强指导服务，支持农民、返乡入乡人员在乡村创业创新，促进乡村产业发展和农民就业。

第二十一条 各级人民政府应当建立健全有利于农民收入稳定增长的机制，鼓励支持农民拓宽增收渠道，促进农民增加收入。

国家采取措施支持农村集体经济组织发展，为本集体成员提供生产生活服务，保障成员从集体经营收入中获得收益分配的权利。

国家支持农民专业合作社、家庭农场和涉农企业、电子商务企业、农业专业化社会化服务组织等以多种方式与农民建立紧密型利益联结机制，让农民共享全产业链增值收益。

第二十二条 各级人民政府应当加强国有农(林、牧、渔)场规划建设,推进国有农(林、牧、渔)场现代农业发展,鼓励国有农(林、牧、渔)场在农业农村现代化建设中发挥示范引领作用。

第二十三条 各级人民政府应当深化供销合作社综合改革,鼓励供销合作社加强与农民利益联结,完善市场运作机制,强化为农服务功能,发挥其为农服务综合性合作经济组织的作用。

第三章 人才支撑

第二十四条 国家健全乡村人才工作体制机制,采取措施鼓励和支持社会各方面提供教育培训、技术支持、创业指导等服务,培养本土人才,引导城市人才下乡,推动专业人才服务乡村,促进农业农村人才队伍建设。

第二十五条 各级人民政府应当加强农村教育工作统筹,持续改善农村学校办学条件,支持开展网络远程教育,提高农村基础教育质量,加大乡村教师培养力度,采取公费师范教育等方式吸引高等学校毕业生到乡村任教,对长期在乡村任教的教师在职称评定等方面给予优待,保障和改善乡村教师待遇,提高乡村教师学历水平、整体素质和乡村教育现代化水平。

各级人民政府应当采取措施加强乡村医疗卫生队伍建设,支持县乡村医疗卫生人员参加培训、进修,建立县乡村上下贯通的职业发展机制,对在乡村工作的医疗卫生人员实行优惠待遇,鼓励医学院校毕业生到乡村工作,支持医师到乡村医疗卫生机构执业、开办乡村诊所、普及医疗卫生知识,提高乡村医疗卫生服务能力。

各级人民政府应当采取措施培育农业科技人才、经营管理人才、法律服务人才、社会工作人才,加强乡村文化人才队伍建设,培育乡村文化骨干力量。

第二十六条 各级人民政府应当采取措施,加强职业教育和继续教育,组织开展农业技能培训、返乡创业就业培训和职业技能培训，培养有文化、懂技术、善经营、会管理的高素质农民和农村实用人才、创新创业带头人。

第二十七条　县级以上人民政府及其教育行政部门应当指导、支持高等学校、职业学校设置涉农相关专业，加大农村专业人才培养力度，鼓励高等学校、职业学校毕业生到农村就业创业。

第二十八条　国家鼓励城市人才向乡村流动，建立健全城乡、区域、校地之间人才培养合作与交流机制。

县级以上人民政府应当建立鼓励各类人才参与乡村建设的激励机制，搭建社会工作和乡村建设志愿服务平台，支持和引导各类人才通过多种方式服务乡村振兴。

乡镇人民政府和村民委员会、农村集体经济组织应当为返乡入乡人员和各类人才提供必要的生产生活服务。农村集体经济组织可以根据实际情况提供相关的福利待遇。

第四章　文化繁荣

第二十九条　各级人民政府应当组织开展新时代文明实践活动，加强农村精神文明建设，不断提高乡村社会文明程度。

第三十条　各级人民政府应当采取措施丰富农民文化体育生活，倡导科学健康的生产生活方式，发挥村规民约积极作用，普及科学知识，推进移风易俗，破除大操大办、铺张浪费等陈规陋习，提倡孝老爱亲、勤俭节约、诚实守信，促进男女平等，创建文明村镇、文明家庭，培育文明乡风、良好家风、淳朴民风，建设文明乡村。

第三十一条　各级人民政府应当健全完善乡村公共文化体育设施网络和服务运行机制，鼓励开展形式多样的农民群众性文化体育、节日民俗等活动，充分利用广播电视、视听网络和书籍报刊，拓展乡村文化服务渠道，提供便利可及的公共文化服务。

各级人民政府应当支持农业农村农民题材文艺创作，鼓励制作反映农民生产生活和乡村振兴实践的优秀文艺作品。

第三十二条 各级人民政府应当采取措施保护农业文化遗产和非物质文化遗产，挖掘优秀农业文化深厚内涵，弘扬红色文化，传承和发展优秀传统文化。

县级以上地方人民政府应当加强对历史文化名镇名村、传统村落和乡村风貌、少数民族特色村寨的保护，开展保护状况监测和评估，采取措施防御和减轻火灾、洪水、地震等灾害。

第三十三条 县级以上地方人民政府应当坚持规划引导、典型示范，有计划地建设特色鲜明、优势突出的农业文化展示区、文化产业特色村落，发展乡村特色文化体育产业，推动乡村地区传统工艺振兴，积极推动智慧广电乡村建设，活跃繁荣农村文化市场。

第五章 生态保护

第三十四条 国家健全重要生态系统保护制度和生态保护补偿机制，实施重要生态系统保护和修复工程，加强乡村生态保护和环境治理，绿化美化乡村环境，建设美丽乡村。

第三十五条 国家鼓励和支持农业生产者采用节水、节肥、节药、节能等先进的种植养殖技术，推动种养结合、农业资源综合开发，优先发展生态循环农业。

各级人民政府应当采取措施加强农业面源污染防治，推进农业投入品减量化、生产清洁化、废弃物资源化、产业模式生态化，引导全社会形成节约适度、绿色低碳、文明健康的生产生活和消费方式。

第三十六条 各级人民政府应当实施国土综合整治和生态修复，加强森林、草原、湿地等保护修复，开展荒漠化、石漠化、水土流失综合治理，改善乡村生态环境。

第三十七条 各级人民政府应当建立政府、村级组织、企业、农民等各方面参与的共建共管共享机制，综合整治农村水系，因地制宜推广卫生厕所和简便易行的垃圾分类，治理农村垃圾和污水，加强乡村无障碍设施建设，鼓励和支持使用清洁能源、可再生能源，持续改善农村人居环境。

第三十八条 国家建立健全农村住房建设质量安全管理制度和相关技术标准体系，建立农村低收入群体安全住房保障机制。建设农村住房应当避让灾害易发区域，符合抗震、防洪等基本安全要求。

县级以上地方人民政府应当加强农村住房建设管理和服务，强化新建农村住房规划管控，严格禁止违法占用耕地建房；鼓励农村住房设计体现地域、民族和乡土特色，鼓励农村住房建设采用新型建造技术和绿色建材，引导农民建设功能现代、结构安全、成本经济、绿色环保、与乡村环境相协调的宜居住房。

第三十九条 国家对农业投入品实行严格管理，对剧毒、高毒、高残留的农药、兽药采取禁用限用措施。农产品生产经营者不得使用国家禁用的农药、兽药或者其他有毒有害物质，不得违反农产品质量安全标准和国家有关规定超剂量、超范围使用农药、兽药、肥料、饲料添加剂等农业投入品。

第四十条 国家实行耕地养护、修复、休耕和草原森林河流湖泊休养生息制度。县级以上人民政府及其有关部门依法划定江河湖海限捕、禁捕的时间和区域，并可以根据地下水超采情况，划定禁止、限制开采地下水区域。

禁止违法将污染环境、破坏生态的产业、企业向农村转移。禁止违法将城镇垃圾、工业固体废物、未经达标处理的城镇污水等向农业农村转移。禁止向农用地排放重金属或者其他有毒有害物质含量超标的污水、污泥，以及可能造成土壤污染的清淤底泥、尾矿、矿渣等；禁止将有毒有害废物用作肥料或者用于造田和土地复垦。

地方各级人民政府及其有关部门应当采取措施，推进废旧农膜和农药等农业投入品包装废弃物回收处理，推进农作物秸秆、畜禽粪污的资源化利用，严格控制河流湖库、近岸海域投饵网箱养殖。

第六章 组织建设

第四十一条 建立健全党委领导、政府负责、民主协商、社会协同、公众参与、法治保障、科技支撑的现代乡村社会治理体制和自治、法治、德治相结合的乡村社会治理体系，建设充满活力、和谐有序的善治乡村。

地方各级人民政府应当加强乡镇人民政府社会管理和服务能力建设，把乡镇建成乡村治理中心、农村服务中心、乡村经济中心。

第四十二条 中国共产党农村基层组织，按照中国共产党章程和有关规定发挥全面领导作用。村民委员会、农村集体经济组织等应当在乡镇党委和村党组织的领导下，实行村民自治，发展集体所有制经济，维护农民合法权益，并应当接受村民监督。

第四十三条 国家建立健全农业农村工作干部队伍的培养、配备、使用、管理机制，选拔优秀干部充实到农业农村工作干部队伍，采取措施提高农业农村工作干部队伍的能力和水平，落实农村基层干部相关待遇保障，建设懂农业、爱农村、爱农民的农业农村工作干部队伍。

第四十四条 地方各级人民政府应当构建简约高效的基层管理体制，科学设置乡镇机构，加强乡村干部培训，健全农村基层服务体系，夯实乡村治理基础。

第四十五条 乡镇人民政府应当指导和支持农村基层群众性自治组织规范化、制度化建设，健全村民委员会民主决策机制和村务公开制度，增强村民自我管理、自我教育、自我服务、自我监督能力。

第四十六条 各级人民政府应当引导和支持农村集体经济组织发挥依法管

理集体资产、合理开发集体资源、服务集体成员等方面的作用,保障农村集体经济组织的独立运营。

县级以上地方人民政府应当支持发展农民专业合作社、家庭农场、农业企业等多种经营主体,健全农业农村社会化服务体系。

第四十七条 县级以上地方人民政府应当采取措施加强基层群团组织建设,支持、规范和引导农村社会组织发展,发挥基层群团组织、农村社会组织团结群众、联系群众、服务群众等方面的作用。

第四十八条 地方各级人民政府应当加强基层执法队伍建设,鼓励乡镇人民政府根据需要设立法律顾问和公职律师,鼓励有条件的地方在村民委员会建立公共法律服务工作室,深入开展法治宣传教育和人民调解工作,健全乡村矛盾纠纷调处化解机制,推进法治乡村建设。

第四十九条 地方各级人民政府应当健全农村社会治安防控体系,加强农村警务工作,推动平安乡村建设;健全农村公共安全体系,强化农村公共卫生、安全生产、防灾减灾救灾、应急救援、应急广播、食品、药品、交通、消防等安全管理责任。

第七章 城乡融合

第五十条 各级人民政府应当协同推进乡村振兴战略和新型城镇化战略的实施,整体筹划城镇和乡村发展,科学有序统筹安排生态、农业、城镇等功能空间,优化城乡产业发展、基础设施、公共服务设施等布局,逐步健全全民覆盖、普惠共享、城乡一体的基本公共服务体系,加快县域城乡融合发展,促进农业高质高效、乡村宜居宜业、农民富裕富足。

第五十一条 县级人民政府和乡镇人民政府应当优化本行政区域内乡村发展布局,按照尊重农民意愿、方便群众生产生活、保持乡村功能和特色的原则,因地制宜安排村庄布局，依法编制村庄规划，分类有序推进村庄建设，严格规范村庄撤并，严禁违背农民意愿、违反法定程序撤并村庄。

第五十二条 县级以上地方人民政府应当统筹规划、建设、管护城乡道路以及垃圾污水处理、供水供电供气、物流、客运、信息通信、广播电视、消防、防灾减灾等公共基础设施和新型基础设施，推动城乡基础设施互联互通，保障乡村发展能源需求，保障农村饮用水安全，满足农民生产生活需要。

第五十三条 国家发展农村社会事业，促进公共教育、医疗卫生、社会保障等资源向农村倾斜，提升乡村基本公共服务水平，推进城乡基本公共服务均等化。

国家健全乡村便民服务体系，提升乡村公共服务数字化智能化水平，支持完善村级综合服务设施和综合信息平台，培育服务机构和服务类社会组织，完善服务运行机制，促进公共服务与自我服务有效衔接，增强生产生活服务功能。

第五十四条 国家完善城乡统筹的社会保障制度，建立健全保障机制，支持乡村提高社会保障管理服务水平；建立健全城乡居民基本养老保险待遇确定和基础养老金标准正常调整机制，确保城乡居民基本养老保险待遇随经济社会发展逐步提高。

国家支持农民按照规定参加城乡居民基本养老保险、基本医疗保险，鼓励具备条件的灵活就业人员和农业产业化从业人员参加职工基本养老保险、职工基本医疗保险等社会保险。

国家推进城乡最低生活保障制度统筹发展，提高农村特困人员供养等社会救助水平，加强对农村留守儿童、妇女和老年人以及残疾人、困境儿童的关爱服务，支持发展农村普惠型养老服务和互助性养老。

第五十五条 国家推动形成平等竞争、规范有序、城乡统一的人力资源市场，健全城乡均等的公共就业创业服务制度。

县级以上地方人民政府应当采取措施促进在城镇稳定就业和生活的农民自

愿有序进城落户，不得以退出土地承包经营权、宅基地使用权、集体收益分配权等作为农民进城落户的条件；推进取得居住证的农民及其随迁家属享受城镇基本公共服务。

国家鼓励社会资本到乡村发展与农民利益联结型项目，鼓励城市居民到乡村旅游、休闲度假、养生养老等，但不得破坏乡村生态环境，不得损害农村集体经济组织及其成员的合法权益。

第五十六条 县级以上人民政府应当采取措施促进城乡产业协同发展，在保障农民主体地位的基础上健全联农带农激励机制，实现乡村经济多元化和农业全产业链发展。

第五十七条 各级人民政府及其有关部门应当采取措施鼓励农民进城务工，全面落实城乡劳动者平等就业、同工同酬，依法保障农民工工资支付和社会保障权益。

第八章 扶持措施

第五十八条 国家建立健全农业支持保护体系和实施乡村振兴战略财政投入保障制度。县级以上人民政府应当优先保障用于乡村振兴的财政投入，确保投入力度不断增强、总量持续增加、与乡村振兴目标任务相适应。

省、自治区、直辖市人民政府可以依法发行政府债券，用于现代农业设施建设和乡村建设。

各级人民政府应当完善涉农资金统筹整合长效机制，强化财政资金监督管理，全面实施预算绩效管理，提高财政资金使用效益。

第五十九条 各级人民政府应当采取措施增强脱贫地区内生发展能力，建立农村低收入人口、欠发达地区帮扶长效机制，持续推进脱贫地区发展；建立健全易返贫致贫人口动态监测预警和帮扶机制，实现巩固拓展脱贫攻坚成果同乡村振兴有效衔接。

国家加大对革命老区、民族地区、边疆地区实施乡村振兴战略的支持力度。

第六十条 国家按照增加总量、优化存量、提高效能的原则，构建以高质量绿色发展为导向的新型农业补贴政策体系。

第六十一条 各级人民政府应当坚持取之于农、主要用之于农的原则，按照国家有关规定调整完善土地使用权出让收入使用范围，提高农业农村投入比例，重点用于高标准农田建设、农田水利建设、现代种业提升、农村供水保障、农村人居环境整治、农村土地综合整治、耕地及永久基本农田保护、村庄公共设施建设和管护、农村教育、农村文化和精神文明建设支出，以及与农业农村直接相关的山水林田湖草沙生态保护修复、以工代赈工程建设等。

第六十二条 县级以上人民政府设立的相关专项资金、基金应当按照规定加强对乡村振兴的支持。

国家支持以市场化方式设立乡村振兴基金，重点支持乡村产业发展和公共基础设施建设。

县级以上地方人民政府应当优化乡村营商环境，鼓励创新投融资方式，引导社会资本投向乡村。

第六十三条 国家综合运用财政、金融等政策措施，完善政府性融资担保机制，依法完善乡村资产抵押担保权能，改进、加强乡村振兴的金融支持和服务。

财政出资设立的农业信贷担保机构应当主要为从事农业生产和与农业生产直接相关的经营主体服务。

第六十四条 国家健全多层次资本市场，多渠道推动涉农企业股权融资，发展并规范债券市场，促进涉农企业利用多种方式融资；丰富农产品期货品种，发挥期货市场价格发现和风险分散功能。

第六十五条 国家建立健全多层次、广覆盖、可持续的农村金融服务体系，完善金融支持乡村振兴考核评估机制，促进农村普惠金融发展，鼓励金融机构依法将更多资源配置到乡村发展的重点领域和薄弱环节。

政策性金融机构应当在业务范围内为乡村振兴提供信贷支持和其他金融服务,加大对乡村振兴的支持力度。

商业银行应当结合自身职能定位和业务优势,创新金融产品和服务模式,扩大基础金融服务覆盖面,增加对农民和农业经营主体的信贷规模,为乡村振兴提供金融服务。

农村商业银行、农村合作银行、农村信用社等农村中小金融机构应当主要为本地农业农村农民服务,当年新增可贷资金主要用于当地农业农村发展。

第六十六条 国家建立健全多层次农业保险体系,完善政策性农业保险制度,鼓励商业性保险公司开展农业保险业务,支持农民和农业经营主体依法开展互助合作保险。

县级以上人民政府应当采取保费补贴等措施,支持保险机构适当增加保险品种,扩大农业保险覆盖面,促进农业保险发展。

第六十七条 县级以上地方人民政府应当推进节约集约用地,提高土地使用效率,依法采取措施盘活农村存量建设用地,激活农村土地资源,完善农村新增建设用地保障机制,满足乡村产业、公共服务设施和农民住宅用地合理需求。

县级以上地方人民政府应当保障乡村产业用地,建设用地指标应当向乡村发展倾斜,县域内新增耕地指标应当优先用于折抵乡村产业发展所需建设用地指标,探索灵活多样的供地新方式。

经国土空间规划确定为工业、商业等经营性用途并依法登记的集体经营性建设用地,土地所有权人可以依法通过出让、出租等方式交由单位或者个人使用,优先用于发展集体所有制经济和乡村产业。

第九章 监督检查

第六十八条 国家实行乡村振兴战略实施目标责任制和考核评价制度。上级人民政府应当对下级人民政府实施乡村振兴战略的目标完成情况等进行考核,考核结果作为地方人民政府及其负责人综合考核评价的重要内容。

第六十九条 国务院和省、自治区、直辖市人民政府有关部门建立客观反映乡村振兴进展的指标和统计体系。县级以上地方人民政府应当对本行政区域内乡村振兴战略实施情况进行评估。

第七十条 县级以上各级人民政府应当向本级人民代表大会或者其常务委员会报告乡村振兴促进工作情况。乡镇人民政府应当向本级人民代表大会报告乡村振兴促进工作情况。

第七十一条 地方各级人民政府应当每年向上一级人民政府报告乡村振兴促进工作情况。

县级以上人民政府定期对下一级人民政府乡村振兴促进工作情况开展监督检查。

第七十二条 县级以上人民政府发展改革、财政、农业农村、审计等部门按照各自职责对农业农村投入优先保障机制落实情况、乡村振兴资金使用情况和绩效等实施监督。

第七十三条 各级人民政府及其有关部门在乡村振兴促进工作中不履行或者不正确履行职责的,依照法律法规和国家有关规定追究责任,对直接负责的主管人员和其他直接责任人员依法给予处分。

违反有关农产品质量安全、生态环境保护、土地管理等法律法规的,由有关主管部门依法予以处罚;构成犯罪的,依法追究刑事责任。

第十章 附 则

第七十四条 本法自2021年6月1日起施行。

乡村建设行动实施方案

（中共中央办公厅、国务院办公厅2022年5月23日印发）

乡村建设是实施乡村振兴战略的重要任务，也是国家现代化建设的重要内容。党的十八大以来，各地区各部门认真贯彻党中央、国务院决策部署，把公共基础设施建设重点放在农村，持续改善农村生产生活条件，乡村面貌发生巨大变化。同时，我国农村基础设施和公共服务体系还不健全，部分领域还存在一些突出短板和薄弱环节，与农民群众日益增长的美好生活需要还有差距。为扎实推进乡村建设行动，进一步提升乡村宜居宜业水平，制定本方案。

一、总体要求

（一）指导思想。以习近平新时代中国特色社会主义思想为指导，坚持农业农村优先发展，把乡村建设摆在社会主义现代化建设的重要位置，顺应农民群众对美好生活的向往，以普惠性、基础性、兜底性民生建设为重点，强化规划引领，统筹资源要素，动员各方力量，加强农村基础设施和公共服务体系建设，建立自下而上、村民自治、农民参与的实施机制，既尽力而为又量力而行，求好不求快，干一件成一件，努力让农村具备更好生活条件，建设宜居宜业美丽乡村。

（二）工作原则

——尊重规律、稳扎稳打。顺应乡村发展规律，合理安排村庄建设时序，保持足够的历史耐心，久久为功、从容建设。树立正确政绩观，把保障和改善民生建立在财力可持续和农民可承受的基础之上，防止刮风搞运动，防止超越发展阶段搞大融资、大拆建、大开发，牢牢守住防范化解债务风险底线。

——因地制宜、分类指导。乡村建设要同地方经济发展水平相适应、同当地文化和风土人情相协调，结合农民群众实际需要，分区分类明确目标任务，合理确定公共基础设施配置和基本公共服务标准，不搞齐步走、"一刀切"，避免在"空心村"无效投入、造成浪费。

——注重保护、体现特色。传承保护传统村落民居和优秀乡土文化，突出地域特色和乡村特点，保留具有本土特色和乡土气息的乡村风貌，防止机械照搬城镇建设模式，打造各具特色的现代版"富春山居图"。

——政府引导、农民参与。发挥政府在规划引导、政策支持、组织保障等方面作用，坚持为农民而建，尊重农民意愿，保障农民物质利益和民主权利，广泛依靠农民、教育引导农民、组织带动农民搞建设，不搞大包大揽、强迫命令，不代替农民选择。

——建管并重、长效运行。坚持先建机制、后建工程，统筹推进农村公共基础设施建设与管护，健全建管用相结合的长效机制，确保乡村建设项目长期稳定发挥效用，防止重建轻管、重建轻用。

——节约资源、绿色建设。树立绿色低碳理念，促进资源集约节约循环利用，推行绿色规划、绿色设计、绿色建设，实现乡村建设与自然生态环境有机融合。

（三）行动目标。到2025年，乡村建设取得实质性进展，农村人居环境持续改善，农村公共基础设施往村覆盖、往户延伸取得积极进展，农村基本公共服务水平稳步提升，农村精神文明建设显著加强，农民获得感、幸福感、安全感进一步增强。

二、重点任务

（四）加强乡村规划建设管理。坚持县域规划建设一盘棋，明确村庄布局分类，细化分类标准。合理划定各类空间管控边界，优化布局乡村生活空间，因地制宜界定乡村建设规划范围，严格保护农业生产空间和乡村生态空间，牢牢守住18亿亩耕地红线。严禁随意撤并村庄搞大社区、违背农民意愿大拆大建。积极有序推进村庄规划编制。发挥村庄规划指导约束作用，确保各项建设依规有序开展。建立政府组织领导、村民发挥主体作用、专业人员开展技术指导的村庄规划编制机制，共建共治共享美好家园。

（五）实施农村道路畅通工程。继续开展“四好农村路”示范创建，推动农村公路建设项目更多向进村入户倾斜。以县域为单元，加快构建便捷高效的农村公路骨干网络，推进乡镇对外快速骨干公路建设，加强乡村产业路、旅游路、资源路建设，促进农村公路与乡村产业深度融合发展。推进较大人口规模自然村（组）通硬化路建设，有序推进建制村通双车道公路改造、窄路基路面拓宽改造或错车道建设。加强通村公路和村内道路连接，统筹规划和实施农村公路的穿村路段建设，兼顾村内主干道功能。积极推进具备条件的地区城市公交线路向周边重点村镇延伸，有序实施班线客运公交化改造。开展城乡交通运输一体化示范创建。加强农村道路桥梁、临水临崖和切坡填方路段安全隐患排查治理。深入推进农村公路“安全生命防护工程”。加强农村客运安全监管。强化消防车道建设管理，推进林区牧区防火隔离带、应急道路建设。

（六）强化农村防汛抗旱和供水保障。加强防汛抗旱基础设施建设，防范水库垮坝、中小河流洪水、山洪灾害等风险，充分发挥骨干水利工程防灾减灾作用，完善抗旱水源工程体系。稳步推进农村饮水安全向农村供水保障转变。强化水源保护和水质保障，推进划定千人以上规模饮用水水源保护区或保护范围，配套完善农村千人以上供水工程净化消毒设施设备，健全水质检测监测体系。实施规模化供水工程建设和小型供水工程标准化改造，更新改造一批老旧供水工程和管网。有条件地区可白城镇管网向周边村庄延伸供水，因地制宜推进供水入户，同步推进消防取水设施建设。按照“补偿成本、公平负担”的原则，健全农村集中供水工程合理水价形成机制。

（七）实施乡村清洁能源建设工程。巩固提升农村电力保障水平，推进城乡配电网建设，提高边远地区供电保障能力。发展太阳能、风能、水能、地热能、生物质能等清洁能源，在条件适宜地区探索建设多能互补的分布式低碳综合能源网络。按照先立后破、农民可承受、发展可持续的要求，稳妥有序推进北方农村地区清洁取暖，加强煤炭清洁化利用，推进散煤替代，逐步提高清洁能源在农村取暖用能中的比重。

（八）实施农产品仓储保鲜冷链物流设施建设工程。加快农产品仓储保鲜冷链物流设施建设，推进鲜活农产品低温处理和产后减损。依托家庭农场、农民合作社等农业经营主体，发展产地冷藏保鲜，建设通风贮藏库、机械冷库、气调贮藏库、预冷及配套设施设备等农产品冷藏保鲜设施。面向农产品优势产区、重要集散地和主要销区，完善国家骨干冷链物流基地布局建设，整合优化存量冷链物流资源。围绕服务产地农产品集散和完善销地冷链物流网络，推进产销冷链集配中心建设，加强与国家骨干冷链物流基地间的功能对接和业务联通，打造高效衔接农产品产销的冷链物流通道网络。完善农产品产地批发市场。实施县域商业建设行动，完善农村商业体系，改造提升县城连锁商超和物流配送中心，支持有条件的乡镇建设商贸中心，发展新型乡村便利店，扩大农村电商覆盖面。健全县乡村三级物流配送体系，引导利用村内现有设施，建设村级寄递物流综合服务站，发展专业化农产品寄递服务。宣传推广农村物流服务品牌，深化交通运输与邮政快递融合发展，提高农村物流配送效率。

（九）实施数字乡村建设发展工程。推进数字技术与农村生产生活深度融合，持续开展数字乡村试点。加强农村信息基础设施建设，深化农村光纤网络、移动通信网络、数字电视和下一代互联网覆盖，进一步提升农村通信网络质量和覆盖水平。加快建设农业农村遥感卫星等天基设施。建立农业农村大数据体系，推进重要农产品全产业链大数据建设。发展智慧农业，深入实施“互联网＋”农产品出村进城工程和“数商兴农”行动，构建智慧农业气象平台。推进乡村管理服务数字化，推进农村集体经济、集体资产、农村产权流转交易数字化管理。推动“互联网＋”服务向农村延伸覆盖，推进涉农事项在线办理，加快城乡灾害监测预警信息共享。深入实施“雪亮工程”。深化乡村地名信息服务提升行动。

（十）实施村级综合服务设施提升工程。推进“一站式”便民服务，整合利用现有设施和场地，完善村级综合服务站点，支持党务服务、基本公共服务和公共事业服务就近或线上办理。加强村级综合服务设施建设，进一步提高村级综合服务设施覆盖率。加强农村全民健身场地设施建设。推进公共照明设施与村内道路、公共场所一体规划建设，加强行政村村内主干道路灯建设。加快推进完善革命老区、民族地区、边疆地区、欠发达地区基层应急广播体系。因地制宜建设农村应急避难场所，开展农村公共服务设施无障碍建设和改造。

（十一）实施农房质量安全提升工程。推进农村低收入群体等重点对象危房改造和地震高烈度设防地区农房抗震改造，逐步建立健全农村低收入群体住房安全保障长效机制。加强农房周边地质灾害综合治理。深入开展农村房屋安全隐患排查整治，以用作经营的农村自建房为重点，对排查发现存在安全隐患的房屋进行整治。新建农房要避开自然灾害易发地段，顺应地形地貌，不随意切坡填方弃渣，不挖山填湖、不破坏水系、不砍老树，形成自然、紧凑、有序的农房群落。农房建设要满足质量安全和抗震设防要求，推动配置水暖厨卫等设施。因地制宜推广装配式钢结构、木竹结构等安全可靠的新型建造方式。以农村房屋及其配套设施建设为主体，完善农村工程建设项目管理制度，省级统筹建立从用地、规划、建设到使用的一体化管理体制机制，并按照“谁审批、谁监管”的要求，落实安全监管责任。建设农村房屋综合信息管理平台，完善农村房屋建设技术标准和规范。加强历史文化名镇名村、传统村落、传统民居保护与利用，提升防火防震防垮塌能力。保护民族村寨、特色民居、文物古迹、农业遗迹、民俗风貌。

（十二）实施农村人居环境整治提升五年行动。推进农村厕所革命，加快研发干旱、寒冷等地区卫生厕所适用技术和产品，因地制宜选择改厕技术模式，引导新改户用厕所基本入院入室,合理规划布局公共厕所,稳步提高卫生厕所普及率。统筹农村改厕和生活污水、黑臭水体治理,因地制宜建设污水处理设施,基本消除较大面积的农村黑臭水体。健全农村生活垃圾收运处置体系,完善县乡村三级设施和服务,推动农村生活垃圾分类减量与资源化处理利用,建设一批区域农村有机废弃物综合处置利用设施。加强入户道路建设,构建通村入户的基础网络,稳步解决村内道路泥泞、村民出行不便、出行不安全等问题。全面清理私搭乱建、乱堆乱放,整治残垣断壁,加强农村电力线、通信线、广播电视线"三线"维护梳理工作,整治农村户外广告。因地制宜开展荒山荒地荒滩绿化,加强农田(牧场)防护林建设和修复,引导鼓励农民开展庭院和村庄绿化美化,建设村庄小微公园和公共绿地。实施水系连通及水美乡村建设试点。加强乡村风貌引导,编制村容村貌提升导则。

(十三)实施农村基本公共服务提升行动。发挥县域内城乡融合发展支撑作用,强化县城综合服务功能,推动服务重心下移、资源下沉,采取固定设施、流动服务等方式,提高农村居民享受公共服务的可及性、便利性。优先规划、持续改善农村义务教育学校基本办学条件,支持建设城乡学校共同体。多渠道增加农村普惠性学前教育资源供给。巩固提升高中阶段教育普及水平,发展涉农职业教育,建设一批产教融合基地,新建改扩建一批中等职业学校。加强农村职业院校基础能力建设,进一步推进乡村地区继续教育发展。改革完善乡村医疗卫生体系,加快补齐公共卫生服务短板,完善基层公共卫生设施。支持建设紧密型县域医共体。加强乡镇卫生院发热门诊或诊室等设施条件建设,选建一批中心卫生院。持续提升村卫生室标准化建设和健康管理水平,推进村级医疗疾控网底建设。落实乡村医生待遇,保障合理收入,完善培养使用、养老保障等政策。完善养老助残服务设施,支持有条件的农村建立养老助残机构,建设养老助残和未成年人保护服务设施,培育区域性养老助残服务中心。发展农村幸福院等互助型养老,支持卫生院利用现有资源开展农村重度残疾人托养照护服务。推进乡村公益性殡葬服务设施建设和管理。开展县乡村公共服务一体化示范建设。

（十四）加强农村基层组织建设。深入抓党建促乡村振兴，充分发挥农村基层党组织领导作用和党员先锋模范作用。大力开展乡村振兴主题培训。选优配强乡镇领导班子特别是党政正职。充实加强乡镇工作力量。持续优化村“两委”班子特别是带头人队伍，推动在全面推进乡村振兴中干事创业。派强用好驻村第一书记和工作队，健全常态化驻村工作机制，做到脱贫村、易地扶贫搬迁安置村（社区）、乡村振兴任务重的村、党组织软弱涣散村全覆盖，推动各级党组织通过驻村工作有计划地培养锻炼干部。加大在青年农民特别是致富能手、农村外出务工经商人员中发展党员力度。强化县级党委统筹和乡镇、村党组织引领，推动发展壮大村级集体经济。常态化整顿软弱涣散村党组织。完善党组织领导的乡村治理体系，推行网格化管理和服务，做到精准化、精细化，推动建设充满活力、和谐有序的善治乡村。推进更高水平的平安法治乡村建设，依法严厉打击农村黄赌毒、侵害农村妇女儿童人身权利等各种违法犯罪行为，切实维护农村社会平安稳定。

（十五）深入推进农村精神文明建设。深入开展习近平新时代中国特色社会主义思想学习教育，广泛开展中国特色社会主义和中国梦宣传教育，加强思想政治引领。弘扬和践行社会主义核心价值观，推动融入农村发展和农民生活。拓展新时代文明实践中心建设，广泛开展文明实践志愿服务。推进乡村文化设施建设，建设文化礼堂、文化广场、乡村戏台、非遗传习场所等公共文化设施。深入开展农村精神文明创建活动，持续推进农村移风易俗，健全道德评议会、红白理事会、村规民约等机制，治理高价彩礼、人情攀比、封建迷信等不良风气，推广积分制、数字化等典型做法。

三、创新乡村建设推进机制

（十六）建立专项任务责任制。按照一项任务、一个推进方案的要求，牵头部门要加强统筹协调，制定专项推进方案，指导地方组织实施。各地要细化措施，强化政策的衔接协调，形成工作合力，加强项目和资金监督管理，防止造成资金和资源浪费。

（十七）建立项目库管理制度。按照村申报、乡审核、县审定原则，在县一级普遍建立乡村建设相关项目库。加强项目论证，优先纳入群众需求强烈、短板突出、兼顾农业生产和农民生活条件改善的项目，切实提高入库项目质量。安排乡村建设项目资金，原则上须从项目库中选择项目。各地可结合实际制定“负面清单”，防止形象工程。建立健全入库项目审核机制和绩效评估机制。

（十八）优化项目实施流程。对于按照固定资产投资管理的小型村庄建设项目，按规定施行简易审批。对于采取以工代赈方式实施的农业农村基础设施项目，按照招标投标法和村庄建设项目施行简易审批的有关要求，可以不进行招标。对于农民投资投劳项目，采取直接补助、以奖代补等方式推进建设。对于重大乡村建设项目，严格规范招投标项目范围和实施程序，不得在法律法规外，针对投资规模、工程造价、招标文件编制等设立其他审批审核程序。严格规范乡村建设用地审批管理，坚决遏制乱占耕地建房。

（十九）完善农民参与乡村建设机制。健全党组织领导的村民自治机制，充分发挥村民委员会、村务监督委员会、集体经济组织作用，坚持和完善“四议两公开”制度，依托村民会议、村民代表会议、村民议事会、村民理事会、村民监事会等，引导农民全程参与乡村建设，保障农民的知情权、参与权、监督权。在项目谋划环节，加强农民培训和指导，组织农民议事，激发农民主动参与意愿，保障农民参与决策。在项目建设环节，鼓励村民投工投劳、就地取材开展建设，积极推广以工代赈方式，吸纳更多农村低收入群体就地就近就业。在项目管护环节，推行“门前三包”、受益农民认领、组建使用者协会等农民自管方式。完善农民参与乡村建设程序和方法。在乡村建设中深入开展美好环境与幸福生活共同缔造活动。

（二十）健全乡村公共基础设施管护机制。各地要以清单形式明确村庄公共基础设施管护主体、管护责任、管护方式、管护经费来源等，建立公示制度。供水、供电、供气、环保、电信、邮政等基础设施运营企业应落实普遍服务要求，全面加强对所属农村公共基础设施的管护。有条件的地方推进公共基础设施城乡一体化管护。推行经营性、准经营性设施使用者付费制度，鼓励社会资本和专业化企业有序参与农村公共基础设施管护。农村生活污水处理设施用电按规定执行居民生活用电价格。

四、强化政策支持和要素保障

（二十一）加强投入保障。中央财政继续通过现有渠道积极支持乡村建设，中央预算内投资将乡村建设行动作为重点积极予以支持，并向欠发达地区适当倾斜。将乡村建设作为地方政府支出的重点领域，合理安排资金投入。土地出让收入用于农业农村部分可按规定统筹安排支持乡村建设。将符合条件的公益性乡村建设项目纳入地方政府债券支持范围。允许县级按规定统筹使用相关资金推进乡村建设。

（二十二）创新金融服务。鼓励银行业金融机构扩大贷款投放，支持乡村建设。运用支农支小再贷款、再贴现等政策工具，引导机构法人、业务在县域的农信社、村镇银行等金融机构把工作重心放在乡村振兴上。开展金融科技赋能乡村振兴示范工程，鼓励金融机构在依法合规前提下量身定制乡村建设金融产品，稳妥拓宽农业农村抵质押物范围。探索银行、保险、担保、基金、企业合作模式，拓宽乡村建设融资渠道。加强涉农金融创新服务监管和风险防范。

（二十三）引导社会力量参与。将乡村建设纳入东西部协作帮扶和中央单位定点帮扶重点支持领域。扎实开展"万企兴万村"行动，大力引导和鼓励社会力量投入乡村建设。对经营性建设项目，规范有序推广政府和社会资本合作模式，切实发挥运营企业作用。

（二十四）完善集约节约用地政策。合理安排新增建设用地计划指标，规范开展城乡建设用地增减挂钩，保障乡村建设行动重点工程项目的合理用地需求。

优化用地审批流程,在符合经依法批准的相关规划前提下,可对依法登记的宅基地等农村建设用地进行复合利用,重点保障乡村公共基础设施用地。探索针对乡村建设的混合用地模式。探索开展全域土地综合整治,整体推进农用地整理和建设用地整理,盘活农村存量建设用地,腾挪空间用于支持乡村建设。

(二十五)强化人才技术标准支撑。加快培育各类技术技能和服务管理人员,探索建立乡村工匠培养和管理制度,支持熟悉乡村的专业技术人员参与村庄规划设计和项目建设,统筹推进城乡基础设施建设管护人才互通共享。鼓励支持企业、科研机构等开展乡村建设领域新技术新产品研发。分类制定乡村基础设施建设和运行维护技术指南,编制技术导则。建立健全乡村基础设施和基本公共服务设施等标准体系,完善建设、运行维护、监管、服务等标准。

五、加强组织领导

(二十六)强化统筹协调。按照中央统筹、省负总责、市县乡抓落实的要求,推进乡村建设行动落地实施。中央农村工作领导小组统筹组织实施乡村建设行动,建立专项推进机制,协调推进重点任务。省级党委和政府要精心组织、加强协调,及时解决推进乡村建设中遇到的困难和问题。市县乡党委和政府要把乡村建设行动作为实施乡村振兴战略的重要内容,切实担负责任,细化具体措施,确保各项建设任务落到实处。结合"百县千乡万村"乡村振兴示范创建,统筹开展乡村建设示范县、示范乡镇、示范村创建。

(二十七)实行清单管理。各省(自治区、直辖市)应按照近细远粗、分步建设的原则,按年度确定建设任务,细化到县(市、区、旗)。各县(市、区、旗)按照建设一批、储备一批、谋划一批要求,科学制定任务清单,建立乡村建设台账。各地综合考虑乡村建设进展情况和年度任务完成情况等,科学调整下一年度任务清单。

(二十八)加强评估考核。将乡村建设行动实施情况作为乡村振兴督查考核的重要内容。各省(自治区、直辖市)将乡村建设行动实施情况纳入市县党政领导班子和领导干部推进乡村振兴战略实绩考核,采取第三方评估、交叉考核、群众满意度调查等方式,确保乡村建设项目质量和实际效果。实施乡村建设评价,查找和解决乡村建设中的短板和问题。

(二十九)强化宣传引导。深入宣传乡村建设取得的新进展新成效,总结推广乡村建设好经验好做法,发挥示范带动作用。加强舆论引导,及时回应社会关切。编制创作群众喜闻乐见的乡村建设题材文艺作品,增强乡村建设的社会认知度。

中共中央、国务院关于全面推进乡村振兴加快农业农村现代化的意见

(2021年1月4日)

党的十九届五中全会审议通过的《中共中央关于制定国民经济和社会发展第十四个五年规划和二〇三五年远景目标的建议》,对新发展阶段优先发展农业农村、全面推进乡村振兴作出总体部署,为做好当前和今后一个时期“三农”工作指明了方向。

“十三五”时期,现代农业建设取得重大进展,乡村振兴实现良好开局。粮食年产量连续保持在1.3万亿斤以上,农民人均收入较2010年翻一番多。新时代脱贫攻坚目标任务如期完成,现行标准下农村贫困人口全部脱贫,贫困县全部摘帽,易地扶贫搬迁任务全面完成,消除了绝对贫困和区域性整体贫困,创造了人类减贫史上的奇迹。农村人居环境明显改善,农村改革向纵深推进,农村社会保持和谐稳定,农村即将同步实现全面建成小康社会目标。农业农村发展取得新

的历史性成就，为党和国家战胜各种艰难险阻、稳定经济社会发展大局，发挥了“压舱石”作用。实践证明，以习近平同志为核心的党中央驰而不息重农强农的战略决策完全正确，党的“三农”政策得到亿万农民衷心拥护。

“十四五”时期，是乘势而上开启全面建设社会主义现代化国家新征程、向第二个百年奋斗目标进军的第一个五年。民族要复兴，乡村必振兴。全面建设社会主义现代化国家，实现中华民族伟大复兴，最艰巨最繁重的任务依然在农村，最广泛最深厚的基础依然在农村。解决好发展不平衡不充分问题，重点难点在“三农”，迫切需要补齐农业农村短板弱项，推动城乡协调发展；构建新发展格局，潜力后劲在“三农”，迫切需要扩大农村需求，畅通城乡经济循环；应对国内外各种风险挑战，基础支撑在“三农”，迫切需要稳住农业基本盘，守好“三农”基础。党中央认为，新发展阶段“三农”工作依然极端重要，须臾不可放松，务必抓紧抓实。要坚持把解决好“三农”问题作为全党工作重中之重，把全面推进乡村振兴作为实现中华民族伟大复兴的一项重大任务，举全党全社会之力加快农业农村现代化，让广大农民过上更加美好的生活。

一、总体要求

（一）指导思想。以习近平新时代中国特色社会主义思想为指导，全面贯彻党的十九大和十九届二中、三中、四中、五中全会精神，贯彻落实中央经济工作会议精神，统筹推进“五位一体”总体布局，协调推进“四个全面”战略布局，坚定不移贯彻新发展理念，坚持稳中求进工作总基调，坚持加强党对“三农”工作的全面领导，坚持农业农村优先发展，坚持农业现代化与农村现代化一体设计、一并推进，坚持创新驱动发展，以推动高质量发展为主题，统筹发展和安全，落实加快构建新发展格局要求，巩固和完善农村基本经营制度，深入推进农业供给侧结构性改革，把乡村建设摆在社会主义现代化建设的重要位置，全面推进乡村产业、人才、文化、生态、组织振兴，充分发挥农业产品供给、生态屏障、文化传承等功能，走中国特色社会主义乡村振兴道路，加快农业农村现代化，加快形成工农互促、城乡互补、协调发展、共同繁荣的新型工农城乡关系，促进农业高质高效、乡村宜居宜业、农民富裕富足，为全面建设社会主义现代化国家开好局、起好步提供有力支撑。

（二）目标任务。2021年，农业供给侧结构性改革深入推进，粮食播种面积保持稳定、产量达到1.3万亿斤以上，生猪产业平稳发展，农产品质量和食品安全水平进一步提高，农民收入增长继续快于城镇居民，脱贫攻坚成果持续巩固。农业农村现代化规划启动实施，脱贫攻坚政策体系和工作机制同乡村振兴有效衔接、平稳过渡，乡村建设行动全面启动，农村人居环境整治提升，农村改革重点任务深入推进，农村社会保持和谐稳定。

到2025年，农业农村现代化取得重要进展，农业基础设施现代化迈上新台阶，农村生活设施便利化初步实现，城乡基本公共服务均等化水平明显提高。农业基础更加稳固，粮食和重要农产品供应保障更加有力，农业生产结构和区域布局明显优化，农业质量效益和竞争力明显提升，现代乡村产业体系基本形成，有条件的地区率先基本实现农业现代化。脱贫攻坚成果巩固拓展，城乡居民收入差距持续缩小。农村生产生活方式绿色转型取得积极进展，化肥农药使用量持续减少，农村生态环境得到明显改善。乡村建设行动取得明显成效，乡村面貌发生显著变化，乡村发展活力充分激发，乡村文明程度得到新提升，农村发展安全保障更加有力，农民获得感、幸福感、安全感明显提高。

二、实现巩固拓展脱贫攻坚成果同乡村振兴有效衔接

（三）设立衔接过渡期。脱贫攻坚目标任务完成后，对摆脱贫困的县，从脱贫之日起设立5年过渡期，做到扶上马送一程。过渡期内保持现有主要帮扶政策总体稳定，并逐项分类优化调整，合理把握节奏、力度和时限，逐步实现由集中资源支持脱贫攻坚向全面推进乡村振兴平稳过渡，推动“三农”工作重心历史性转移。抓紧出台各项政策完善优化的具体实施办法，确保工作不留空档、政策不留空白。

（四）持续巩固拓展脱贫攻坚成果。健全防止返贫动态监测和帮扶机制，对易返贫致贫人口及时发现、及时帮扶，守住防止规模性返贫底线。以大中型集中安置区为重点，扎实做好易地搬迁后续帮扶工作，持续加大就业和产业扶持力度，继续完善安置区配套基础设施、产业园区配套设施、公共服务设施，切实提升社区治理能力。加强扶贫项目资产管理和监督。

（五）接续推进脱贫地区乡村振兴。实施脱贫地区特色种养业提升行动，广泛开展农产品产销对接活动，深化拓展消费帮扶。持续做好有组织劳务输出工作。统筹用好公益岗位，对符合条件的就业困难人员进行就业援助。在农业农村基础设施建设领域推广以工代赈方式，吸纳更多脱贫人口和低收入人口就地就近就业。在脱贫地区重点建设一批区域性和跨区域重大基础设施工程。加大对脱贫县乡村振兴支持力度。在西部地区脱贫县中确定一批国家乡村振兴重点帮扶县集中支持。支持各地自主选择部分脱贫县作为乡村振兴重点帮扶县。坚持和完善东西部协作和对口支援、社会力量参与帮扶等机制。

（六）加强农村低收入人口常态化帮扶。开展农村低收入人口动态监测，实行分层分类帮扶。对有劳动能力的农村低收入人口，坚持开发式帮扶，帮助其提高内生发展能力，发展产业、参与就业，依靠双手勤劳致富。对脱贫人口中丧失劳动能力且无法通过产业就业获得稳定收入的人口，以现有社会保障体系为基础，按规定纳入农村低保或特困人员救助供养范围，并按困难类型及时给予专项救助、临时救助。

三、加快推进农业现代化

（七）提升粮食和重要农产品供给保障能力。地方各级党委和政府要切实扛起粮食安全政治责任，实行粮食安全党政同责。深入实施重要农产品保障战略，完善粮食安全省长责任制和"菜篮子"市长负责制，确保粮、棉、油、糖、肉等供给安全。"十四五"时期各省（自治区、直辖市）要稳定粮食播种面积、提高单产水平。加强粮食生产功能区和重要农产品生产保护区建设。建设国家粮食安全产业带。稳定种粮农民补贴,让种粮有合理收益。坚持并完善稻谷、小麦最低收购价政策,完善玉米、大豆生产者补贴政策。深入推进农业结构调整,推动品种培优、品质提升、品牌打造和标准化生产。鼓励发展青贮玉米等优质饲草饲料,稳定大豆生产,多措并举发展油菜、花生等油料作物。健全产粮大县支持政策体系。扩大稻谷、小麦、玉米三大粮食作物完全成本保险和收入保险试点范围,支持有条件的省份降低产粮大县三大粮食作物农业保险保费县级补贴比例。深入推进优质粮食工程。加快构建现代养殖体系,保护生猪基础产能,健全生猪产业平稳有序发展长效机制,积极发展牛羊产业,继续实施奶业振兴行动,推进水产绿色健康养殖。推进渔港建设和管理改革。促进木本粮油和林下经济发展。优化农产品贸易布局,实施农产品进口多元化战略,支持企业融入全球农产品供应链。保持打击重点农产品走私高压态势。加强口岸检疫和外来入侵物种防控。开展粮食节约行动,减少生产、流通、加工、存储、消费环节粮食损耗浪费。

(八)打好种业翻身仗。农业现代化,种子是基础。加强农业种质资源保护开发利用,加快第三次农作物种质资源、畜禽种质资源调查收集,加强国家作物、畜禽和海洋渔业生物种质资源库建设。对育种基础性研究以及重点育种项目给予长期稳定支持。加快实施农业生物育种重大科技项目。深入实施农作物和畜禽良种联合攻关。实施新一轮畜禽遗传改良计划和现代种业提升工程。尊重科学、严格监管,有序推进生物育种产业化应用。加强育种领域知识产权保护。支持种业龙头企业建立健全商业化育种体系,加快建设南繁硅谷,加强制种基地和良种繁育体系建设,研究重大品种研发与推广后补助政策,促进育繁推一体化发展。

(九)坚决守住18亿亩耕地红线。统筹布局生态、农业、城镇等功能空间,科学划定各类空间管控边界,严格实行土地用途管制。采取"长牙齿"的措施,落实最严格的耕地保护制度。严禁违规占用耕地和违背自然规律绿化造林、挖湖造景,严格控制非农建设占用耕地,深入推进农村乱占耕地建房专项整治行动,坚决遏制耕地“非农化”、防止“非粮化”。明确耕地利用优先序，永久基本农田重点用于粮食特别是口粮生产，一般耕地主要用于粮食和棉、油、糖、蔬菜等农产品及饲草饲料生产。明确耕地和永久基本农田不同的管制目标和管制强度，严格控制耕地转为林地、园地等其他类型农用地，强化土地流转用途监管，确保耕地数量不减少、质量有提高。实施新一轮高标准农田建设规划，提高建设标准和质量，健全管护机制，多渠道筹集建设资金，中央和地方共同加大粮食主产区高标准农田建设投入，2021年建设1亿亩旱涝保收、高产稳产高标准农田。在高标准农田建设中增加的耕地作为占补平衡补充耕地指标在省域内调剂，所得收益用于高标准农田建设。加强和改进建设占用耕地占补平衡管理，严格新增耕地核实认定和监管。健全耕地数量和质量监测监管机制，加强耕地保护督察和执法监督，开展“十三五”时期省级政府耕地保护责任目标考核。

（十）强化现代农业科技和物质装备支撑。实施大中型灌区续建配套和现代化改造。到2025年全部完成现有病险水库除险加固。坚持农业科技自立自强，完善农业科技领域基础研究稳定支持机制，深化体制改革，布局建设一批创新基地平台。深入开展乡村振兴科技支撑行动。支持高校为乡村振兴提供智力服务。加强农业科技社会化服务体系建设，深入推行科技特派员制度。打造国家热带农业科学中心。提高农机装备自主研制能力，支持高端智能、丘陵山区农机装备研发制造，加大购置补贴力度，开展农机作业补贴。强化动物防疫和农作物病虫害防治体系建设，提升防控能力。

（十一）构建现代乡村产业体系。依托乡村特色优势资源，打造农业全产业链，把产业链主体留在县城，让农民更多分享产业增值收益。加快健全现代农业全产业链标准体系，推动新型农业经营主体按标生产，培育农业龙头企业标准“领跑者”。立足县域布局特色农产品产地初加工和精深加工，建设现代农业产业园、农业产业强镇、优势特色产业集群。推进公益性农产品市场和农产品流通骨干网络建设。开发休闲农业和乡村旅游精品线路，完善配套设施。推进农村一二三产业融合发展示范园和科技示范园区建设。把农业现代化示范区作为推进农业现代化的重要抓手,围绕提高农业产业体系、生产体系、经营体系现代化水平,建立指标体系,加强资源整合、政策集成,以县(市、区)为单位开展创建,到2025年创建500个左右示范区,形成梯次推进农业现代化的格局。创建现代林业产业示范区。组织开展“万企兴万村”行动。稳步推进反映全产业链价值的农业及相关产业统计核算。

(十二)推进农业绿色发展。实施国家黑土地保护工程,推广保护性耕作模式。健全耕地休耕轮作制度。持续推进化肥农药减量增效,推广农作物病虫害绿色防控产品和技术。加强畜禽粪污资源化利用。全面实施秸秆综合利用和农膜、农药包装物回收行动,加强可降解农膜研发推广。在长江经济带、黄河流域建设一批农业面源污染综合治理示范县。支持国家农业绿色发展先行区建设。加强农产品质量和食品安全监管,发展绿色农产品、有机农产品和地理标志农产品,试行食用农产品达标合格证制度,推进国家农产品质量安全县创建。加强水生生物资源养护,推进以长江为重点的渔政执法能力建设,确保十年禁渔令有效落实,做好退捕渔民安置保障工作。发展节水农业和旱作农业。推进荒漠化、石漠化、坡耕地水土流失综合治理和土壤污染防治、重点区域地下水保护与超采治理。实施水系连通及农村水系综合整治,强化河湖长制。巩固退耕还林还草成果,完善政策、有序推进。实行林长制。科学开展大规模国土绿化行动。完善草原生态保护补助奖励政策,全面推进草原禁牧轮牧休牧,加强草原鼠害防治,稳步恢复草原生态环境。

(十三)推进现代农业经营体系建设。突出抓好家庭农场和农民合作社两类经营主体,鼓励发展多种形式适度规模经营。实施家庭农场培育计划,把农业规模经营户培育成有活力的家庭农场。推进农民合作社质量提升,加大对运行规范的农民合作社扶持力度。发展壮大农业专业化社会化服务组织,将先进适用的品种、投入品、技术、装备导入小农户。支持市场主体建设区域性农业全产业链综合服务中心。支持农业产业化龙头企业创新发展、做大做强。深化供销合作社综合改革,开展生产、供销、信用"三位一体"综合合作试点,健全服务农民生产生活综合平台。培育高素质农民,组织参加技能评价、学历教育,设立专门面向农民的技能大赛。吸引城市各方面人才到农村创业创新,参与乡村振兴和现代农业建设。

四、大力实施乡村建设行动

(十四)加快推进村庄规划工作。2021年基本完成县级国土空间规划编制,明确村庄布局分类。积极有序推进"多规合一"实用性村庄规划编制,对有条件、有需求的村庄尽快实现村庄规划全覆盖。对暂时没有编制规划的村庄,严格按照县乡两级国土空间规划中确定的用途管制和建设管理要求进行建设。编制村庄规划要立足现有基础,保留乡村特色风貌,不搞大拆大建。按照规划有序开展各项建设,严肃查处违规乱建行为。健全农房建设质量安全法律法规和监管体制,3年内完成安全隐患排查整治。完善建设标准和规范,提高农房设计水平和建设质量。继续实施农村危房改造和地震高烈度设防地区农房抗震改造。加强村庄风貌引导,保护传统村落、传统民居和历史文化名村名镇。加大农村地区文化遗产遗迹保护力度。乡村建设是为农民而建,要因地制宜、稳扎稳打,不刮风搞运动。严格规范村庄撤并,不得违背农民意愿、强迫农民上楼,把好事办好、把实事办实。

(十五)加强乡村公共基础设施建设。继续把公共基础设施建设的重点放在农村,着力推进往村覆盖、往户延伸。实施农村道路畅通工程。有序实施较大人口规模自然村(组)通硬化路。加强农村资源路、产业路、旅游路和村内主干道建设。推进农村公路建设项目更多向进村入户倾斜。继续通过中央车购税补助地方资金、成品油税费改革转移支付、地方政府债券等渠道,按规定支持农村道路发展。继续开展"四好农村路"示范创建。全面实施路长制。开展城乡交通一体化示范创建工作。加强农村道路桥梁安全隐患排查,落实管养主体责任。强化农村道路交通安全监管。实施农村供水保障工程。加强中小型水库等稳定水源工程建设和水源保护,实施规模化供水工程建设和小型工程标准化改造,有条件的地区推进城乡供水一体化,到2025年农村自来水普及率达到88%。完善农村水价水费形成机制和工程长效运营机制。实施乡村清洁能源建设工程。加大农村电网建设力度,全面巩固提升农村电力保障水平。推进燃气下乡,支持建设安全可靠的乡村储气罐站和微管网供气系统。发展农村生物质能源。加强煤炭清洁化利用。实施数字乡村建设发展工程。推动农村千兆光网、第五代移动通信(5G)、移动物联网与城市同步规划建设。完善电信普遍服务补偿机制,支持农村及偏远地区信息通信基础设施建设。加快建设农业农村遥感卫星等天基设施。发展智慧农业,建立农业农村大数据体系,推动新一代信息技术与农业生产经营深度融合。完善农业气象综合监测网络,提升农业气象灾害防范能力。加强乡村公共服务、社会治理等数字化智能化建设。实施村级综合服务设施提升工程。加强村级客运站点、文化体育、公共照明等服务设施建设。

(十六)实施农村人居环境整治提升五年行动。分类有序推进农村厕所革命,加快研发干旱、寒冷地区卫生厕所适用技术和产品,加强中西部地区农村户用厕所改造。统筹农村改厕和污水、黑臭水体治理,因地制宜建设污水处理设施。健全农村生活垃圾收运处置体系,推进源头分类减量、资源化处理利用,建设一批有机废弃物综合处置利用设施。健全农村人居环境设施管护机制。有条件的地区推广城乡环卫一体化第三方治理。深入推进村庄清洁和绿化行动。开展美丽宜居村庄和美丽庭院示范创建活动。

(十七)提升农村基本公共服务水平。建立城乡公共资源均衡配置机制,强化农村基本公共服务供给县乡村统筹,逐步实现标准统一、制度并轨。提高农村教育质量,多渠道增加农村普惠性学前教育资源供给,继续改善乡镇寄宿制学校办学条件,保留并办好必要的乡村小规模学校,在县城和中心镇新建改扩建一批高中和中等职业学校。完善农村特殊教育保障机制。推进县域内义务教育学校校长教师交流轮岗，支持建设城乡学校共同体。面向农民就业创业需求，发展职业技术教育与技能培训，建设一批产教融合基地。开展耕读教育。加快发展面向乡村的网络教育。加大涉农高校、涉农职业院校、涉农学科专业建设力度。全面推进健康乡村建设，提升村卫生室标准化建设和健康管理水平，推动乡村医生向执业（助理）医师转变，采取派驻、巡诊等方式提高基层卫生服务水平。提升乡镇卫生院医疗服务能力，选建一批中心卫生院。加强县级医院建设，持续提升县级疾控机构应对重大疫情及突发公共卫生事件能力。加强县域紧密型医共体建设，实行医保总额预算管理。加强妇幼、老年人、残疾人等重点人群健康服务。健全统筹城乡的就业政策和服务体系，推动公共就业服务机构向乡村延伸。深入实施新生代农民工职业技能提升计划。完善统一的城乡居民基本医疗保险制度，合理提高政府补助标准和个人缴费标准，健全重大疾病医疗保险和救助制度。落实城乡居民基本养老保险待遇确定和正常调整机制。推进城乡低保制度统筹发展，逐步提高特困人员供养服务质量。加强对农村留守儿童和妇女、老年人以及困境儿童的关爱服务。健全县乡村衔接的三级养老服务网络，推动村级幸福院、日间照料中心等养老服务设施建设，发展农村普惠型养老服务和互助性养老。推进农村公益性殡葬设施建设。推进城乡公共文化服务体系一体建设，创新实施文化惠民工程。

（十八）全面促进农村消费。加快完善县乡村三级农村物流体系，改造提升农村寄递物流基础设施，深入推进电子商务进农村和农产品出村进城，推动城乡生产与消费有效对接。促进农村居民耐用消费品更新换代。加快实施农产品仓储保鲜冷链物流设施建设工程，推进田头小型仓储保鲜冷链设施、产地低温直销配送中心、国家骨干冷链物流基地建设。完善农村生活性服务业支持政策，发展线上线下相结合的服务网点，推动便利化、精细化、品质化发展，满足农村居民消费升级需要，吸引城市居民下乡消费。

（十九）加快县域内城乡融合发展。推进以人为核心的新型城镇化，促进大中小城市和小城镇协调发展。把县域作为城乡融合发展的重要切入点，强化统筹谋划和顶层设计，破除城乡分割的体制弊端，加快打通城乡要素平等交换、双向流动的制度性通道。统筹县域产业、基础设施、公共服务、基本农田、生态保护、城镇开发、村落分布等空间布局，强化县城综合服务能力，把乡镇建设成为服务农民的区域中心，实现县乡村功能衔接互补。壮大县域经济，承接适宜产业转移，培育支柱产业。加快小城镇发展，完善基础设施和公共服务，发挥小城镇连接城市、服务乡村作用。推进以县城为重要载体的城镇化建设，有条件的地区按照小城市标准建设县城。积极推进扩权强镇，规划建设一批重点镇。开展乡村全域土地综合整治试点。推动在县域就业的农民工就地市民化，增加适应进城农民刚性需求的住房供给。鼓励地方建设返乡入乡创业园和孵化实训基地。

（二十）强化农业农村优先发展投入保障。继续把农业农村作为一般公共预算优先保障领域。中央预算内投资进一步向农业农村倾斜。制定落实提高土地出让收益用于农业农村比例考核办法，确保按规定提高用于农业农村的比例。各地区各部门要进一步完善涉农资金统筹整合长效机制。支持地方政府发行一般债券和专项债券用于现代农业设施建设和乡村建设行动，制定出台操作指引，做好高质量项目储备工作。发挥财政投入引领作用，支持以市场化方式设立乡村振兴基金，撬动金融资本、社会力量参与，重点支持乡村产业发展。坚持为农服务宗旨，持续深化农村金融改革。运用支农支小再贷款、再贴现等政策工具，实施最优惠的存款准备金率，加大对机构法人在县域、业务在县域的金融机构的支持力度，推动农村金融机构回归本源。鼓励银行业金融机构建立服务乡村振兴的内设机构。明确地方政府监管和风险处置责任，稳妥规范开展农民合作社内部信用合作试点。保持农村信用合作社等县域农村金融机构法人地位和数量总体稳定，做好监督管理、风险化解、深化改革工作。完善涉农金融机构治理结构和内控机制，强化金融监管部门的监管责任。支持市县构建域内共享的涉农信用信息数据库，用 3 年时间基本建成比较完善的新型农业经营主体信用体系。

发展农村数字普惠金融。大力开展农户小额信用贷款、保单质押贷款、农机具和大棚设施抵押贷款业务。鼓励开发专属金融产品支持新型农业经营主体和农村新产业新业态,增加首贷、信用贷。加大对农业农村基础设施投融资的中长期信贷支持。加强对农业信贷担保放大倍数的量化考核,提高农业信贷担保规模。将地方优势特色农产品保险以奖代补做法逐步扩大到全国。健全农业再保险制度。发挥“保险+期货”在服务乡村产业发展中的作用。

(二十一)深入推进农村改革。完善农村产权制度和要素市场化配置机制,充分激发农村发展内生动力。坚持农村土地农民集体所有制不动摇,坚持家庭承包经营基础性地位不动摇,有序开展第二轮土地承包到期后再延长30年试点,保持农村土地承包关系稳定并长久不变,健全土地经营权流转服务体系。积极探索实施农村集体经营性建设用地入市制度。完善盘活农村存量建设用地政策,实行负面清单管理,优先保障乡村产业发展、乡村建设用地。根据乡村休闲观光等产业分散布局的实际需要,探索灵活多样的供地新方式。加强宅基地管理,稳慎推进农村宅基地制度改革试点,探索宅基地所有权、资格权、使用权分置有效实现形式。规范开展房地一体宅基地日常登记颁证工作。规范开展城乡建设用地增减挂钩,完善审批实施程序、节余指标调剂及收益分配机制。2021年基本完成农村集体产权制度改革阶段性任务,发展壮大新型农村集体经济。保障进城落户农民土地承包权、宅基地使用权、集体收益分配权,研究制定依法自愿有偿转让的具体办法。加强农村产权流转交易和管理信息网络平台建设,提供综合性交易服务。加快农业综合行政执法信息化建设。深入推进农业水价综合改革。继续深化农村集体林权制度改革。

五、加强党对“三农”工作的全面领导

(二十二)强化五级书记抓乡村振兴的工作机制。全面推进乡村振兴的深度、广度、难度都不亚于脱贫攻坚,必须采取更有力的举措,汇聚更强大的力量。要深入贯彻落实《中国共产党农村工作条例》,健全中央统筹、省负总责、市县乡抓落实的农村工作领导体制，将脱贫攻坚工作中形成的组织推动、要素保障、政策支持、协作帮扶、考核督导等工作机制，根据实际需要运用到推进乡村振兴，建立健全上下贯通、精准施策、一抓到底的乡村振兴工作体系。省、市、县级党委要定期研究乡村振兴工作。县委书记应当把主要精力放在“三农”工作上。建立乡村振兴联系点制度，省、市、县级党委和政府负责同志都要确定联系点。开展县乡村三级党组织书记乡村振兴轮训。加强党对乡村人才工作的领导，将乡村人才振兴纳入党委人才工作总体部署，健全适合乡村特点的人才培养机制，强化人才服务乡村激励约束。加快建设政治过硬、本领过硬、作风过硬的乡村振兴干部队伍，选派优秀干部到乡村振兴一线岗位，把乡村振兴作为培养锻炼干部的广阔舞台，对在艰苦地区、关键岗位工作表现突出的干部优先重用。

（二十三）加强党委农村工作领导小组和工作机构建设。充分发挥各级党委农村工作领导小组牵头抓总、统筹协调作用，成员单位出台重要涉农政策要征求党委农村工作领导小组意见并进行备案。各地要围绕“五大振兴”目标任务，设立由党委和政府负责同志领导的专项小组或工作专班，建立落实台账，压实工作责任。强化党委农村工作领导小组办公室决策参谋、统筹协调、政策指导、推动落实、督促检查等职能，每年分解“三农”工作重点任务，落实到各责任部门，定期调度工作进展。加强党委农村工作领导小组办公室机构设置和人员配置。

（二十四）加强党的农村基层组织建设和乡村治理。充分发挥农村基层党组织领导作用，持续抓党建促乡村振兴。有序开展乡镇、村集中换届，选优配强乡镇领导班子、村“两委”成员特别是村党组织书记。在有条件的地方积极推行村党组织书记通过法定程序担任村民委员会主任，因地制宜、不搞“一刀切”。与换届同步选优配强村务监督委员会成员，基层纪检监察组织加强与村务监督委员会的沟通协作、有效衔接。坚决惩治侵害农民利益的腐败行为。坚持和完善向重点乡村选派驻村第一书记和工作队制度。加大在优秀农村青年中发展党员力度，加强对农村基层干部激励关怀，提高工资补助待遇，改善工作生活条件，切实帮助解决实际困难。推进村委会规范化建设和村务公开“阳光工程”。开展乡村治理试点示范创建工作。创建民主法治示范村,培育农村学法用法示范户。加强乡村人民调解组织队伍建设,推动就地化解矛盾纠纷。深入推进平安乡村建设。建立健全农村地区扫黑除恶常态化机制。加强县乡村应急管理和消防安全体系建设,做好对自然灾害、公共卫生、安全隐患等重大事件的风险评估、监测预警、应急处置。

(二十五)加强新时代农村精神文明建设。弘扬和践行社会主义核心价值观,以农民群众喜闻乐见的方式,深入开展习近平新时代中国特色社会主义思想学习教育。拓展新时代文明实践中心建设,深化群众性精神文明创建活动。建强用好县级融媒体中心。在乡村深入开展“听党话、感党恩、跟党走”宣讲活动。深入挖掘、继承创新优秀传统乡土文化,把保护传承和开发利用结合起来,赋予中华农耕文明新的时代内涵。持续推进农村移风易俗,推广积分制、道德评议会、红白理事会等做法,加大高价彩礼、人情攀比、厚葬薄养、铺张浪费、封建迷信等不良风气治理,推动形成文明乡风、良好家风、淳朴民风。加大对农村非法宗教活动和境外渗透活动的打击力度,依法制止利用宗教干预农村公共事务。办好中国农民丰收节。

(二十六)健全乡村振兴考核落实机制。各省(自治区、直辖市)党委和政府每年向党中央、国务院报告实施乡村振兴战略进展情况。对市县党政领导班子和领导干部开展乡村振兴实绩考核,纳入党政领导班子和领导干部综合考核评价内容,加强考核结果应用,注重提拔使用乡村振兴实绩突出的市县党政领导干部。对考核排名落后、履职不力的市县党委和政府主要负责同志进行约谈,建立常态化约谈机制。将巩固拓展脱贫攻坚成果纳入乡村振兴考核。强化乡村振兴督查,创新完善督查方式,及时发现和解决存在的问题,推动政策举措落实落地。持续纠治形式主义、官僚主义,将减轻村级组织不合理负担纳入中央基层减负督查重点内容。坚持实事求是、依法行政,把握好农村各项工作的时度效。加强乡村振兴宣传工作，在全社会营造共同推进乡村振兴的浓厚氛围。

让我们紧密团结在以习近平同志为核心的党中央周围，开拓进取，真抓实干，全面推进乡村振兴，加快农业农村现代化，努力开创“三农”工作新局面，为全面建设社会主义现代化国家、实现第二个百年奋斗目标作出新的贡献！

文化和旅游部、教育部、自然资源部、农业农村部、国家乡村振兴局、国家开发银行关于推动文化产业赋能乡村振兴的意见

（文旅产业发〔2022〕33号）

为全面贯彻乡村振兴战略，落实《中共中央　国务院关于做好2022年全面推进乡村振兴重点工作的意见》提出的“启动实施文化产业赋能乡村振兴计划”，以文化产业赋能乡村经济社会发展，制定本意见。

一、总体要求

（一）指导思想

以习近平新时代中国特色社会主义思想为指导，全面系统学习贯彻习近平总书记关于“三农”工作的重要论述，全面贯彻党的十九大和十九届历次全会精神，准确把握乡村振兴战略的科学内涵，围绕立足新发展阶段、贯彻新发展理念、构建新发展格局、推动高质量发展，实现巩固拓展脱贫攻坚成果同乡村振兴有效衔接，促进共同富裕，牢牢守住保障国家粮食安全和不发生规模性返贫两条底线，强化以城带乡、城乡互促，以文化产业赋能乡村人文资源和自然资源保护利

用,促进一二三产业融合发展,贯通产加销、融合农文旅,传承发展农耕文明,激发优秀传统乡土文化活力,助力实现乡村产业兴旺、生态宜居、乡风文明、治理有效、生活富裕,为全面推进乡村振兴、加快农业农村现代化作出积极贡献。

(二)基本原则

文化引领、产业带动。以社会主义核心价值观为引领,统筹优秀传统乡土文化保护传承和创新发展,充分发挥文化赋能作用,推动文化产业人才、资金、项目、消费下乡,促进创意、设计、音乐、美术、动漫、科技等融入乡村经济社会发展,挖掘提升乡村人文价值,增强乡村审美韵味,丰富农民精神文化生活,推动人的全面发展,焕发乡村文明新气象,培育乡村发展新动能。

农民主体、多方参与。充分尊重农民意愿,切实调动农民的积极性主动性创造性,把维护农民根本利益、促进农民共同富裕作为出发点和落脚点,鼓励各方力量广泛参与,加强对乡村本土文化人才的培育和支持,建立有效利益联结机制,不断提升农民的获得感和幸福感。

政府引导、市场运作。强化政府引导、扶持和服务职能,制定有效政策措施,充分发挥市场机制作用,调动市场主体积极性,以重点产业项目为载体,促进资源要素更多向乡村流动,增强农业农村发展活力。

科学规划、特色发展。立足各地资源禀赋和区域功能定位,因地制宜、有序推进,提升规划水平、设计品质、建设标准,防止盲目投入和低水平、同质化建设,避免大拆大建、拆真建假,保护好村落传统风貌,推动乡村经济社会更高质量、更可持续发展。

(三)发展目标

到2025年,文化产业赋能乡村振兴的有效机制基本建立,汇聚和培育一批积极参与文化产业赋能乡村振兴的企业、机构和人才,推动实施一批具有较强带动作用的文化产业赋能乡村振兴重点项目,形成一批具有市场竞争力的特色文化产业品牌,建成一批特色鲜明、优势突出的文化产业特色乡镇、特色村落,推出若干具有国际影响力的文化产业赋能乡村振兴典型范例。优秀传统乡土文化得到有效激活，乡村文化业态丰富发展，乡村人文资源和自然资源得到有效保护和利用，乡村一二三产业有机融合，文化产业对乡村经济社会发展的综合带动作用更加显著，对乡村文化振兴的支撑作用更加突出。

二、重点领域

（一）创意设计赋能。引导创意设计企业、平台、工作室及设计师向乡村拓展业务、落地经营，为乡村集体经济组织和各类企业、农民合作社、农户等提供创意设计服务。鼓励创意设计、规划建筑、园林景观等单位积极参与乡村建设，建设各具特色的美丽乡村、美丽庭院，创造宜业宜居宜乐宜游的良好环境。鼓励高校艺术、设计类专业结合教学、科研和社会实践，为乡村建设提供创意设计支持。大力发展创意农业，加强农产品包装、设计和营销，提升农业品牌知名度和农产品文化附加值。鼓励发展特色农业，挖掘特色种植业、林业、畜牧业等文化内涵。

（二）演出产业赋能。依托演出企业、演出团体、艺术院校等机构，充分挖掘地方特色资源，帮助和指导乡村开发演出项目，培养乡村文艺演出队伍，发展提升乡村舞蹈、戏剧、曲艺、游艺、杂技等业态。鼓励依托乡村传统演出团体及其骨干人员，积极开发武术、舞龙、舞狮、锣鼓等特色民俗表演项目。因地制宜发展中小型、主题性、特色类旅游演出项目。

（三）音乐产业赋能。鼓励音乐工作者、音乐企业、音乐院校、音乐类行业组织等深入乡村采风、展演和对接帮扶，加强对乡村传统音乐的创编、提升，创作一批形式多样、内容健康的音乐作品。加强民族民间传统音乐的收集整理和活化利用。提升乐器制造业专业化、品牌化水平，推动乐器生产向乐器文化拓展，鼓励发展音乐培训、互动体验等复合型业态。鼓励有条件的地方发展音乐节、音乐会、音乐园区（基地）等特色项目，打造音乐主题特色文化乡村。

（四）美术产业赋能。发挥美术工作者引领带动作用，支持有条件的地方依托乡土文化传统，突出地方特色，发展壮大、巩固提升美术产业。鼓励各级美术院校、画院、美术馆在具备条件的乡村设立写生创作和展示基地，支持打造乡村摄影基地，提升乡村地区美术产业专业化水平。加大人才培训和扶持力度，把引进外来人才和培养本地人才结合起来，提升农民画师、雕塑师等人才的创作水平。加强乡村美学普及和教育，提升审美水平和人文素养，让欣赏美、追求美、塑造美成为乡村文明新风尚。推动更多美术元素、艺术元素应用到乡村规划建设，鼓励兴办特色书店、剧场、博物馆、美术馆、图书馆、文创馆。

(五)手工艺赋能。实施中国传统工艺振兴计划，推动传统工艺在现代生活中广泛应用。鼓励非物质文化遗产传承人、设计师、艺术家等参与乡村手工艺创作生产，加强各民族优秀传统手工艺保护和传承，促进合理利用，带动农民结合实际开展手工艺创作生产，推动纺染织绣、金属锻造、传统建筑营造等传统工艺实现创造性转化和创新性发展。推动手工艺特色化、品牌化发展，培育形成具有民族、地域特色的传统工艺产品和品牌，鼓励多渠道、多形式进行品牌合作，提升经济附加值。充分运用现代创意设计、科技手段和时尚元素提升手工艺发展水平，推动手工艺创意产品开发。

(六)数字文化赋能。鼓励数字文化企业发挥平台和技术优势，创作传播展现乡村特色文化、民间技艺、乡土风貌、田园风光、生产生活等方面的数字文化产品，规划开发线下沉浸式体验项目，带动乡村文化传播、展示和消费。充分运用动漫、游戏、数字艺术、知识服务、网络文学、网络表演、网络视频等产业形态，挖掘活化乡村优秀传统文化资源，打造独具当地特色的主题形象，带动地域宣传推广、文创产品开发、农产品品牌形象塑造。推广社交电商、直播卖货等销售模式，促进特色农产品销售。

(七)其他文化产业赋能。鼓励各地结合文化资源禀赋和文化产业发展特点，培育打造地方特色鲜明、文化内涵突出、一二三产业有机融合的文化业态。支持特色产业发展，传承弘扬茶、中医药、美食等特色文化，开发适合大众康养、休闲、体验的文化和旅游产品。推进特色文化制造业发展，积极开发传统文化节日用品、特色文化产品。鼓励各地发掘乡村传统节庆、赛事和农事节气，结合中国农民丰收节、"村晚"、"乡村文化周"、"非遗购物节"等活动，因地制宜培育地方特色节庆会展活动。研究推动优秀农业文化展示区建设，鼓励和支持文化工作者深入中国重要农业文化遗产地，挖掘农耕文化中蕴含的优秀思想观念、人文精神、道德规范，不断深化优秀农耕文化的传承、保护和利用。鼓励有条件的地方引入艺术机构，以市场化方式运营具有乡土文化特色的艺术节展。

（八）文旅融合赋能。坚持以文塑旅、以旅彰文，推动创意设计、演出、节庆会展等业态与乡村旅游深度融合，促进文化消费与旅游消费有机结合，培育文旅融合新业态新模式。实施乡村旅游艺术提升计划行动，设计开发具有文化特色的乡村旅游产品，提升乡村旅游体验性和互动性。推动非物质文化遗产融入乡村旅游各环节，支持利用非遗工坊、传承体验中心等场所，培育一批乡村非物质文化遗产旅游体验基地。支持有条件的中国重要农业文化遗产地建设农耕文化体验场所，弘扬优秀农耕文化。鼓励各地加强"中国民间文化艺术之乡"建设，塑造"一乡一品""一乡一艺""一乡一景"特色品牌，形成具有区域影响力的乡村文化名片，提升乡村文化建设品质，充分开发民间文化艺术研学游、体验游等产品和线路。全面推进"创意下乡"，有效提升旅游商品开发水平和市场价值。

三、政策举措

（一）培育壮大市场主体。支持各地培育和引进骨干文化企业，扶持乡村小微文化企业和工作室、个体创作者等发展，鼓励其他行业企业和民间资本通过多种形式投资乡村文化产业。推广"公司＋农户"经营模式，鼓励各类农民合作社、协作体和产业联盟在整合资源、搭建平台等方面发挥积极作用。推动建立完善农民入股、保底收益、按股分红等多种利益联结机制，通过"资源变资产、资金变股金、农民变股东"，让农民更多分享产业增值收益。建立文化产业赋能乡村振兴企业库。支持积极参与文化产业赋能乡村振兴的企业申报国家文化产业示范基地。

（二）建立汇聚各方人才的有效机制。各级文化和旅游行政部门要制定政策举措，建立有效机制，引导文化产业从业人员、企业家、文化工作者、文化志愿者、开办艺术类专业的院校师生等深入乡村对接帮扶和投资兴业，带动文化下乡、资本下乡、产业下乡。鼓励各地结合实际，探索实施文化产业特派员制度，建设文化产业赋能乡村振兴人才库。实施文化和旅游创客行动，营造良好创新创业环境，支持文化和旅游从业者、相关院校毕业生、返乡创业人员、乡土人才等创新创业。注重发挥乡村文化和旅游能人、产业带头人、非物质文化遗产代表性传承人、工艺美术师、民间艺人等领头作用，挖掘培养乡土文化人才，培育新型职业农民队伍。鼓励普通高等学校、职业学校、研究机构在乡村设立文化和旅游类实习实践实训基地。

（三）加强项目建设和金融支持。按照自愿申报、动态管理、重点扶持的原则，遴选一批文化产业赋能乡村振兴重点项目，加大支持和服务力度，促进项目落地实施。国家开发银行在符合国家政策法规、信贷政策并遵循市场化运作的前提下，按照“保本微利”的原则，对乡村文化和旅游项目提供包括长周期、低成本资金在内的综合性优质金融服务支持。鼓励金融机构因地制宜、创新产品，通过上门签约、灵活担保、主动让利等多种方式，为乡村文化和旅游经营主体提供信贷支持。引导各类投资机构投资乡村文化和旅游项目。鼓励保险机构开展针对乡村文化和旅游项目的保险业务。

（四）统筹规划发展和资源保护利用。统筹县域城镇和村庄规划建设，通盘考虑土地利用、历史文化传承、产业发展、人居环境整治和生态保护，严禁违规占用耕地和违背自然规律绿化造林、挖湖造景，严格限制林区耕地湿地等占用和过度开发，加强自然环境、传统格局、建筑风貌等方面管控，注重生态优先、有序开发，合理规划布局乡村文化和旅游发展空间。在有效保护的基础上，探索乡村文化遗产资源合理利用的有效机制。将非物质文化遗产保护与美丽乡村建设、农耕文化保护相结合，充分发挥非物质文化遗产代表性项目和代表性传承人作用，合理利用非物质文化遗产资源。鼓励有条件的地方将文化和旅游用地纳入国土空间规划和年度用地计划,在完善审批程序、严格用途管理的前提下,加大对文化产业赋能乡村振兴相关重点设施、项目的用地支持。鼓励通过开展城乡建设用地增减挂钩和工矿废弃地再利用的方式建设文化产业赋能乡村振兴项目。文化和旅游项目中,属于永久性设施建设用地的,依法按建设用地管理;属于自然景观用地及农牧渔业种植、养殖用地的,不改变原用地用途的,不征收(收回)、不转用。结合文化产业赋能乡村振兴项目的业态特点,探索农村一二三产业融合发展用地新方式,依法办理农用地转用和土地征收手续。在村庄建设边界外,办理用地审批手续时,除依法应当以招标拍卖挂牌等方式公开出让的土地外,可将建设用地批准和规划许可手续合并办理,核发规划许可证书,并申请办理不动产登记。按照国家统一部署,探索支持企业和个人通过农村集体经营性建设用地入市的渠道,以出让、出租等方式使用集体建设用地从事文化和旅游经营活动。鼓励乡村文化和旅游项目经营实行长期租赁或先租后让。在符合国土空间规划前提下,鼓励对依法登记的宅基地等农村建设用地进行复合利用,发展乡村民宿、民俗体验、文化创意等业态。

四、组织实施

地方各级文化和旅游、教育、自然资源、农业农村、乡村振兴部门和国家开发银行各级机构要按照本意见要求,根据本地区实际情况,在当地党委政府统一领导下,加强部门协同,协调各方力量,统筹各类资源,加大支持力度,扎实推进文化产业赋能乡村振兴工作。东部地区文化和旅游行政部门要在东西部协作工作框架下,引导文化和旅游企业到西部地区开展投资合作,助力西部地区乡村振兴。文化和旅游部会同相关部门遴选一批文化产业赋能乡村振兴试点县(市、区),充分发挥县域统筹规划、资源配置作用,探索体制机制创新,总结经验做法,形成可复制、可推广的典型示范。加大在国际舞台宣传力度,对外讲好中国文化产业赋能乡村振兴故事。鼓励各地因地制宜开展文化产业特色乡镇、特色村落建设。鼓励文化和旅游领域智库、研究机构、行业协会及各类公益组织、公益基金等积极参与文化产业赋能乡村振兴工作。各地文化和旅游行政部门要与相关部门紧密配合,做好协调、推进、总结、评估等工作。

中国共产党农村工作条例

(2019年6月24日中共中央政治局会议审议批准
2019年8月19日中共中央发布)

第一章　总　　则

第一条　为了坚持和加强党对农村工作的全面领导,贯彻党的基本理论、基本路线、基本方略,深入实施乡村振兴战略,提高新时代党全面领导农村工作的能力和水平,根据《中国共产党章程》,制定本条例。

第二条　党的农村工作必须高举中国特色社会主义伟大旗帜,坚持以马克思列宁主义、毛泽东思想、邓小平理论、"三个代表"重要思想、科学发展观、习近平新时代中国特色社会主义思想为指导,增强政治意识、大局意识、核心意识、看齐意识,坚定道路自信、理论自信、制度自信、文化自信,坚决维护习近平总书记党中央的核心、全党的核心地位,坚决维护党中央权威和集中统一领导,紧紧围绕统筹推进"五位一体"总体布局和协调推进"四个全面"战略布局,坚持稳中求进工作总基调,贯彻新发展理念,落实高质量发展要求,以实施乡村振兴战略为总抓手,健全党领导农村工作的组织体系、制度体系和工作机制,加快推进乡村治理体系和治理能力现代化,加快推进农业农村现代化,让广大农民过上更加美好的生活。

第三条 农业农村农民(以下简称“三农”)问题是关系国计民生的根本性问题。坚持把解决好“三农”问题作为全党工作重中之重,把解决好吃饭问题作为治国安邦的头等大事,坚持农业农村优先发展,坚持多予少取放活,推动城乡融合发展,集中精力做好脱贫攻坚、防贫减贫工作,走共同富裕道路。

第四条 党的农村工作必须遵循以下原则:

(一)坚持党对农村工作的全面领导,确保党在农村工作中总揽全局、协调各方,保证农村改革发展沿着正确的方向前进;

(二)坚持以人民为中心,尊重农民主体地位和首创精神,切实保障农民物质利益和民主权利,把农民拥护不拥护、支持不支持作为制定党的农村政策的依据;

(三)坚持巩固和完善农村基本经营制度,夯实党的农村政策基石;

(四)坚持走中国特色社会主义乡村振兴道路,推进乡村产业振兴、人才振兴、文化振兴、生态振兴、组织振兴;

(五)坚持教育引导农民听党话、感党恩、跟党走,把农民群众紧紧团结在党的周围,筑牢党在农村的执政基础;

(六)坚持一切从实际出发,分类指导、循序渐进,不搞强迫命令、不刮风、不一刀切。

第二章 组织领导

第五条 实行中央统筹、省负总责、市县乡抓落实的农村工作领导体制。

第六条 党中央全面领导农村工作,统一制定农村工作大政方针,统一谋划农村发展重大战略,统一部署农村重大改革。党中央定期研究农村工作,每年召开农村工作会议,根据形势任务研究部署农村工作,制定出台指导农村工作的文件。

第七条 党中央设立中央农村工作领导小组，在中央政治局及其常务委员会的领导下开展工作，对党中央负责，向党中央和总书记请示报告工作。

中央农村工作领导小组发挥农村工作牵头抓总、统筹协调等作用，定期分析农村经济社会形势，研究协调“三农”重大问题，督促落实党中央关于农村工作重要决策部署。

中央农村工作领导小组各成员单位应当加强对本单位本系统农村工作的领导，落实职责任务，加强部门协同，形成农村工作合力。

中央农村工作领导小组下设办公室，承担中央农村工作领导小组日常事务。

第八条 省(自治区、直辖市)党委应当定期研究本地区农村工作，定期听取农村工作汇报，决策农村工作重大事项，召开农村工作会议，制定出台农村工作政策举措，抓好重点任务分工、重大项目实施、重要资源配置等工作。

第九条 市(地、州、盟)党委应当把农村工作摆上重要议事日程，做好上下衔接、域内协调、督促检查工作，发挥好以市带县作用。

第十条 县(市、区、旗)党委处于党的农村工作前沿阵地，应当结合本地区实际，制定具体管用的工作措施，建立健全职责清晰的责任体系，贯彻落实党中央以及上级党委关于农村工作的要求和决策部署。县委书记应当把主要精力放在农村工作上，深入基层调查研究，加强统筹谋划，狠抓工作落实。

第十一条 县级以上地方党委应当设立农村工作领导小组，省市级农村工作领导小组一般由同级党委副书记任组长，县级农村工作领导小组由县委书记任组长，其成员由党委和政府有关负责人以及相关部门主要负责人组成。

第十二条 加强各级党委农村工作部门建设，做好机构设置和人员配置工作。各级党委农村工作部门履行决策参谋、统筹协调、政策指导、推动落实、督导检查等职能。

第十三条 各级党委应当完善农村工作领导决策机制，注重发挥人大代表和政协委员作用,注重发挥智库和专业研究机构作用,提高决策科学化水平。

第三章 主要任务

第十四条 加强党对农村经济建设的领导。巩固和加强农业基础地位,实施藏粮于地、藏粮于技战略,严守耕地红线,确保谷物基本自给、口粮绝对安全。深化农业供给侧结构性改革,构建现代农业产业体系、生产体系、经营体系,促进农村一二三产业融合发展,发展壮大农村集体经济,促进农民持续增收致富。坚决打赢脱贫攻坚战,巩固和扩大脱贫攻坚成果。

第十五条 加强党对农村社会主义民主政治建设的领导。完善基层民主制度,深化村民自治实践,健全村党组织领导的充满活力的村民自治机制,丰富基层民主协商形式,保证农民依法实行民主选举、民主协商、民主决策、民主管理、民主监督。严厉打击农村黑恶势力、宗族恶势力,严厉打击各类违法犯罪,严厉打击暴力恐怖活动,保障人民生命财产安全,促进农村社会公平正义。坚决取缔各类非法宗教传播活动,巩固农村基层政权。

第十六条 加强党对农村社会主义精神文明建设的领导。培育和践行社会主义核心价值观,在农民群众中深入开展中国特色社会主义、习近平新时代中国特色社会主义思想宣传教育,建好用好新时代文明实践中心。加强农村思想道德建设,传承发展提升农村优秀传统文化,推进移风易俗。加强农村思想政治工作,广泛开展民主法治教育。深入开展农村群众性精神文明创建活动,丰富农民精神文化生活,提高农民科学文化素质和乡村社会文明程度。

第十七条 加强党对农村社会建设的领导。坚持保障和改善农村民生,大力发展教育、医疗卫生、养老、文化体育、社会保障等农村社会事业,加快改善农村公共基础设施和基本公共服务条件,提升农民生活质量。建立健全党委领导、政府负责、社会协同、公众参与、法治保障、科技支撑的现代乡村社会治理体制,健全党组织领导下的自治、法治、德治相结合的乡村治理体系，建设充满活力、和谐有序的乡村社会。

第十八条 加强党对农村生态文明建设的领导。牢固树立和践行绿水青山就是金山银山的发展理念，统筹山水林田湖草系统治理，促进农业绿色发展，加强农村生态环境保护，改善农村人居环境，建设生态宜居美丽乡村。

第十九条 加强农村党的建设。以提升组织力为重点，突出政治功能，把农村基层党组织建设成为宣传党的主张、贯彻党的决定、领导基层治理、团结动员群众、推动改革发展的坚强战斗堡垒，发挥党员先锋模范作用。坚持农村基层党组织领导地位不动摇，乡镇党委和村党组织全面领导乡镇、村的各类组织和各项工作。村党组织书记应当通过法定程序担任村民委员会主任和村级集体经济组织、合作经济组织负责人，推行村“两委”班子成员交叉任职。加强村党组织对共青团、妇联等群团组织的领导，发挥它们的积极作用。健全村党组织领导下的议事决策机制、监督机制，建立健全村务监督委员会，村级重大事项决策实行“四议两公开”。各级党委特别是县级党委应当认真履行农村基层党建主体责任，坚持抓乡促村，选优配强村党组织书记，整顿软弱涣散村党组织，加强党内激励关怀帮扶，健全以财政投入为主的稳定的村级组织运转经费保障制度，持续加强基本队伍、基本活动、基本阵地、基本制度、基本保障建设。

各级党委应当推动全面从严治党向基层延伸，深入推进农村党风廉政建设，加强农村纪检监察工作，把落实农村政策情况作为巡视巡察重要内容，建立健全农村权力运行监督制度，持续整治侵害农民利益的不正之风和群众身边的腐败问题。

第四章 队伍建设

第二十条 各级党委应当把懂农业、爱农村、爱农民作为基本要求，加强农村工作队伍建设。

各级党委和政府主要负责人应当懂“三农”、会抓“三农”，分管负责人应当成为抓“三农”的行家里手。加强农村工作干部队伍的培养、配备、管理、使用，健全培养锻炼制度，选派优秀干部到县乡挂职任职、到村担任第一书记，把到农村一线工作锻炼、干事创业作为培养干部的重要途径，注重提拔使用实绩优秀的农村工作干部。

农村工作干部应当增强做群众工作的本领，改进工作作风，深入基层，认真倾听农民群众呼声，不断增进与农民群众的感情，坚决反对“四风”特别是形式主义、官僚主义。

第二十一条 各级党委应当加强农村人才队伍建设。建立县域专业人才统筹使用制度和农村人才定向委托培养制度。大力提高乡村教师、医生队伍素质。加强农业科技人才队伍和技术推广队伍建设。培养一支有文化、懂技术、善经营、会管理的高素质农民队伍，造就更多乡土人才。

第二十二条 各级党委应当发挥工会、共青团、妇联、科协、残联、计生协等群团组织的优势和力量，发挥各民主党派、工商联、无党派人士等积极作用，支持引导农村社会工作和志愿服务发展，鼓励社会各界投身乡村振兴。

第五章 保障措施

第二十三条 各级党委应当注重发挥改革对农业农村发展的推动作用。以处理好农民和土地的关系为主线推动深化农村改革，坚持农村土地农民集体所有，坚持家庭经营基础性地位，坚持保持土地承包关系稳定并长久不变，健全符合社会主义市场经济要求的农村经济体制，把实现好、维护好、发展好广大农民的根本利益作为出发点和落脚点，与时俱进推动“三农”理论创新、实践创新、制度创新，调动亿万农民的积极性、主动性、创造性，不断解放和发展农村社会生产力。

第二十四条 各级党委应当注重发挥投入对农业农村发展的支撑作用。推动建立“三农”财政投入稳定增长机制,加大强农惠农富农政策力度,完善农业支持保护制度,健全商业性金融、合作性金融、政策性金融相结合的农村金融服务体系,拓宽资金筹措渠道,确保“三农”投入力度不断增强、总量持续增加。

第二十五条 各级党委应当注重发挥科技教育对农业农村发展的引领作用。深入实施科教兴农战略,健全国家农业科技创新体系、现代农业教育体系、农业技术推广服务体系,把农业农村发展转到创新驱动发展的轨道上来。

第二十六条 各级党委应当注重发挥乡村规划对农业农村发展的导向作用。坚持规划先行,突出乡村特色,保持乡村风貌,加强各类规划统筹管理和系统衔接,推动形成城乡融合、区域一体、多规合一的规划体系,科学有序推进乡村建设发展。

第二十七条 各级党委应当注重发挥法治对农业农村发展的保障作用。坚持法治思维,增强法治观念,健全农业农村法律体系,加强农业综合执法,保障农民合法权益,自觉运用法治方式深化农村改革、促进农村发展、维护农村稳定,提高党领导农村工作法治化水平。

第六章 考核监督

第二十八条 健全五级书记抓乡村振兴考核机制。地方各级党委和政府主要负责人、农村基层党组织书记是本地区乡村振兴工作第一责任人。上级党委和政府应当对下级党委和政府主要负责人、农村基层党组织书记履行第一责任人职责情况开展督查考核,并将考核结果作为干部选拔任用、评先奖优、问责追责的重要参考。

第二十九条 各省(自治区、直辖市)党委和政府每年向党中央、国务院报告乡村振兴战略实施情况，省以下各级党委和政府每年向上级党委和政府报告乡村振兴战略实施情况。

第三十条 实行市县党政领导班子和领导干部推进乡村振兴战略实绩考核制度，将抓好农村工作特别是推进乡村振兴战略实绩、贫困县精准脱贫成效作为政绩考核的重要内容，由上级党委统筹安排实施，考核结果作为对市县党政领导班子和有关领导干部综合考核评价的重要依据。

第三十一条 地方各级党政领导班子和主要负责人不履行或者不正确履行农村工作职责的，应当依照有关党内法规和法律法规予以问责；对农村工作履职不力、工作滞后的，上级党委应当约谈下级党委，本级党委应当约谈同级有关部门。

第三十二条 中央和地方党政机关各涉农部门应当认真履行贯彻落实党中央关于农村工作各项决策部署的职责，贴近基层服务农民群众，不得将部门职责转嫁给农村基层组织。不履行或者不正确履行职责的，应当依照有关党内法规和法律法规予以问责。

第三十三条 各级党委应当建立激励机制，鼓励干部敢于担当作为、勇于改革创新、乐于奉献为民，按照规定表彰和奖励在农村工作中作出突出贡献的集体和个人。

第七章 附 则

第三十四条 各省（自治区、直辖市）党委可以根据本条例，结合本地区情况制定实施办法。

第三十五条 本条例由中央农村工作领导小组办公室负责解释。

第三十六条 本条例自2019年8月19日起施行。

中华人民共和国村民委员会组织法

（1998年11月4日第九届全国人民代表大会常务委员会第五次会议通过　2010年10月28日第十一届全国人民代表大会常务委员会第十七次会议修订　根据2018年12月29日第十三届全国人民代表大会常务委员会第七次会议《关于修改〈中华人民共和国村民委员会组织法〉〈中华人民共和国城市居民委员会组织法〉的决定》修正）

第一章　总　　则

第一条　为了保障农村村民实行自治，由村民依法办理自己的事情，发展农村基层民主，维护村民的合法权益，促进社会主义新农村建设，根据宪法，制定本法。

第二条　村民委员会是村民自我管理、自我教育、自我服务的基层群众性自治组织，实行民主选举、民主决策、民主管理、民主监督。

村民委员会办理本村的公共事务和公益事业，调解民间纠纷，协助维护社会治安，向人民政府反映村民的意见、要求和提出建议。

村民委员会向村民会议、村民代表会议负责并报告工作。

第三条　村民委员会根据村民居住状况、人口多少，按照便于群众自治，有利于经济发展和社会管理的原则设立。

村民委员会的设立、撤销、范围调整，由乡、民族乡、镇的人民政府提出，经村民会议讨论同意，报县级人民政府批准。

村民委员会可以根据村民居住状况、集体土地所有权关系等分设若干村民小组。

第四条 中国共产党在农村的基层组织，按照中国共产党章程进行工作，发挥领导核心作用，领导和支持村民委员会行使职权；依照宪法和法律，支持和保障村民开展自治活动、直接行使民主权利。

第五条 乡、民族乡、镇的人民政府对村民委员会的工作给予指导、支持和帮助，但是不得干预依法属于村民自治范围内的事项。

村民委员会协助乡、民族乡、镇的人民政府开展工作。

第二章 村民委员会的组成和职责

第六条 村民委员会由主任、副主任和委员共三至七人组成。

村民委员会成员中，应当有妇女成员，多民族村民居住的村应当有人数较少的民族的成员。

对村民委员会成员，根据工作情况，给予适当补贴。

第七条 村民委员会根据需要设人民调解、治安保卫、公共卫生与计划生育等委员会。村民委员会成员可以兼任下属委员会的成员。人口少的村的村民委员会可以不设下属委员会，由村民委员会成员分工负责人民调解、治安保卫、公共卫生与计划生育等工作。

第八条 村民委员会应当支持和组织村民依法发展各种形式的合作经济和其他经济，承担本村生产的服务和协调工作，促进农村生产建设和经济发展。

村民委员会依照法律规定，管理本村属于村农民集体所有的土地和其他财产，引导村民合理利用自然资源，保护和改善生态环境。

村民委员会应当尊重并支持集体经济组织依法独立进行经济活动的自主权，维护以家庭承包经营为基础、统分结合的双层经营体制，保障集体经济组织和村民、承包经营户、联户或者合伙的合法财产权和其他合法权益。

第九条 村民委员会应当宣传宪法、法律、法规和国家的政策，教育和推动村民履行法律规定的义务、爱护公共财产，维护村民的合法权益，发展文化教育，普及科技知识，促进男女平等，做好计划生育工作，促进村与村之间的团结、互助，开展多种形式的社会主义精神文明建设活动。

村民委员会应当支持服务性、公益性、互助性社会组织依法开展活动，推动农村社区建设。

多民族村民居住的村，村民委员会应当教育和引导各民族村民增进团结、互相尊重、互相帮助。

第十条 村民委员会及其成员应当遵守宪法、法律、法规和国家的政策，遵守并组织实施村民自治章程、村规民约，执行村民会议、村民代表会议的决定、决议，办事公道，廉洁奉公，热心为村民服务，接受村民监督。

第三章 村民委员会的选举

第十一条 村民委员会主任、副主任和委员，由村民直接选举产生。任何组织或者个人不得指定、委派或者撤换村民委员会成员。

村民委员会每届任期五年，届满应当及时举行换届选举。村民委员会成员可以连选连任。

第十二条 村民委员会的选举，由村民选举委员会主持。

村民选举委员会由主任和委员组成，由村民会议、村民代表会议或者各村民小组会议推选产生。

村民选举委员会成员被提名为村民委员会成员候选人，应当退出村民选举委员会。

村民选举委员会成员退出村民选举委员会或者因其他原因出缺的，按照原推选结果依次递补，也可以另行推选。

第十三条　年满十八周岁的村民，不分民族、种族、性别、职业、家庭出身、宗教信仰、教育程度、财产状况、居住期限，都有选举权和被选举权；但是，依照法律被剥夺政治权利的人除外。

村民委员会选举前，应当对下列人员进行登记，列入参加选举的村民名单：

（一）户籍在本村并且在本村居住的村民；

（二）户籍在本村，不在本村居住，本人表示参加选举的村民；

（三）户籍不在本村，在本村居住一年以上，本人申请参加选举，并且经村民会议或者村民代表会议同意参加选举的公民。

已在户籍所在村或者居住村登记参加选举的村民，不得再参加其他地方村民委员会的选举。

第十四条　登记参加选举的村民名单应当在选举日的二十日前由村民选举委员会公布。

对登记参加选举的村民名单有异议的，应当自名单公布之日起五日内向村民选举委员会申诉，村民选举委员会应当自收到申诉之日起三日内作出处理决定，并公布处理结果。

第十五条　选举村民委员会，由登记参加选举的村民直接提名候选人。村民提名候选人，应当从全体村民利益出发，推荐奉公守法、品行良好、公道正派、热心公益、具有一定文化水平和工作能力的村民为候选人。候选人的名额应当多于应选名额。村民选举委员会应当组织候选人与村民见面，由候选人介绍履行职责的设想，回答村民提出的问题。

选举村民委员会，有登记参加选举的村民过半数投票，选举有效；候选人获得参加投票的村民过半数的选票，始得当选。当选人数不足应选名额的，不足的名额另行选举。另行选举的，第一次投票未当选的人员得票多的为候选人，候选人以得票多的当选，但是所得票数不得少于已投选票总数的三分之一。

选举实行无记名投票、公开计票的方法，选举结果应当当场公布。选举时，应当设立秘密写票处。

登记参加选举的村民，选举期间外出不能参加投票的，可以书面委托本村有选举权的近亲属代为投票。村民选举委员会应当公布委托人和受委托人的名单。

具体选举办法由省、自治区、直辖市的人民代表大会常务委员会规定。

第十六条 本村五分之一以上有选举权的村民或者三分之一以上的村民代表联名，可以提出罢免村民委员会成员的要求，并说明要求罢免的理由。被提出罢免的村民委员会成员有权提出申辩意见。

罢免村民委员会成员，须有登记参加选举的村民过半数投票，并须经投票的村民过半数通过。

第十七条 以暴力、威胁、欺骗、贿赂、伪造选票、虚报选举票数等不正当手段当选村民委员会成员的，当选无效。

对以暴力、威胁、欺骗、贿赂、伪造选票、虚报选举票数等不正当手段，妨害村民行使选举权、被选举权，破坏村民委员会选举的行为，村民有权向乡、民族乡、镇的人民代表大会和人民政府或者县级人民代表大会常务委员会和人民政府及其有关主管部门举报，由乡级或者县级人民政府负责调查并依法处理。

第十八条 村民委员会成员丧失行为能力或者被判处刑罚的，其职务自行终止。

第十九条 村民委员会成员出缺，可以由村民会议或者村民代表会议进行补选。补选程序参照本法第十五条的规定办理。补选的村民委员会成员的任期到本届村民委员会任期届满时止。

第二十条 村民委员会应当自新一届村民委员会产生之日起十日内完成工

作移交。工作移交由村民选举委员会主持,由乡、民族乡、镇的人民政府监督。

第四章　村民会议和村民代表会议

第二十一条　村民会议由本村十八周岁以上的村民组成。

村民会议由村民委员会召集。有十分之一以上的村民或者三分之一以上的村民代表提议,应当召集村民会议。召集村民会议,应当提前十天通知村民。

第二十二条　召开村民会议,应当有本村十八周岁以上村民的过半数,或者本村三分之二以上的户的代表参加,村民会议所作决定应当经到会人员的过半数通过。法律对召开村民会议及作出决定另有规定的,依照其规定。

召开村民会议,根据需要可以邀请驻本村的企业、事业单位和群众组织派代表列席。

第二十三条　村民会议审议村民委员会的年度工作报告,评议村民委员会成员的工作;有权撤销或者变更村民委员会不适当的决定;有权撤销或者变更村民代表会议不适当的决定。

村民会议可以授权村民代表会议审议村民委员会的年度工作报告,评议村民委员会成员的工作,撤销或者变更村民委员会不适当的决定。

第二十四条　涉及村民利益的下列事项,经村民会议讨论决定方可办理:

(一)本村享受误工补贴的人员及补贴标准;

(二)从村集体经济所得收益的使用;

(三)本村公益事业的兴办和筹资筹劳方案及建设承包方案;

(四)土地承包经营方案;

(五)村集体经济项目的立项、承包方案;

(六)宅基地的使用方案;

(七)征地补偿费的使用、分配方案;

（八）以借贷、租赁或者其他方式处分村集体财产；

（九）村民会议认为应当由村民会议讨论决定的涉及村民利益的其他事项。

村民会议可以授权村民代表会议讨论决定前款规定的事项。

法律对讨论决定村集体经济组织财产和成员权益的事项另有规定的，依照其规定。

第二十五条 人数较多或者居住分散的村，可以设立村民代表会议，讨论决定村民会议授权的事项。村民代表会议由村民委员会成员和村民代表组成，村民代表应当占村民代表会议组成人员的五分之四以上，妇女村民代表应当占村民代表会议组成人员的三分之一以上。

村民代表由村民按每五户至十五户推选一人，或者由各村民小组推选若干人。村民代表的任期与村民委员会的任期相同。村民代表可以连选连任。

村民代表应当向其推选户或者村民小组负责，接受村民监督。

第二十六条 村民代表会议由村民委员会召集。村民代表会议每季度召开一次。有五分之一以上的村民代表提议，应当召集村民代表会议。

村民代表会议有三分之二以上的组成人员参加方可召开，所作决定应当经到会人员的过半数同意。

第二十七条 村民会议可以制定和修改村民自治章程、村规民约，并报乡、民族乡、镇的人民政府备案。

村民自治章程、村规民约以及村民会议或者村民代表会议的决定不得与宪法、法律、法规和国家的政策相抵触，不得有侵犯村民的人身权利、民主权利和合法财产权利的内容。

村民自治章程、村规民约以及村民会议或者村民代表会议的决定违反前款规定的，由乡、民族乡、镇的人民政府责令改正。

第二十八条 召开村民小组会议，应当有本村民小组十八周岁以上的村民三分之二以上，或者本村民小组三分之二以上的户的代表参加，所作决定应当经到会人员的过半数同意。

村民小组组长由村民小组会议推选。村民小组组长任期与村民委员会的任期相同,可以连选连任。

属于村民小组的集体所有的土地、企业和其他财产的经营管理以及公益事项的办理,由村民小组会议依照有关法律的规定讨论决定,所作决定及实施情况应当及时向本村民小组的村民公布。

第五章 民主管理和民主监督

第二十九条 村民委员会应当实行少数服从多数的民主决策机制和公开透明的工作原则,建立健全各种工作制度。

第三十条 村民委员会实行村务公开制度。

村民委员会应当及时公布下列事项,接受村民的监督:

(一)本法第二十三条、第二十四条规定的由村民会议、村民代表会议讨论决定的事项及其实施情况;

(二)国家计划生育政策的落实方案;

(三)政府拨付和接受社会捐赠的救灾救助、补贴补助等资金、物资的管理使用情况;

(四)村民委员会协助人民政府开展工作的情况;

(五)涉及本村村民利益,村民普遍关心的其他事项。

前款规定事项中,一般事项至少每季度公布一次;集体财务往来较多的,财务收支情况应当每月公布一次;涉及村民利益的重大事项应当随时公布。

村民委员会应当保证所公布事项的真实性,并接受村民的查询。

第三十一条 村民委员会不及时公布应当公布的事项或者公布的事项不真实的,村民有权向乡、民族乡、镇的人民政府或者县级人民政府及其有关主管部门反映,有关人民政府或者主管部门应当负责调查核实,责令依法公布;经查证确有违法行为的,有关人员应当依法承担责任。

第三十二条 村应当建立村务监督委员会或者其他形式的村务监督机构,负责村民民主理财,监督村务公开等制度的落实,其成员由村民会议或者村民代表会议在村民中推选产生,其中应有具备财会、管理知识的人员。村民委员会成员及其近亲属不得担任村务监督机构成员。村务监督机构成员向村民会议和村民代表会议负责,可以列席村民委员会会议。

第三十三条 村民委员会成员以及由村民或者村集体承担误工补贴的聘用人员,应当接受村民会议或者村民代表会议对其履行职责情况的民主评议。民主评议每年至少进行一次,由村务监督机构主持。

村民委员会成员连续两次被评议不称职的,其职务终止。

第三十四条 村民委员会和村务监督机构应当建立村务档案。村务档案包括:选举文件和选票,会议记录,土地发包方案和承包合同,经济合同,集体财务账目,集体资产登记文件,公益设施基本资料,基本建设资料,宅基地使用方案,征地补偿费使用及分配方案等。村务档案应当真实、准确、完整、规范。

第三十五条 村民委员会成员实行任期和离任经济责任审计,审计包括下列事项:

(一)本村财务收支情况;

(二)本村债权债务情况;

(三)政府拨付和接受社会捐赠的资金、物资管理使用情况;

(四)本村生产经营和建设项目的发包管理以及公益事业建设项目招标投标情况;

(五)本村资金管理使用以及本村集体资产、资源的承包、租赁、担保、出让情况,征地补偿费的使用、分配情况;

(六)本村五分之一以上的村民要求审计的其他事项。

村民委员会成员的任期和离任经济责任审计，由县级人民政府农业部门、财政部门或者乡、民族乡、镇的人民政府负责组织，审计结果应当公布，其中离任经济责任审计结果应当在下一届村民委员会选举之前公布。

第三十六条 村民委员会或者村民委员会成员作出的决定侵害村民合法权益的，受侵害的村民可以申请人民法院予以撤销，责任人依法承担法律责任。

村民委员会不依照法律、法规的规定履行法定义务的，由乡、民族乡、镇的人民政府责令改正。

乡、民族乡、镇的人民政府干预依法属于村民自治范围事项的，由上一级人民政府责令改正。

第六章 附 则

第三十七条 人民政府对村民委员会协助政府开展工作应当提供必要的条件；人民政府有关部门委托村民委员会开展工作需要经费的，由委托部门承担。

村民委员会办理本村公益事业所需的经费，由村民会议通过筹资筹劳解决；经费确有困难的，由地方人民政府给予适当支持。

第三十八条 驻在农村的机关、团体、部队、国有及国有控股企业、事业单位及其人员不参加村民委员会组织，但应当通过多种形式参与农村社区建设，并遵守有关村规民约。

村民委员会、村民会议或者村民代表会议讨论决定与前款规定的单位有关的事项，应当与其协商。

第三十九条 地方各级人民代表大会和县级以上地方各级人民代表大会常务委员会在本行政区域内保证本法的实施，保障村民依法行使自治权利。

第四十条 省、自治区、直辖市的人民代表大会常务委员会根据本法，结合本行政区域的实际情况，制定实施办法。

第四十一条 本法自公布之日起施行。

中华人民共和国农业法

（1993年7月2日第八届全国人民代表大会常务委员会第二次会议通过 2002年12月28日第九届全国人民代表大会常务委员会第三十一次会议修订 根据2009年8月27日第十一届全国人民代表大会常务委员会第十次会议《关于修改部分法律的决定》第一次修正 根据2012年12月28日第十一届全国人民代表大会常务委员会第三十次会议《关于修改〈中华人民共和国农业法〉的决定》第二次修正）

第一章 总 则

第一条 为了巩固和加强农业在国民经济中的基础地位，深化农村改革，发展农业生产力，推进农业现代化，维护农民和农业生产经营组织的合法权益，增加农民收入，提高农民科学文化素质，促进农业和农村经济的持续、稳定、健康发展，实现全面建设小康社会的目标，制定本法。

第二条 本法所称农业，是指种植业、林业、畜牧业和渔业等产业，包括与其直接相关的产前、产中、产后服务。

本法所称农业生产经营组织，是指农村集体经济组织、农民专业合作经济组织、农业企业和其他从事农业生产经营的组织。

第三条　国家把农业放在发展国民经济的首位。

农业和农村经济发展的基本目标是:建立适应发展社会主义市场经济要求的农村经济体制,不断解放和发展农村生产力,提高农业的整体素质和效益,确保农产品供应和质量,满足国民经济发展和人口增长、生活改善的需求,提高农民的收入和生活水平,促进农村富余劳动力向非农产业和城镇转移,缩小城乡差别和区域差别,建设富裕、民主、文明的社会主义新农村,逐步实现农业和农村现代化。

第四条　国家采取措施,保障农业更好地发挥在提供食物、工业原料和其他农产品,维护和改善生态环境,促进农村经济社会发展等多方面的作用。

第五条　国家坚持和完善公有制为主体、多种所有制经济共同发展的基本经济制度,振兴农村经济。

国家长期稳定农村以家庭承包经营为基础、统分结合的双层经营体制,发展社会化服务体系,壮大集体经济实力,引导农民走共同富裕的道路。

国家在农村坚持和完善以按劳分配为主体、多种分配方式并存的分配制度。

第六条　国家坚持科教兴农和农业可持续发展的方针。

国家采取措施加强农业和农村基础设施建设,调整、优化农业和农村经济结构,推进农业产业化经营,发展农业科技、教育事业,保护农业生态环境,促进农业机械化和信息化,提高农业综合生产能力。

第七条　国家保护农民和农业生产经营组织的财产及其他合法权益不受侵犯。

各级人民政府及其有关部门应当采取措施增加农民收入,切实减轻农民负担。

第八条　全社会应当高度重视农业,支持农业发展。

国家对发展农业和农村经济有显著成绩的单位和个人,给予奖励。

第九条　各级人民政府对农业和农村经济发展工作统一负责,组织各有关部门和全社会做好发展农业和为发展农业服务的各项工作。

国务院农业行政主管部门主管全国农业和农村经济发展工作，国务院林业行政主管部门和其他有关部门在各自的职责范围内，负责有关的农业和农村经济发展工作。

县级以上地方人民政府各农业行政主管部门负责本行政区域内的种植业、畜牧业、渔业等农业和农村经济发展工作，林业行政主管部门负责本行政区域内的林业工作。县级以上地方人民政府其他有关部门在各自的职责范围内，负责本行政区域内有关的为农业生产经营服务的工作。

第二章　农业生产经营体制

第十条　国家实行农村土地承包经营制度，依法保障农村土地承包关系的长期稳定，保护农民对承包土地的使用权。

农村土地承包经营的方式、期限、发包方和承包方的权利义务、土地承包经营权的保护和流转等，适用《中华人民共和国土地管理法》和《中华人民共和国农村土地承包法》。

农村集体经济组织应当在家庭承包经营的基础上，依法管理集体资产，为其成员提供生产、技术、信息等服务，组织合理开发、利用集体资源，壮大经济实力。

第十一条　国家鼓励农民在家庭承包经营的基础上自愿组成各类专业合作经济组织。

农民专业合作经济组织应当坚持为成员服务的宗旨，按照加入自愿、退出自由、民主管理、盈余返还的原则，依法在其章程规定的范围内开展农业生产经营和服务活动。

农民专业合作经济组织可以有多种形式，依法成立、依法登记。任何组织和个人不得侵犯农民专业合作经济组织的财产和经营自主权。

第十二条　农民和农业生产经营组织可以自愿按照民主管理、按劳分配和按股分红相结合的原则，以资金、技术、实物等入股，依法兴办各类企业。

第十三条　国家采取措施发展多种形式的农业产业化经营，鼓励和支持农民和农业生产经营组织发展生产、加工、销售一体化经营。

国家引导和支持从事农产品生产、加工、流通服务的企业、科研单位和其他组织，通过与农民或者农民专业合作经济组织订立合同或者建立各类企业等形式，形成收益共享、风险共担的利益共同体，推进农业产业化经营，带动农业发展。

第十四条　农民和农业生产经营组织可以按照法律、行政法规成立各种农产品行业协会，为成员提供生产、营销、信息、技术、培训等服务，发挥协调和自律作用，提出农产品贸易救济措施的申请，维护成员和行业的利益。

第三章　农业生产

第十五条　县级以上人民政府根据国民经济和社会发展的中长期规划、农业和农村经济发展的基本目标和农业资源区划，制定农业发展规划。

省级以上人民政府农业行政主管部门根据农业发展规划，采取措施发挥区域优势，促进形成合理的农业生产区域布局，指导和协调农业和农村经济结构调整。

第十六条　国家引导和支持农民和农业生产经营组织结合本地实际按照市场需求，调整和优化农业生产结构，协调发展种植业、林业、畜牧业和渔业，发展优质、高产、高效益的农业，提高农产品国际竞争力。

种植业以优化品种、提高质量、增加效益为中心，调整作物结构、品种结构和品质结构。

加强林业生态建设，实施天然林保护、退耕还林和防沙治沙工程，加强防护林体系建设，加速营造速生丰产林、工业原料林和薪炭林。

加强草原保护和建设,加快发展畜牧业,推广圈养和舍饲,改良畜禽品种,积极发展饲料工业和畜禽产品加工业。

渔业生产应当保护和合理利用渔业资源,调整捕捞结构,积极发展水产养殖业、远洋渔业和水产品加工业。

县级以上人民政府应当制定政策,安排资金,引导和支持农业结构调整。

第十七条 各级人民政府应当采取措施,加强农业综合开发和农田水利、农业生态环境保护、乡村道路、农村能源和电网、农产品仓储和流通、渔港、草原围栏、动植物原种良种基地等农业和农村基础设施建设,改善农业生产条件,保护和提高农业综合生产能力。

第十八条 国家扶持动植物品种的选育、生产、更新和良种的推广使用,鼓励品种选育和生产、经营相结合,实施种子工程和畜禽良种工程。国务院和省、自治区、直辖市人民政府设立专项资金,用于扶持动植物良种的选育和推广工作。

第十九条 各级人民政府和农业生产经营组织应当加强农田水利设施建设,建立健全农田水利设施的管理制度,节约用水,发展节水型农业,严格依法控制非农业建设占用灌溉水源,禁止任何组织和个人非法占用或者毁损农田水利设施。

国家对缺水地区发展节水型农业给予重点扶持。

第二十条 国家鼓励和支持农民和农业生产经营组织使用先进、适用的农业机械,加强农业机械安全管理,提高农业机械化水平。

国家对农民和农业生产经营组织购买先进农业机械给予扶持。

第二十一条 各级人民政府应当支持为农业服务的气象事业的发展,提高对气象灾害的监测和预报水平。

第二十二条 国家采取措施提高农产品的质量,建立健全农产品质量标准体系和质量检验检测监督体系,按照有关技术规范、操作规程和质量卫生安全标准，组织农产品的生产经营，保障农产品质量安全。

第二十三条　国家支持依法建立健全优质农产品认证和标志制度。

国家鼓励和扶持发展优质农产品生产。县级以上地方人民政府应当结合本地情况，按照国家有关规定采取措施，发展优质农产品生产。

符合国家规定标准的优质农产品可以依照法律或者行政法规的规定申请使用有关的标志。符合规定产地及生产规范要求的农产品可以依照有关法律或者行政法规的规定申请使用农产品地理标志。

第二十四条　国家实行动植物防疫、检疫制度，健全动植物防疫、检疫体系，加强对动物疫病和植物病、虫、杂草、鼠害的监测、预警、防治，建立重大动物疫情和植物病虫害的快速扑灭机制，建设动物无规定疫病区，实施植物保护工程。

第二十五条　农药、兽药、饲料和饲料添加剂、肥料、种子、农业机械等可能危害人畜安全的农业生产资料的生产经营，依照相关法律、行政法规的规定实行登记或者许可制度。

各级人民政府应当建立健全农业生产资料的安全使用制度，农民和农业生产经营组织不得使用国家明令淘汰和禁止使用的农药、兽药、饲料添加剂等农业生产资料和其他禁止使用的产品。

农业生产资料的生产者、销售者应当对其生产、销售的产品的质量负责，禁止以次充好、以假充真、以不合格的产品冒充合格的产品；禁止生产和销售国家明令淘汰的农药、兽药、饲料添加剂、农业机械等农业生产资料。

第四章　农产品流通与加工

第二十六条　农产品的购销实行市场调节。国家对关系国计民生的重要农产品的购销活动实行必要的宏观调控，建立中央和地方分级储备调节制度，完善仓储运输体系，做到保证供应，稳定市场。

第二十七条 国家逐步建立统一、开放、竞争、有序的农产品市场体系,制定农产品批发市场发展规划。对农村集体经济组织和农民专业合作经济组织建立农产品批发市场和农产品集贸市场,国家给予扶持。

县级以上人民政府工商行政管理部门和其他有关部门按照各自的职责,依法管理农产品批发市场,规范交易秩序,防止地方保护与不正当竞争。

第二十八条 国家鼓励和支持发展多种形式的农产品流通活动。支持农民和农民专业合作经济组织按照国家有关规定从事农产品收购、批发、贮藏、运输、零售和中介活动。鼓励供销合作社和其他从事农产品购销的农业生产经营组织提供市场信息,开拓农产品流通渠道,为农产品销售服务。

县级以上人民政府应当采取措施,督促有关部门保障农产品运输畅通,降低农产品流通成本。有关行政管理部门应当简化手续,方便鲜活农产品的运输,除法律、行政法规另有规定外,不得扣押鲜活农产品的运输工具。

第二十九条 国家支持发展农产品加工业和食品工业,增加农产品的附加值。县级以上人民政府应当制定农产品加工业和食品工业发展规划,引导农产品加工企业形成合理的区域布局和规模结构,扶持农民专业合作经济组织和乡镇企业从事农产品加工和综合开发利用。

国家建立健全农产品加工制品质量标准,完善检测手段,加强农产品加工过程中的质量安全管理和监督,保障食品安全。

第三十条 国家鼓励发展农产品进出口贸易。

国家采取加强国际市场研究、提供信息和营销服务等措施,促进农产品出口。

为维护农产品产销秩序和公平贸易,建立农产品进口预警制度,当某些进口农产品已经或者可能对国内相关农产品的生产造成重大的不利影响时,国家可以采取必要的措施。

第五章　粮食安全

第三十一条　国家采取措施保护和提高粮食综合生产能力，稳步提高粮食生产水平，保障粮食安全。

国家建立耕地保护制度，对基本农田依法实行特殊保护。

第三十二条　国家在政策、资金、技术等方面对粮食主产区给予重点扶持，建设稳定的商品粮生产基地，改善粮食收贮及加工设施，提高粮食主产区的粮食生产、加工水平和经济效益。

国家支持粮食主产区与主销区建立稳定的购销合作关系。

第三十三条　在粮食的市场价格过低时，国务院可以决定对部分粮食品种实行保护价制度。保护价应当根据有利于保护农民利益、稳定粮食生产的原则确定。

农民按保护价制度出售粮食，国家委托的收购单位不得拒收。

县级以上人民政府应当组织财政、金融等部门以及国家委托的收购单位及时筹足粮食收购资金，任何部门、单位或者个人不得截留或者挪用。

第三十四条　国家建立粮食安全预警制度，采取措施保障粮食供给。国务院应当制定粮食安全保障目标与粮食储备数量指标，并根据需要组织有关主管部门进行耕地、粮食库存情况的核查。

国家对粮食实行中央和地方分级储备调节制度，建设仓储运输体系。承担国家粮食储备任务的企业应当按照国家规定保证储备粮的数量和质量。

第三十五条　国家建立粮食风险基金，用于支持粮食储备、稳定粮食市场和保护农民利益。

第三十六条　国家提倡珍惜和节约粮食，并采取措施改善人民的食物营养结构。

第六章　农业投入与支持保护

第三十七条　国家建立和完善农业支持保护体系,采取财政投入、税收优惠、金融支持等措施,从资金投入、科研与技术推广、教育培训、农业生产资料供应、市场信息、质量标准、检验检疫、社会化服务以及灾害救助等方面扶持农民和农业生产经营组织发展农业生产,提高农民的收入水平。

在不与我国缔结或加入的有关国际条约相抵触的情况下,国家对农民实施收入支持政策,具体办法由国务院制定。

第三十八条　国家逐步提高农业投入的总体水平。中央和县级以上地方财政每年对农业总投入的增长幅度应当高于其财政经常性收入的增长幅度。

各级人民政府在财政预算内安排的各项用于农业的资金应当主要用于:加强农业基础设施建设;支持农业结构调整,促进农业产业化经营;保护粮食综合生产能力,保障国家粮食安全;健全动植物检疫、防疫体系,加强动物疫病和植物病、虫、杂草、鼠害防治;建立健全农产品质量标准和检验检测监督体系、农产品市场及信息服务体系;支持农业科研教育、农业技术推广和农民培训;加强农业生态环境保护建设;扶持贫困地区发展;保障农民收入水平等。

县级以上各级财政用于种植业、林业、畜牧业、渔业、农田水利的农业基本建设投入应当统筹安排,协调增长。

国家为加快西部开发,增加对西部地区农业发展和生态环境保护的投入。

第三十九条　县级以上人民政府每年财政预算内安排的各项用于农业的资金应当及时足额拨付。各级人民政府应当加强对国家各项农业资金分配、使用过程的监督管理,保证资金安全,提高资金的使用效率。

任何单位和个人不得截留、挪用用于农业的财政资金和信贷资金。审计机关应当依法加强对用于农业的财政和信贷等资金的审计监督。

第四十条　国家运用税收、价格、信贷等手段，鼓励和引导农民和农业生产经营组织增加农业生产经营性投入和小型农田水利等基本建设投入。

国家鼓励和支持农民和农业生产经营组织在自愿的基础上依法采取多种形式，筹集农业资金。

第四十一条　国家鼓励社会资金投向农业，鼓励企业事业单位、社会团体和个人捐资设立各种农业建设和农业科技、教育基金。

国家采取措施，促进农业扩大利用外资。

第四十二条　各级人民政府应当鼓励和支持企业事业单位及其他各类经济组织开展农业信息服务。

县级以上人民政府农业行政主管部门及其他有关部门应当建立农业信息搜集、整理和发布制度，及时向农民和农业生产经营组织提供市场信息等服务。

第四十三条　国家鼓励和扶持农用工业的发展。

国家采取税收、信贷等手段鼓励和扶持农业生产资料的生产和贸易，为农业生产稳定增长提供物质保障。

国家采取宏观调控措施，使化肥、农药、农用薄膜、农业机械和农用柴油等主要农业生产资料和农产品之间保持合理的比价。

第四十四条　国家鼓励供销合作社、农村集体经济组织、农民专业合作经济组织、其他组织和个人发展多种形式的农业生产产前、产中、产后的社会化服务事业。县级以上人民政府及其各有关部门应当采取措施对农业社会化服务事业给予支持。

对跨地区从事农业社会化服务的，农业、工商管理、交通运输、公安等有关部门应当采取措施给予支持。

第四十五条　国家建立健全农村金融体系，加强农村信用制度建设，加强农村金融监管。

有关金融机构应当采取措施增加信贷投入，改善农村金融服务，对农民和农业生产经营组织的农业生产经营活动提供信贷支持。

农村信用合作社应当坚持为农业、农民和农村经济发展服务的宗旨，优先为当地农民的生产经营活动提供信贷服务。

国家通过贴息等措施，鼓励金融机构向农民和农业生产经营组织的农业生产经营活动提供贷款。

第四十六条 国家建立和完善农业保险制度。

国家逐步建立和完善政策性农业保险制度。鼓励和扶持农民和农业生产经营组织建立为农业生产经营活动服务的互助合作保险组织，鼓励商业性保险公司开展农业保险业务。

农业保险实行自愿原则。任何组织和个人不得强制农民和农业生产经营组织参加农业保险。

第四十七条 各级人民政府应当采取措施，提高农业防御自然灾害的能力，做好防灾、抗灾和救灾工作，帮助灾民恢复生产，组织生产自救，开展社会互助互济；对没有基本生活保障的灾民给予救济和扶持。

第七章　农业科技与农业教育

第四十八条 国务院和省级人民政府应当制定农业科技、农业教育发展规划，发展农业科技、教育事业。

县级以上人民政府应当按照国家有关规定逐步增加农业科技经费和农业教育经费。

国家鼓励、吸引企业等社会力量增加农业科技投入，鼓励农民、农业生产经营组织、企业事业单位等依法举办农业科技、教育事业。

第四十九条 国家保护植物新品种、农产品地理标志等知识产权，鼓励和引导农业科研、教育单位加强农业科学技术的基础研究和应用研究，传播和普及农业科学技术知识，加速科技成果转化与产业化，促进农业科学技术进步。

国务院有关部门应当组织农业重大关键技术的科技攻关。国家采取措施促进国际农业科技、教育合作与交流，鼓励引进国外先进技术。

第五十条 国家扶持农业技术推广事业，建立政府扶持和市场引导相结合，有偿与无偿服务相结合，国家农业技术推广机构和社会力量相结合的农业技术推广体系，促使先进的农业技术尽快应用于农业生产。

第五十一条 国家设立的农业技术推广机构应当以农业技术试验示范基地为依托，承担公共所需的关键性技术的推广和示范等公益性职责，为农民和农业生产经营组织提供无偿农业技术服务。

县级以上人民政府应当根据农业生产发展需要，稳定和加强农业技术推广队伍，保障农业技术推广机构的工作经费。

各级人民政府应当采取措施，按照国家规定保障和改善从事农业技术推广工作的专业科技人员的工作条件、工资待遇和生活条件，鼓励他们为农业服务。

第五十二条 农业科研单位、有关学校、农民专业合作社、涉农企业、群众性科技组织及有关科技人员，根据农民和农业生产经营组织的需要，可以提供无偿服务，也可以通过技术转让、技术服务、技术承包、技术咨询和技术入股等形式，提供有偿服务，取得合法收益。农业科研单位、有关学校、农民专业合作社、涉农企业、群众性科技组织及有关科技人员应当提高服务水平，保证服务质量。

对农业科研单位、有关学校、农业技术推广机构举办的为农业服务的企业，国家在税收、信贷等方面给予优惠。

国家鼓励和支持农民、供销合作社、其他企业事业单位等参与农业技术推广工作。

第五十三条 国家建立农业专业技术人员继续教育制度。县级以上人民政府农业行政主管部门会同教育、人事等有关部门制定农业专业技术人员继续教育计划，并组织实施。

第五十四条 国家在农村依法实施义务教育，并保障义务教育经费。国家在农村举办的普通中小学校教职工工资由县级人民政府按照国家规定统一发放，校舍等教学设施的建设和维护经费由县级人民政府按照国家规定统一安排。

第五十五条 国家发展农业职业教育。国务院有关部门按照国家职业资格证书制度的统一规定，开展农业行业的职业分类、职业技能鉴定工作，管理农业行业的职业资格证书。

第五十六条 国家采取措施鼓励农民采用先进的农业技术，支持农民举办各种科技组织，开展农业实用技术培训、农民绿色证书培训和其他就业培训，提高农民的文化技术素质。

第八章 农业资源与农业环境保护

第五十七条 发展农业和农村经济必须合理利用和保护土地、水、森林、草原、野生动植物等自然资源，合理开发和利用水能、沼气、太阳能、风能等可再生能源和清洁能源，发展生态农业，保护和改善生态环境。

县级以上人民政府应当制定农业资源区划或者农业资源合理利用和保护的区划，建立农业资源监测制度。

第五十八条 农民和农业生产经营组织应当保养耕地，合理使用化肥、农药、农用薄膜，增加使用有机肥料，采用先进技术，保护和提高地力，防止农用地的污染、破坏和地力衰退。

县级以上人民政府农业行政主管部门应当采取措施，支持农民和农业生产经营组织加强耕地质量建设，并对耕地质量进行定期监测。

第五十九条 各级人民政府应当采取措施，加强小流域综合治理，预防和治理水土流失。从事可能引起水土流失的生产建设活动的单位和个人，必须采取预防措施，并负责治理因生产建设活动造成的水土流失。

各级人民政府应当采取措施，预防土地沙化，治理沙化土地。国务院和沙化土地所在地区的县级以上地方人民政府应当按照法律规定制定防沙治沙规划，并组织实施。

第六十条　国家实行全民义务植树制度。各级人民政府应当采取措施，组织群众植树造林，保护林地和林木，预防森林火灾，防治森林病虫害，制止滥伐、盗伐林木，提高森林覆盖率。

国家在天然林保护区域实行禁伐或者限伐制度，加强造林护林。

第六十一条　有关地方人民政府，应当加强草原的保护、建设和管理，指导、组织农(牧)民和农(牧)业生产经营组织建设人工草场、饲草饲料基地和改良天然草原，实行以草定畜，控制载畜量，推行划区轮牧、休牧和禁牧制度，保护草原植被，防止草原退化沙化和盐渍化。

第六十二条　禁止毁林毁草开垦、烧山开垦以及开垦国家禁止开垦的陡坡地，已经开垦的应当逐步退耕还林、还草。

禁止围湖造田以及围垦国家禁止围垦的湿地。已经围垦的，应当逐步退耕还湖、还湿地。

对在国务院批准规划范围内实施退耕的农民，应当按照国家规定予以补助。

第六十三条　各级人民政府应当采取措施，依法执行捕捞限额和禁渔、休渔制度，增殖渔业资源，保护渔业水域生态环境。

国家引导、支持从事捕捞业的农(渔)民和农(渔)业生产经营组织从事水产养殖业或者其他职业，对根据当地人民政府统一规划转产转业的农(渔)民，应当按照国家规定予以补助。

第六十四条　国家建立与农业生产有关的生物物种资源保护制度，保护生物多样性，对稀有、濒危、珍贵生物资源及其原生地实行重点保护。从境外引进生物物种资源应当依法进行登记或者审批，并采取相应安全控制措施。

农业转基因生物的研究、试验、生产、加工、经营及其他应用，必须依照国家规定严格实行各项安全控制措施。

第六十五条 各级农业行政主管部门应当引导农民和农业生产经营组织采取生物措施或者使用高效低毒低残留农药、兽药，防治动植物病、虫、杂草、鼠害。

农产品采收后的秸秆及其他剩余物质应当综合利用，妥善处理，防止造成环境污染和生态破坏。

从事畜禽等动物规模养殖的单位和个人应当对粪便、废水及其他废弃物进行无害化处理或者综合利用，从事水产养殖的单位和个人应当合理投饵、施肥、使用药物，防止造成环境污染和生态破坏。

第六十六条 县级以上人民政府应当采取措施，督促有关单位进行治理，防治废水、废气和固体废弃物对农业生态环境的污染。排放废水、废气和固体废弃物造成农业生态环境污染事故的，由环境保护行政主管部门或者农业行政主管部门依法调查处理；给农民和农业生产经营组织造成损失的，有关责任者应当依法赔偿。

第九章　农民权益保护

第六十七条 任何机关或者单位向农民或者农业生产经营组织收取行政、事业性费用必须依据法律、法规的规定。收费的项目、范围和标准应当公布。没有法律、法规依据的收费，农民和农业生产经营组织有权拒绝。

任何机关或者单位对农民或者农业生产经营组织进行罚款处罚必须依据法律、法规、规章的规定。没有法律、法规、规章依据的罚款，农民和农业生产经营组织有权拒绝。

任何机关或者单位不得以任何方式向农民或者农业生产经营组织进行摊派。除法律、法规另有规定外，任何机关或者单位以任何方式要求农民或者农业生产经营组织提供人力、财力、物力的，属于摊派。农民和农业生产经营组织有权拒绝任何方式的摊派。

第六十八条　各级人民政府及其有关部门和所属单位不得以任何方式向农民或者农业生产经营组织集资。

没有法律、法规依据或者未经国务院批准,任何机关或者单位不得在农村进行任何形式的达标、升级、验收活动。

第六十九条　农民和农业生产经营组织依照法律、行政法规的规定承担纳税义务。税务机关及代扣、代收税款的单位应当依法征税,不得违法摊派税款及以其他违法方法征税。

第七十条　农村义务教育除按国务院规定收取的费用外,不得向农民和学生收取其他费用。禁止任何机关或者单位通过农村中小学校向农民收费。

第七十一条　国家依法征收农民集体所有的土地,应当保护农民和农村集体经济组织的合法权益,依法给予农民和农村集体经济组织征地补偿,任何单位和个人不得截留、挪用征地补偿费用。

第七十二条　各级人民政府、农村集体经济组织或者村民委员会在农业和农村经济结构调整、农业产业化经营和土地承包经营权流转等过程中,不得侵犯农民的土地承包经营权,不得干涉农民自主安排的生产经营项目,不得强迫农民购买指定的生产资料或者按指定的渠道销售农产品。

第七十三条　农村集体经济组织或者村民委员会为发展生产或者兴办公益事业,需要向其成员(村民)筹资筹劳的,应当经成员(村民)会议或者成员(村民)代表会议过半数通过后,方可进行。

农村集体经济组织或者村民委员会依照前款规定筹资筹劳的,不得超过省级以上人民政府规定的上限控制标准,禁止强行以资代劳。

农村集体经济组织和村民委员会对涉及农民利益的重要事项,应当向农民公开,并定期公布财务账目,接受农民的监督。

第七十四条　任何单位和个人向农民或者农业生产经营组织提供生产、技术、信息、文化、保险等有偿服务，必须坚持自愿原则，不得强迫农民和农业生产经营组织接受服务。

第七十五条 农产品收购单位在收购农产品时，不得压级压价，不得在支付的价款中扣缴任何费用。法律、行政法规规定代扣、代收税款的，依照法律、行政法规的规定办理。

农产品收购单位与农产品销售者因农产品的质量等级发生争议的，可以委托具有法定资质的农产品质量检验机构检验。

第七十六条 农业生产资料使用者因生产资料质量问题遭受损失的，出售该生产资料的经营者应当予以赔偿，赔偿额包括购货价款、有关费用和可得利益损失。

第七十七条 农民或者农业生产经营组织为维护自身的合法权益，有向各级人民政府及其有关部门反映情况和提出合法要求的权利，人民政府及其有关部门对农民或者农业生产经营组织提出的合理要求，应当按照国家规定及时给予答复。

第七十八条 违反法律规定，侵犯农民权益的，农民或者农业生产经营组织可以依法申请行政复议或者向人民法院提起诉讼，有关人民政府及其有关部门或者人民法院应当依法受理。

人民法院和司法行政主管机关应当依照有关规定为农民提供法律援助。

第十章 农村经济发展

第七十九条 国家坚持城乡协调发展的方针，扶持农村第二、第三产业发展，调整和优化农村经济结构，增加农民收入，促进农村经济全面发展，逐步缩小城乡差别。

第八十条 各级人民政府应当采取措施，发展乡镇企业，支持农业的发展，转移富余的农业劳动力。

国家完善乡镇企业发展的支持措施，引导乡镇企业优化结构，更新技术，提高素质。

第八十一条　县级以上地方人民政府应当根据当地的经济发展水平、区位优势和资源条件，按照合理布局、科学规划、节约用地的原则，有重点地推进农村小城镇建设。

地方各级人民政府应当注重运用市场机制，完善相应政策，吸引农民和社会资金投资小城镇开发建设，发展第二、第三产业，引导乡镇企业相对集中发展。

第八十二条　国家采取措施引导农村富余劳动力在城乡、地区间合理有序流动。地方各级人民政府依法保护进入城镇就业的农村劳动力的合法权益，不得设置不合理限制，已经设置的应当取消。

第八十三条　国家逐步完善农村社会救济制度，保障农村五保户、贫困残疾农民、贫困老年农民和其他丧失劳动能力的农民的基本生活。

第八十四条　国家鼓励、支持农民巩固和发展农村合作医疗和其他医疗保障形式，提高农民健康水平。

第八十五条　国家扶持贫困地区改善经济发展条件，帮助进行经济开发。省级人民政府根据国家关于扶持贫困地区的总体目标和要求，制定扶贫开发规划，并组织实施。

各级人民政府应当坚持开发式扶贫方针，组织贫困地区的农民和农业生产经营组织合理使用扶贫资金，依靠自身力量改变贫穷落后面貌，引导贫困地区的农民调整经济结构、开发当地资源。扶贫开发应当坚持与资源保护、生态建设相结合，促进贫困地区经济、社会的协调发展和全面进步。

第八十六条　中央和省级财政应当把扶贫开发投入列入年度财政预算，并逐年增加，加大对贫困地区的财政转移支付和建设资金投入。

国家鼓励和扶持金融机构、其他企业事业单位和个人投入资金支持贫困地区开发建设。

禁止任何单位和个人截留、挪用扶贫资金。审计机关应当加强扶贫资金的审计监督。

第十一章　执法监督

第八十七条　县级以上人民政府应当采取措施逐步完善适应社会主义市场经济发展要求的农业行政管理体制。

县级以上人民政府农业行政主管部门和有关行政主管部门应当加强规划、指导、管理、协调、监督、服务职责,依法行政,公正执法。

县级以上地方人民政府农业行政主管部门应当在其职责范围内健全行政执法队伍,实行综合执法,提高执法效率和水平。

第八十八条　县级以上人民政府农业行政主管部门及其执法人员履行执法监督检查职责时,有权采取下列措施:

(一)要求被检查单位或者个人说明情况,提供有关文件、证照、资料;

(二)责令被检查单位或者个人停止违反本法的行为,履行法定义务。

农业行政执法人员在履行监督检查职责时,应当向被检查单位或者个人出示行政执法证件,遵守执法程序。有关单位或者个人应当配合农业行政执法人员依法执行职务,不得拒绝和阻碍。

第八十九条　农业行政主管部门与农业生产、经营单位必须在机构、人员、财务上彻底分离。农业行政主管部门及其工作人员不得参与和从事农业生产经营活动。

第十二章　法律责任

第九十条　违反本法规定,侵害农民和农业生产经营组织的土地承包经营权等财产权或者其他合法权益的,应当停止侵害,恢复原状;造成损失、损害的,依法承担赔偿责任。

国家工作人员利用职务便利或者以其他名义侵害农民和农业生产经营组织的合法权益的,应当赔偿损失,并由其所在单位或者上级主管机关给予行政处分。

第九十一条 违反本法第十九条、第二十五条、第六十二条、第七十一条规定的,依照相关法律或者行政法规的规定予以处罚。

第九十二条 有下列行为之一的,由上级主管机关责令限期归还被截留、挪用的资金,没收非法所得,并由上级主管机关或者所在单位给予直接负责的主管人员和其他直接责任人员行政处分;构成犯罪的,依法追究刑事责任:

(一)违反本法第三十三条第三款规定,截留、挪用粮食收购资金的;

(二)违反本法第三十九条第二款规定,截留、挪用用于农业的财政资金和信贷资金的;

(三)违反本法第八十六条第三款规定,截留、挪用扶贫资金的。

第九十三条 违反本法第六十七条规定,向农民或者农业生产经营组织违法收费、罚款、摊派的,上级主管机关应当予以制止,并予公告;已经收取钱款或者已经使用人力、物力的,由上级主管机关责令限期归还已经收取的钱款或者折价偿还已经使用的人力、物力,并由上级主管机关或者所在单位给予直接负责的主管人员和其他直接责任人员行政处分;情节严重,构成犯罪的,依法追究刑事责任。

第九十四条 有下列行为之一的,由上级主管机关责令停止违法行为,并给予直接负责的主管人员和其他直接责任人员行政处分,责令退还违法收取的集资款、税款或者费用:

(一)违反本法第六十八条规定,非法在农村进行集资、达标、升级、验收活动的;

(二)违反本法第六十九条规定,以违法方法向农民征税的;

(三)违反本法第七十条规定,通过农村中小学校向农民超额、超项目收费的。

第九十五条 违反本法第七十三条第二款规定,强迫农民以资代劳的,由乡(镇)人民政府责令改正,并退还违法收取的资金。

第九十六条 违反本法第七十四条规定,强迫农民和农业生产经营组织接受有偿服务的,由有关人民政府责令改正,并返还其违法收取的费用;情节严重的,给予直接负责的主管人员和其他直接责任人员行政处分;造成农民和农业生产经营组织损失的,依法承担赔偿责任。

第九十七条 县级以上人民政府农业行政主管部门的工作人员违反本法规定参与和从事农业生产经营活动的,依法给予行政处分;构成犯罪的,依法追究刑事责任。

第十三章　附　　则

第九十八条 本法有关农民的规定,适用于国有农场、牧场、林场、渔场等企业事业单位实行承包经营的职工。

第九十九条 本法自2003年3月1日起施行。

中华人民共和国农村土地承包法

（2002年8月29日第九届全国人民代表大会常务委员会第二十九次会议通过　2002年8月29日中华人民共和国主席令第七十三号公布　根据2009年8月27日第十一届全国人民代表大会常务委员会第十次会议《关于修改部分法律的决定》第一次修正　根据2018年12月29日第十三届全国人民代表大会常务委员会第七次会议《关于修改〈中华人民共和国农村土地承包法〉的决定》第二次修正）

目　录

第一章　总　　则

第一条　为了巩固和完善以家庭承包经营为基础、统分结合的双层经营体制,保持农村土地承包关系稳定并长久不变,维护农村土地承包经营当事人的合法权益,促进农业、农村经济发展和农村社会和谐稳定,根据宪法,制定本法。

第二条　本法所称农村土地,是指农民集体所有和国家所有依法由农民集体使用的耕地、林地、草地,以及其他依法用于农业的土地。

第三条　国家实行农村土地承包经营制度。

农村土地承包采取农村集体经济组织内部的家庭承包方式,不宜采取家庭承包方式的荒山、荒沟、荒丘、荒滩等农村土地,可以采取招标、拍卖、公开协商等方式承包。

第四条　农村土地承包后,土地的所有权性质不变。承包地不得买卖。

第五条　农村集体经济组织成员有权依法承包由本集体经济组织发包的农村土地。

任何组织和个人不得剥夺和非法限制农村集体经济组织成员承包土地的权利。

第六条　农村土地承包,妇女与男子享有平等的权利。承包中应当保护妇女的合法权益,任何组织和个人不得剥夺、侵害妇女应当享有的土地承包经营权。

第七条　农村土地承包应当坚持公开、公平、公正的原则,正确处理国家、集体、个人三者的利益关系。

第八条　国家保护集体土地所有者的合法权益,保护承包方的土地承包经营权,任何组织和个人不得侵犯。

第九条　承包方承包土地后,享有土地承包经营权,可以自己经营,也可以保留土地承包权，流转其承包地的土地经营权，由他人经营。

第十条　国家保护承包方依法、自愿、有偿流转土地经营权，保护土地经营权人的合法权益，任何组织和个人不得侵犯。

第十一条　农村土地承包经营应当遵守法律、法规，保护土地资源的合理开发和可持续利用。未经依法批准不得将承包地用于非农建设。

国家鼓励增加对土地的投入，培肥地力，提高农业生产能力。

第十二条　国务院农业农村、林业和草原主管部门分别依照国务院规定的职责负责全国农村土地承包经营及承包经营合同管理的指导。

县级以上地方人民政府农业农村、林业和草原等主管部门分别依照各自职责，负责本行政区域内农村土地承包经营及承包经营合同管理。

乡（镇）人民政府负责本行政区域内农村土地承包经营及承包经营合同管理。

第二章　家庭承包

第一节　发包方和承包方的权利和义务

第十三条　农民集体所有的土地依法属于村农民集体所有的，由村集体经济组织或者村民委员会发包；已经分别属于村内两个以上农村集体经济组织的农民集体所有的，由村内各该农村集体经济组织或者村民小组发包。村集体经济组织或者村民委员会发包的，不得改变村内各集体经济组织农民集体所有的土地的所有权。

国家所有依法由农民集体使用的农村土地，由使用该土地的农村集体经济组织、村民委员会或者村民小组发包。

第十四条　发包方享有下列权利：

（一）发包本集体所有的或者国家所有依法由本集体使用的农村土地；

（二）监督承包方依照承包合同约定的用途合理利用和保护土地；

（三）制止承包方损害承包地和农业资源的行为；

（四）法律、行政法规规定的其他权利。

第十五条 发包方承担下列义务：

（一）维护承包方的土地承包经营权，不得非法变更、解除承包合同；

（二）尊重承包方的生产经营自主权，不得干涉承包方依法进行正常的生产经营活动；

（三）依照承包合同约定为承包方提供生产、技术、信息等服务；

（四）执行县、乡（镇）土地利用总体规划，组织本集体经济组织内的农业基础设施建设；

（五）法律、行政法规规定的其他义务。

第十六条 家庭承包的承包方是本集体经济组织的农户。

农户内家庭成员依法平等享有承包土地的各项权益。

第十七条 承包方享有下列权利：

（一）依法享有承包地使用、收益的权利，有权自主组织生产经营和处置产品；

（二）依法互换、转让土地承包经营权；

（三）依法流转土地经营权；

（四）承包地被依法征收、征用、占用的，有权依法获得相应的补偿；

（五）法律、行政法规规定的其他权利。

第十八条 承包方承担下列义务：

（一）维持土地的农业用途，未经依法批准不得用于非农建设；

（二）依法保护和合理利用土地，不得给土地造成永久性损害；

（三）法律、行政法规规定的其他义务。

第二节 承包的原则和程序

第十九条 土地承包应当遵循以下原则：

（一）按照规定统一组织承包时，本集体经济组织成员依法平等地行使承包土地的权利，也可以自愿放弃承包土地的权利；

（二）民主协商，公平合理；

（三）承包方案应当按照本法第十三条的规定，依法经本集体经济组织成员的村民会议三分之二以上成员或者三分之二以上村民代表的同意；

（四）承包程序合法。

第二十条 土地承包应当按照以下程序进行：

（一）本集体经济组织成员的村民会议选举产生承包工作小组；

（二）承包工作小组依照法律、法规的规定拟订并公布承包方案；

（三）依法召开本集体经济组织成员的村民会议，讨论通过承包方案；

（四）公开组织实施承包方案；

（五）签订承包合同。

第三节 承包期限和承包合同

第二十一条 耕地的承包期为三十年。草地的承包期为三十年至五十年。林地的承包期为三十年至七十年。

前款规定的耕地承包期届满后再延长三十年，草地、林地承包期届满后依照前款规定相应延长。

第二十二条 发包方应当与承包方签订书面承包合同。

承包合同一般包括以下条款：

（一）发包方、承包方的名称，发包方负责人和承包方代表的姓名、住所；

（二）承包土地的名称、坐落、面积、质量等级；

（三）承包期限和起止日期；

（四）承包土地的用途；

（五）发包方和承包方的权利和义务；

（六）违约责任。

第二十三条 承包合同自成立之日起生效。承包方自承包合同生效时取得土地承包经营权。

第二十四条 国家对耕地、林地和草地等实行统一登记，登记机构应当向承包方颁发土地承包经营权证或者林权证等证书，并登记造册，确认土地承包经营权。

土地承包经营权证或者林权证等证书应当将具有土地承包经营权的全部家庭成员列入。

登记机构除按规定收取证书工本费外，不得收取其他费用。

第二十五条 承包合同生效后，发包方不得因承办人或者负责人的变动而变更或者解除，也不得因集体经济组织的分立或者合并而变更或者解除。

第二十六条 国家机关及其工作人员不得利用职权干涉农村土地承包或者变更、解除承包合同。

第四节 土地承包经营权的保护和互换、转让

第二十七条 承包期内，发包方不得收回承包地。

国家保护进城农户的土地承包经营权。不得以退出土地承包经营权作为农户进城落户的条件。

承包期内，承包农户进城落户的，引导支持其按照自愿有偿原则依法在本集

体经济组织内转让土地承包经营权或者将承包地交回发包方，也可以鼓励其流转土地经营权。

承包期内，承包方交回承包地或者发包方依法收回承包地时，承包方对其在承包地上投入而提高土地生产能力的，有权获得相应的补偿。

第二十八条　承包期内，发包方不得调整承包地。

承包期内，因自然灾害严重毁损承包地等特殊情形对个别农户之间承包的耕地和草地需要适当调整的，必须经本集体经济组织成员的村民会议三分之二以上成员或者三分之二以上村民代表的同意，并报乡（镇）人民政府和县级人民政府农业农村、林业和草原等主管部门批准。承包合同中约定不得调整的，按照其约定。

第二十九条　下列土地应当用于调整承包土地或者承包给新增人口：

（一）集体经济组织依法预留的机动地；

（二）通过依法开垦等方式增加的；

（三）发包方依法收回和承包方依法、自愿交回的。

第三十条　承包期内，承包方可以自愿将承包地交回发包方。承包方自愿交回承包地的，可以获得合理补偿，但是应当提前半年以书面形式通知发包方。承包方在承包期内交回承包地的，在承包期内不得再要求承包土地。

第三十一条　承包期内，妇女结婚，在新居住地未取得承包地的，发包方不得收回其原承包地；妇女离婚或者丧偶，仍在原居住地生活或者不在原居住地生活但在新居住地未取得承包地的，发包方不得收回其原承包地。

第三十二条　承包人应得的承包收益，依照继承法的规定继承。

林地承包的承包人死亡，其继承人可以在承包期内继续承包。

第三十三条　承包方之间为方便耕种或者各自需要，可以对属于同一集体经济组织的土地的土地承包经营权进行互换，并向发包方备案。

第三十四条　经发包方同意，承包方可以将全部或者部分的土地承包经营权转让给本集体经济组织的其他农户,由该农户同发包方确立新的承包关系,原承包方与发包方在该土地上的承包关系即行终止。

第三十五条 土地承包经营权互换、转让的,当事人可以向登记机构申请登记。未经登记,不得对抗善意第三人。

第五节 土地经营权

第三十六条 承包方可以自主决定依法采取出租(转包)、入股或者其他方式向他人流转土地经营权,并向发包方备案。

第三十七条 土地经营权人有权在合同约定的期限内占有农村土地,自主开展农业生产经营并取得收益。

第三十八条 土地经营权流转应当遵循以下原则:

(一)依法、自愿、有偿,任何组织和个人不得强迫或者阻碍土地经营权流转;

(二)不得改变土地所有权的性质和土地的农业用途,不得破坏农业综合生产能力和农业生态环境;

(三)流转期限不得超过承包期的剩余期限;

(四)受让方须有农业经营能力或者资质;

(五)在同等条件下,本集体经济组织成员享有优先权。

第三十九条 土地经营权流转的价款,应当由当事人双方协商确定。流转的收益归承包方所有,任何组织和个人不得擅自截留、扣缴。

第四十条 土地经营权流转,当事人双方应当签订书面流转合同。

土地经营权流转合同一般包括以下条款:

(一)双方当事人的姓名、住所;

(二)流转土地的名称、坐落、面积、质量等级;

(三)流转期限和起止日期;

(四)流转土地的用途;

(五)双方当事人的权利和义务;

(六)流转价款及支付方式;

(七)土地被依法征收、征用、占用时有关补偿费的归属;

(八)违约责任。

承包方将土地交由他人代耕不超过一年的,可以不签订书面合同。

第四十一条 土地经营权流转期限为五年以上的,当事人可以向登记机构申请土地经营权登记。未经登记,不得对抗善意第三人。

第四十二条 承包方不得单方解除土地经营权流转合同,但受让方有下列情形之一的除外:

(一)擅自改变土地的农业用途;

(二)弃耕抛荒连续两年以上;

(三)给土地造成严重损害或者严重破坏土地生态环境;

(四)其他严重违约行为。

第四十三条 经承包方同意,受让方可以依法投资改良土壤,建设农业生产附属、配套设施,并按照合同约定对其投资部分获得合理补偿。

第四十四条 承包方流转土地经营权的,其与发包方的承包关系不变。

第四十五条 县级以上地方人民政府应当建立工商企业等社会资本通过流转取得土地经营权的资格审查、项目审核和风险防范制度。

工商企业等社会资本通过流转取得土地经营权的,本集体经济组织可以收取适量管理费用。

具体办法由国务院农业农村、林业和草原主管部门规定。

第四十六条 经承包方书面同意,并向本集体经济组织备案,受让方可以再流转土地经营权。

第四十七条 承包方可以用承包地的土地经营权向金融机构融资担保,并向发包方备案。受让方通过流转取得的土地经营权,经承包方书面同意并向发包方备案,可以向金融机构融资担保。

担保物权自融资担保合同生效时设立。当事人可以向登记机构申请登记;未经登记,不得对抗善意第三人。

实现担保物权时,担保物权人有权就土地经营权优先受偿。

土地经营权融资担保办法由国务院有关部门规定。

第三章　其他方式的承包

第四十八条　不宜采取家庭承包方式的荒山、荒沟、荒丘、荒滩等农村土地,通过招标、拍卖、公开协商等方式承包的,适用本章规定。

第四十九条　以其他方式承包农村土地的,应当签订承包合同,承包方取得土地经营权。当事人的权利和义务、承包期限等,由双方协商确定。以招标、拍卖方式承包的,承包费通过公开竞标、竞价确定;以公开协商等方式承包的,承包费由双方议定。

第五十条　荒山、荒沟、荒丘、荒滩等可以直接通过招标、拍卖、公开协商等方式实行承包经营,也可以将土地经营权折股分给本集体经济组织成员后,再实行承包经营或者股份合作经营。

承包荒山、荒沟、荒丘、荒滩的,应当遵守有关法律、行政法规的规定,防止水土流失,保护生态环境。

第五十一条　以其他方式承包农村土地,在同等条件下,本集体经济组织成员有权优先承包。

第五十二条　发包方将农村土地发包给本集体经济组织以外的单位或者个人承包,应当事先经本集体经济组织成员的村民会议三分之二以上成员或者三分之二以上村民代表的同意,并报乡(镇)人民政府批准。

由本集体经济组织以外的单位或者个人承包的，应当对承包方的资信情况和经营能力进行审查后，再签订承包合同。

第五十三条 通过招标、拍卖、公开协商等方式承包农村土地，经依法登记取得权属证书的，可以依法采取出租、入股、抵押或者其他方式流转土地经营权。

第五十四条 依照本章规定通过招标、拍卖、公开协商等方式取得土地经营权的，该承包人死亡，其应得的承包收益，依照继承法的规定继承；在承包期内，其继承人可以继续承包。

第四章 争议的解决和法律责任

第五十五条 因土地承包经营发生纠纷的，双方当事人可以通过协商解决，也可以请求村民委员会、乡(镇)人民政府等调解解决。

当事人不愿协商、调解或者协商、调解不成的，可以向农村土地承包仲裁机构申请仲裁，也可以直接向人民法院起诉。

第五十六条 任何组织和个人侵害土地承包经营权、土地经营权的，应当承担民事责任。

第五十七条 发包方有下列行为之一的，应当承担停止侵害、排除妨碍、消除危险、返还财产、恢复原状、赔偿损失等民事责任：

(一)干涉承包方依法享有的生产经营自主权；

(二)违反本法规定收回、调整承包地；

(三)强迫或者阻碍承包方进行土地承包经营权的互换、转让或者土地经营权流转；

(四)假借少数服从多数强迫承包方放弃或者变更土地承包经营权；

(五)以划分“口粮田”和“责任田”等为由收回承包地搞招标承包；

(六)将承包地收回抵顶欠款；

（七）剥夺、侵害妇女依法享有的土地承包经营权；

（八）其他侵害土地承包经营权的行为。

第五十八条 承包合同中违背承包方意愿或者违反法律、行政法规有关不得收回、调整承包地等强制性规定的约定无效。

第五十九条 当事人一方不履行合同义务或者履行义务不符合约定的，应当依法承担违约责任。

第六十条 任何组织和个人强迫进行土地承包经营权互换、转让或者土地经营权流转的，该互换、转让或者流转无效。

第六十一条 任何组织和个人擅自截留、扣缴土地承包经营权互换、转让或者土地经营权流转收益的，应当退还。

第六十二条 违反土地管理法规，非法征收、征用、占用土地或者贪污、挪用土地征收、征用补偿费用，构成犯罪的，依法追究刑事责任；造成他人损害的，应当承担损害赔偿等责任。

第六十三条 承包方、土地经营权人违法将承包地用于非农建设的，由县级以上地方人民政府有关主管部门依法予以处罚。

承包方给承包地造成永久性损害的，发包方有权制止，并有权要求赔偿由此造成的损失。

第六十四条 土地经营权人擅自改变土地的农业用途、弃耕抛荒连续两年以上、给土地造成严重损害或者严重破坏土地生态环境，承包方在合理期限内不解除土地经营权流转合同的，发包方有权要求终止土地经营权流转合同。土地经营权人对土地和土地生态环境造成的损害应当予以赔偿。

第六十五条 国家机关及其工作人员有利用职权干涉农村土地承包经营，变更、解除承包经营合同，干涉承包经营当事人依法享有的生产经营自主权，强迫、阻碍承包经营当事人进行土地承包经营权互换、转让或者土地经营权流转等侵害土地承包经营权、土地经营权的行为，给承包经营当事人造成损失的，应当承担损害赔偿等责任;情节严重的,由上级机关或者所在单位给予直接责任人员处分;构成犯罪的,依法追究刑事责任。

第五章 附 则

第六十六条 本法实施前已经按照国家有关农村土地承包的规定承包,包括承包期限长于本法规定的,本法实施后继续有效,不得重新承包土地。未向承包方颁发土地承包经营权证或者林权证等证书的,应当补发证书。

第六十七条 本法实施前已经预留机动地的,机动地面积不得超过本集体经济组织耕地总面积的百分之五。不足百分之五的,不得再增加机动地。

本法实施前未留机动地的,本法实施后不得再留机动地。

第六十八条 各省、自治区、直辖市人民代表大会常务委员会可以根据本法,结合本行政区域的实际情况,制定实施办法。

第六十九条 确认农村集体经济组织成员身份的原则、程序等,由法律、法规规定。

第七十条 本法自 2003 年 3 月 1 日起施行。

中华人民共和国乡村集体所有制企业条例

（1990年6月3日中华人民共和国国务院令第59号发布
根据2011年1月8日国务院令第588号《国务院关于废止和
修改部分行政法规的决定》修订）

第一章 总 则

第一条 为了保障乡村集体所有制企业的合法权益，引导其健康发展，制定本条例。

第二条 本条例适用于由乡（含镇，下同）村（含村民小组，下同）农民集体举办的企业。

农业生产合作社、农村供销合作社、农村信用社不适用本条例。

第三条 乡村集体所有制企业是我国社会主义公有制经济的组成部分。

国家对乡村集体所有制企业实行积极扶持，合理规划，正确引导，加强管理的方针。

第四条 乡村集体所有制企业的主要任务是：发展商品生产和服务业，满足社会日益增长的物质和文化生活的需要；调整农村产业结构，合理利用农村劳动力；支援农业生产和农村建设，增加国家财政和农民的收入；积极发展出口创汇生产；为大工业配套和服务。

第五条 国家保护乡村集体所有制企业的合法权益，禁止任何组织和个人侵犯其财产。

第六条　乡村集体所有制企业实行自主经营,独立核算,自负盈亏。

乡村集体所有制企业实行多种形式的经营责任制。

乡村集体所有制企业可以在不改变集体所有制性质的前提下,吸收投资入股。

第七条　国家鼓励和扶持乡村集体所有制企业采用先进适用的科学技术和经营管理方法,加速企业现代化。

第八条　国家鼓励和保护乡村集体所有制企业依照平等互利、自愿协商、等价有偿的原则,进行多种形式的经济技术合作。

第九条　国家鼓励和支持乡村集体所有制企业依法利用自然资源,因地制宜发展符合国家产业政策和市场需要的产业和产品,增加社会有效供给。

第十条　乡村集体所有制企业经依法审查,具备法人条件的,登记后取得法人资格,厂长(经理)为企业的法定代表人。

第十一条　乡村集体所有制企业职工有返回其所属的农民集体经济组织从事农业生产的权利。

第十二条　国务院乡镇企业行政主管部门主管全国乡村集体所有制企业。地方人民政府乡镇企业行政主管部门主管本行政区域内的乡村集体所有制企业(以下简称企业)。

第二章　企业的设立、变更和终止

第十三条　设立企业应当具备下列条件:

(一)产品和提供的服务为社会所需要,并符合国家法律、法规和政策规定;

(二)有自己的名称、组织机构和生产经营场所;

(三)有确定的经营范围;

（四）有与生产经营和服务规模相适应的资金、设备、从业人员和必要的原材料条件；

（五）有必要的劳动卫生、安全生产条件和环境保护措施；

（六）符合当地乡村建设规划，合理利用土地。

第十四条 设立企业必须依照法律、法规，经乡级人民政府审核后，报请县级人民政府乡镇企业主管部门以及法律、法规规定的有关部门批准，持有关批准文件向企业所在地工商行政管理机关办理登记，经核准领取《企业法人营业执照》或者《营业执照》后始得营业，并向税务机关办理税务登记。

企业应当在核准登记的经营范围内从事生产经营活动。

第十五条 企业分立、合并、迁移、停业、终止以及改变名称、经营范围等，须经原批准企业设立的机关核准，向当地工商行政管理机关和税务机关办理变更或者注销登记，并通知开户银行。

第十六条 企业分立、合并、停业或者终止时，必须保护其财产，依法清理债权、债务。

第十七条 企业破产应当进行破产清算，法人以企业的财产对企业债权人清偿债务。

第三章 企业的所有者和经营者

第十八条 企业财产属于举办该企业的乡或者村范围内的全体农民集体所有，由乡或者村的农民大会（农民代表会议）或者代表全体农民的集体经济组织行使企业财产的所有权。

企业实行承包、租赁制或者与其他所有制企业联营的，企业财产的所有权不变。

第十九条 企业所有者依法决定企业的经营方向、经营形式、厂长（经理）人选或者选聘方式,依法决定企业税后利润在其与企业之间的具体分配比例,有权作出关于企业分立、合并、迁移、停业、终止、申请破产等决议。

企业所有者应当为企业的生产、供应、销售提供服务,并尊重企业的自主权。

第二十条　实行承包或者租赁制的企业,企业所有者应当采取公开招标方式确定经营者,不具备条件的,也可以采取招聘、推荐等方式选用经营者。

招标可以在企业内部或者企业外部进行。投标者可以是经营集团或者个人。经营集团中标后,必须确定企业经营者。

企业所有者应当对投标者全面评审,择优选定。

第二十一条　实行承包或者租赁制的企业,企业经营者应当具备下列条件:

(一)坚持四项基本原则和改革开放,遵纪守法;

(二)必要的文化知识和专业技术知识;

(三)必要的企业经营管理能力;

(四)提供必要的财产担保或者保证人;

(五)企业所有者提供的其他合法条件。

第二十二条　企业经营者是企业的厂长(经理)。企业实行厂长(经理)负责制。厂长(经理)对企业全面负责,代表企业行使职权。

第二十三条　实行承包或者租赁制的企业,订立承包或者租赁合同时,应当坚持平等、自愿、协商的原则,兼顾国家、集体和个人的利益。

第四章　企业的权利和义务

第二十四条　企业在生产经营活动中享有下列权利:

(一)占有和使用企业资产,依照国家规定筹集资金;

(二)在核准登记的范围内自主安排生产经营活动;

(三)确定企业内部机构设置和人员配备;依法招聘、辞退职工,并确定工资形式和奖惩办法；

（四）有权自行销售本企业的产品，但国务院另有规定的除外；

（五）有权自行确定本企业的产品价格、劳务价格，但国务院规定由物价部门和有关主管部门控制价格的除外；

（六）自愿参加行业协会和产品评比；

（七）依照国家规定自愿参加各种招标、投标活动，申请产品定点生产，取得生产许可证；

（八）自主订立经济合同，开展经济技术合作；

（九）依法开发和利用自然资源；

（十）依法利用外资、引进先进技术和设备，开展进出口贸易等涉外经济活动，并依照国家规定提留企业的外汇收入；

（十一）拒绝摊派和非法罚款，但法律、法规规定应当提供财力、物力、人力的除外。

第二十五条 企业在生产经营活动中应当履行下列义务：

（一）依法缴纳税金；

（二）依照国家以及省、自治区、直辖市人民政府的规定，上交支农资金和管理费；

（三）依法建立健全财务会计、审计、统计等制度，按期编报财务、统计报表；

（四）保护自然资源和环境，防止和治理污染；

（五）努力降低原材料和能源消耗，发展符合国家产业政策的产品；

（六）做好劳动保护工作，实行安全生产；

（七）保证产品质量和服务质量；

（八）依法履行合同；

（九）对职工进行政治思想、科学文化、技术业务和职业道德等方面的教育；

（十）遵守法律、法规和政策的其他规定。

第五章 企业的管理

第二十六条 企业职工有参加企业民主管理,对厂长(经理)和其他管理人员提出批评和控告的权利。

企业职工大会或者职工代表大会有权对企业经营管理中的问题提出意见和建议,评议、监督厂长(经理)和其他管理人员,维护职工的合法权益。

第二十七条 企业应当兼顾国家、集体和个人的利益,合理安排积累与消费的比例,对职工实行各尽所能、按劳分配的原则。

男工与女工应当同工同酬。

第二十八条 企业招用职工应当依法签订劳动合同,实行灵活的用工形式和办法。

对技术要求高的企业,应当逐步形成专业化的技术职工队伍。

第二十九条 企业不得招用未满16周岁的童工。

第三十条 企业对从事高度危险作业的职工,必须依照国家规定向保险公司投保。

有条件的企业,应当参照国家有关规定实行职工社会保险。

第三十一条 企业发生劳动争议,可以依照《中华人民共和国劳动争议调解仲裁法》处理。

第三十二条 企业税后利润,留给企业的部分不应低于60%,由企业自主安排,主要用作增加生产发展基金,进行技术改造和扩大再生产,适当增加福利基金和奖励基金。

企业税后利润交给企业所有者的部分,主要用于扶持农业基本建设、农业技术服务、农村公益事业、企业更新改造或者发展新企业。

第三十三条 企业应当根据国家有关规定,加强本企业的各项基础管理和合同管理。

第六章　企业与政府有关部门的关系

第三十四条　各级人民政府乡镇企业行政主管部门根据国家的法律、法规和政策,加强对企业的指导、管理、监督、协调和服务:

(一)监督检查企业执行国家法律、法规和政策;

(二)制订企业发展规划,协同有关部门制定农村剩余劳动力就业规划;

(三)会同有关部门指导企业的计划、统计、财务、审计、价格、物资、质量、设备、技术、劳动、安全生产、环境保护等管理工作;

(四)组织和指导企业的技术进步、职工教育和培训;

(五)向企业提供经济、技术咨询和信息服务;

(六)协调企业与有关方面的关系,帮助企业开展经济技术合作;

(七)总结推广企业发展的经验;

(八)组织和指导企业的思想政治工作,促进企业的社会主义精神文明建设。

第三十五条　各级人民政府有关行业管理部门应当根据国家的产业政策和行业发展规划,对企业的发展方向进行指导和监督;对企业开展技术指导、人才培训和经济、技术信息服务;指导、帮助和监督企业开展劳动保护、环境保护等工作。

第三十六条　政府有关部门应当为符合国家产业政策,经济和社会效益好的企业创造发展条件:

(一)根据国家有关规定,对生产名、优产品和出口创汇产品的企业,应当在信贷、能源、原材料和运输等方面给予扶持;

(二)为企业培训、招用专业技术人才和引进先进技术创造条件。

第七章 奖励与处罚

第三十七条 对在企业经营管理、科技进步、劳动保护、环境保护和思想政治工作等方面作出显著成绩的企业和个人,由人民政府给予奖励。

第三十八条 企业产品质量达不到国家规定标准的,企业所有者和企业主管部门应当责令其限期整顿,经整顿无效者,应当责令其停产或者转产,直至建议有关机关撤销生产许可证,吊销营业执照。

企业因生产、销售前款所指的产品,给用户和消费者造成财产损失、人身损害的,应当承担赔偿责任;构成犯罪的,依法追究刑事责任。

第三十九条 企业厂长(经理)侵犯职工合法权益,情节严重的,由企业所有者给予行政处分;构成犯罪的,依法追究刑事责任。

第四十条 对向企业摊派的单位和个人,企业可以向审计机关或者其他有关部门控告、检举。经审计机关确认是摊派行为的,由审计机关通知摊派单位停止摊派行为,限期退回摊派财物;对摊派单位的负责人和直接责任人员,监察机关或者有关主管部门可以根据情节轻重,给予行政处分。

第四十一条 政府部门的工作人员玩忽职守、滥用职权,使企业合法权益遭受损害的,由其所在单位或者上级主管机关给予行政处分;构成犯罪的,依法追究刑事责任。

第四十二条 企业违反财政、税收、劳动、工商行政、价格、资源、环境保护等法律、法规的,依照有关法律、法规处理。

第八章 附 则

第四十三条 本条例由国务院乡镇企业行政主管部门负责解释,并组织实施。

第四十四条 省、自治区、直辖市人民政府可以根据本条例制定实施办法。

第四十五条 本条例自1990年7月1日起施行。

中华人民共和国农民专业合作社法

(2006年10月31日第十届全国人民代表大会常务委员会第二十四次会议通过 2017年12月27日第十二届全国人民代表大会常务委员会第三十一次会议修订)

第一章 总 则

第一条 为了规范农民专业合作社的组织和行为,鼓励、支持、引导农民专业合作社的发展,保护农民专业合作社及其成员的合法权益,推进农业农村现代化,制定本法。

第二条 本法所称农民专业合作社,是指在农村家庭承包经营基础上,农产品的生产经营者或者农业生产经营服务的提供者、利用者,自愿联合、民主管理的互助性经济组织。

第三条 农民专业合作社以其成员为主要服务对象,开展以下一种或者多种业务:

(一)农业生产资料的购买、使用;

(二)农产品的生产、销售、加工、运输、贮藏及其他相关服务;

（三）农村民间工艺及制品、休闲农业和乡村旅游资源的开发经营等；

（四）与农业生产经营有关的技术、信息、设施建设运营等服务。

第四条 农民专业合作社应当遵循下列原则：

（一）成员以农民为主体；

（二）以服务成员为宗旨，谋求全体成员的共同利益；

（三）入社自愿、退社自由；

（四）成员地位平等，实行民主管理；

（五）盈余主要按照成员与农民专业合作社的交易量（额）比例返还。

第五条 农民专业合作社依照本法登记，取得法人资格。

农民专业合作社对由成员出资、公积金、国家财政直接补助、他人捐赠以及合法取得的其他资产所形成的财产，享有占有、使用和处分的权利，并以上述财产对债务承担责任。

第六条 农民专业合作社成员以其账户内记载的出资额和公积金份额为限对农民专业合作社承担责任。

第七条 国家保障农民专业合作社享有与其他市场主体平等的法律地位。

国家保护农民专业合作社及其成员的合法权益，任何单位和个人不得侵犯。

第八条 农民专业合作社从事生产经营活动，应当遵守法律，遵守社会公德、商业道德，诚实守信，不得从事与章程规定无关的活动。

第九条 农民专业合作社为扩大生产经营和服务的规模，发展产业化经营，提高市场竞争力，可以依法自愿设立或者加入农民专业合作社联合社。

第十条 国家通过财政支持、税收优惠和金融、科技、人才的扶持以及产业政策引导等措施，促进农民专业合作社的发展。

国家鼓励和支持公民、法人和其他组织为农民专业合作社提供帮助和服务。

对发展农民专业合作社事业做出突出贡献的单位和个人，按照国家有关规定予以表彰和奖励。

第十一条 县级以上人民政府应当建立农民专业合作社工作的综合协调机制，统筹指导、协调、推动农民专业合作社的建设和发展。

县级以上人民政府农业主管部门、其他有关部门和组织应当依据各自职责，对农民专业合作社的建设和发展给予指导、扶持和服务。

第二章 设立和登记

第十二条 设立农民专业合作社，应当具备下列条件：

（一）有五名以上符合本法第十九条、第二十条规定的成员；

（二）有符合本法规定的章程；

（三）有符合本法规定的组织机构；

（四）有符合法律、行政法规规定的名称和章程确定的住所；

（五）有符合章程规定的成员出资。

第十三条 农民专业合作社成员可以用货币出资，也可以用实物、知识产权、土地经营权、林权等可以用货币估价并可以依法转让的非货币财产，以及章程规定的其他方式作价出资；但是，法律、行政法规规定不得作为出资的财产除外。

农民专业合作社成员不得以对该社或者其他成员的债权，充抵出资；不得以缴纳的出资，抵销对该社或者其他成员的债务。

第十四条 设立农民专业合作社，应当召开由全体设立人参加的设立大会。设立时自愿成为该社成员的人为设立人。

设立大会行使下列职权：

（一）通过本社章程，章程应当由全体设立人一致通过；

（二）选举产生理事长、理事、执行监事或者监事会成员；

（三）审议其他重大事项。

第十五条　农民专业合作社章程应当载明下列事项：

（一）名称和住所；

（二）业务范围；

（三）成员资格及入社、退社和除名；

（四）成员的权利和义务；

（五）组织机构及其产生办法、职权、任期、议事规则；

（六）成员的出资方式、出资额，成员出资的转让、继承、担保；

（七）财务管理和盈余分配、亏损处理；

（八）章程修改程序；

（九）解散事由和清算办法；

（十）公告事项及发布方式；

（十一）附加表决权的设立、行使方式和行使范围；

（十二）需要载明的其他事项。

第十六条　设立农民专业合作社，应当向工商行政管理部门提交下列文件，申请设立登记：

（一）登记申请书；

（二）全体设立人签名、盖章的设立大会纪要；

（三）全体设立人签名、盖章的章程；

（四）法定代表人、理事的任职文件及身份证明；

（五）出资成员签名、盖章的出资清单；

（六）住所使用证明；

（七）法律、行政法规规定的其他文件。

登记机关应当自受理登记申请之日起二十日内办理完毕，向符合登记条件的申请者颁发营业执照，登记类型为农民专业合作社。

农民专业合作社法定登记事项变更的，应当申请变更登记。

登记机关应当将农民专业合作社的登记信息通报同级农业等有关部门。

农民专业合作社登记办法由国务院规定。办理登记不得收取费用。

第十七条 农民专业合作社应当按照国家有关规定，向登记机关报送年度报告，并向社会公示。

第十八条 农民专业合作社可以依法向公司等企业投资，以其出资额为限对所投资企业承担责任。

第三章 成 员

第十九条 具有民事行为能力的公民，以及从事与农民专业合作社业务直接有关的生产经营活动的企业、事业单位或者社会组织，能够利用农民专业合作社提供的服务，承认并遵守农民专业合作社章程，履行章程规定的入社手续的，可以成为农民专业合作社的成员。但是，具有管理公共事务职能的单位不得加入农民专业合作社。

农民专业合作社应当置备成员名册，并报登记机关。

第二十条 农民专业合作社的成员中，农民至少应当占成员总数的百分之八十。

成员总数二十人以下的，可以有一个企业、事业单位或者社会组织成员；成员总数超过二十人的，企业、事业单位和社会组织成员不得超过成员总数的百分之五。

第二十一条 农民专业合作社成员享有下列权利：

（一）参加成员大会，并享有表决权、选举权和被选举权，按照章程规定对本社实行民主管理；

（二）利用本社提供的服务和生产经营设施；

（三）按照章程规定或者成员大会决议分享盈余；

（四）查阅本社的章程、成员名册、成员大会或者成员代表大会记录、理事会会议决议、监事会会议决议、财务会计报告、会计账簿和财务审计报告；

（五）章程规定的其他权利。

第二十二条 农民专业合作社成员大会选举和表决，实行一人一票制，成员各享有一票的基本表决权。

出资额或者与本社交易量（额）较大的成员按照章程规定，可以享有附加表决权。本社的附加表决权总票数，不得超过本社成员基本表决权总票数的百分之二十。享有附加表决权的成员及其享有的附加表决权数，应当在每次成员大会召开时告知出席会议的全体成员。

第二十三条 农民专业合作社成员承担下列义务：

（一）执行成员大会、成员代表大会和理事会的决议；

（二）按照章程规定向本社出资；

（三）按照章程规定与本社进行交易；

（四）按照章程规定承担亏损；

（五）章程规定的其他义务。

第二十四条 符合本法第十九条、第二十条规定的公民、企业、事业单位或者社会组织，要求加入已成立的农民专业合作社，应当向理事长或者理事会提出书面申请，经成员大会或者成员代表大会表决通过后，成为本社成员。

第二十五条 农民专业合作社成员要求退社的，应当在会计年度终了的三个月前向理事长或者理事会提出书面申请；其中，企业、事业单位或者社会组织成员退社，应当在会计年度终了的六个月前提出；章程另有规定的，从其规定。退社成员的成员资格自会计年度终了时终止。

第二十六条 农民专业合作社成员不遵守农民专业合作社的章程、成员大会或者成员代表大会的决议，或者严重危害其他成员及农民专业合作社利益的，可以予以除名。

成员的除名，应当经成员大会或者成员代表大会表决通过。

在实施前款规定时，应当为该成员提供陈述意见的机会。

被除名成员的成员资格自会计年度终了时终止。

第二十七条 成员在其资格终止前与农民专业合作社已订立的合同，应当继续履行；章程另有规定或者与本社另有约定的除外。

第二十八条 成员资格终止的，农民专业合作社应当按照章程规定的方式和期限，退还记载在该成员账户内的出资额和公积金份额；对成员资格终止前的可分配盈余，依照本法第四十四条的规定向其返还。

资格终止的成员应当按照章程规定分摊资格终止前本社的亏损及债务。

第四章 组织机构

第二十九条 农民专业合作社成员大会由全体成员组成，是本社的权力机构，行使下列职权：

（一）修改章程；

（二）选举和罢免理事长、理事、执行监事或者监事会成员；

（三）决定重大财产处置、对外投资、对外担保和生产经营活动中的其他重大事项；

（四）批准年度业务报告、盈余分配方案、亏损处理方案；

（五）对合并、分立、解散、清算，以及设立、加入联合社等作出决议；

（六）决定聘用经营管理人员和专业技术人员的数量、资格和任期；

（七）听取理事长或者理事会关于成员变动情况的报告，对成员的入社、除名等作出决议；

（八）公积金的提取及使用；

（九）章程规定的其他职权。

第三十条 农民专业合作社召开成员大会，出席人数应当达到成员总数三分之二以上。

成员大会选举或者作出决议，应当由本社成员表决权总数过半数通过；作出修改章程或者合并、分立、解散，以及设立、加入联合社的决议应当由本社成员表决权总数的三分之二以上通过。章程对表决权数有较高规定的，从其规定。

第三十一条 农民专业合作社成员大会每年至少召开一次，会议的召集由章程规定。有下列情形之一的，应当在二十日内召开临时成员大会：

（一）百分之三十以上的成员提议；

（二）执行监事或者监事会提议；

（三）章程规定的其他情形。

第三十二条 农民专业合作社成员超过一百五十人的，可以按照章程规定设立成员代表大会。成员代表大会按照章程规定可以行使成员大会的部分或者全部职权。

依法设立成员代表大会的，成员代表人数一般为成员总人数的百分之十，最低人数为五十一人。

第三十三条 农民专业合作社设理事长一名，可以设理事会。理事长为本社的法定代表人。

农民专业合作社可以设执行监事或者监事会。理事长、理事、经理和财务会计人员不得兼任监事。

理事长、理事、执行监事或者监事会成员，由成员大会从本社成员中选举产生，依照本法和章程的规定行使职权，对成员大会负责。

理事会会议、监事会会议的表决，实行一人一票。

第三十四条 农民专业合作社的成员大会、成员代表大会、理事会、监事会，应当将所议事项的决定作成会议记录，出席会议的成员、成员代表、理事、监事应当在会议记录上签名。

第三十五条 农民专业合作社的理事长或者理事会可以按照成员大会的决定聘任经理和财务会计人员，理事长或者理事可以兼任经理。经理按照章程规定或者理事会的决定，可以聘任其他人员。

经理按照章程规定和理事长或者理事会授权，负责具体生产经营活动。

第三十六条 农民专业合作社的理事长、理事和管理人员不得有下列行为：

（一）侵占、挪用或者私分本社资产；

（二）违反章程规定或者未经成员大会同意，将本社资金借贷给他人或者以本社资产为他人提供担保；

（三）接受他人与本社交易的佣金归为己有；

（四）从事损害本社经济利益的其他活动。

理事长、理事和管理人员违反前款规定所得的收入，应当归本社所有；给本社造成损失的，应当承担赔偿责任。

第三十七条 农民专业合作社的理事长、理事、经理不得兼任业务性质相同的其他农民专业合作社的理事长、理事、监事、经理。

第三十八条 执行与农民专业合作社业务有关公务的人员，不得担任农民专业合作社的理事长、理事、监事、经理或者财务会计人员。

第五章 财务管理

第三十九条 农民专业合作社应当按照国务院财政部门制定的财务会计制度进行财务管理和会计核算。

第四十条 农民专业合作社的理事长或者理事会应当按照章程规定，组织编制年度业务报告、盈余分配方案、亏损处理方案以及财务会计报告，于成员大会召开的十五日前，置备于办公地点，供成员查阅。

第四十一条 农民专业合作社与其成员的交易、与利用其提供的服务的非成员的交易,应当分别核算。

第四十二条 农民专业合作社可以按照章程规定或者成员大会决议从当年盈余中提取公积金。公积金用于弥补亏损、扩大生产经营或者转为成员出资。

每年提取的公积金按照章程规定量化为每个成员的份额。

第四十三条 农民专业合作社应当为每个成员设立成员账户,主要记载下列内容:

(一)该成员的出资额;

(二)量化为该成员的公积金份额;

(三)该成员与本社的交易量(额)。

第四十四条 在弥补亏损、提取公积金后的当年盈余,为农民专业合作社的可分配盈余。可分配盈余主要按照成员与本社的交易量(额)比例返还。

可分配盈余按成员与本社的交易量(额)比例返还的返还总额不得低于可分配盈余的百分之六十;返还后的剩余部分,以成员账户中记载的出资额和公积金份额,以及本社接受国家财政直接补助和他人捐赠形成的财产平均量化到成员的份额,按比例分配给本社成员。

经成员大会或者成员代表大会表决同意,可以将全部或者部分可分配盈余转为对农民专业合作社的出资,并记载在成员账户中。

具体分配办法按照章程规定或者经成员大会决议确定。

第四十五条 设立执行监事或者监事会的农民专业合作社,由执行监事或者监事会负责对本社的财务进行内部审计,审计结果应当向成员大会报告。

成员大会也可以委托社会中介机构对本社的财务进行审计。

第六章 合并、分立、解散和清算

第四十六条 农民专业合作社合并,应当自合并决议作出之日起十日内通知债权人。合并各方的债权、债务应当由合并后存续或者新设的组织承继。

第四十七条 农民专业合作社分立,其财产作相应的分割,并应当自分立决议作出之日起十日内通知债权人。分立前的债务由分立后的组织承担连带责任。但是,在分立前与债权人就债务清偿达成的书面协议另有约定的除外。

第四十八条 农民专业合作社因下列原因解散:

(一)章程规定的解散事由出现;

(二)成员大会决议解散;

(三)因合并或者分立需要解散;

(四)依法被吊销营业执照或者被撤销。

因前款第一项、第二项、第四项原因解散的,应当在解散事由出现之日起十五日内由成员大会推举成员组成清算组,开始解散清算。逾期不能组成清算组的,成员、债权人可以向人民法院申请指定成员组成清算组进行清算,人民法院应当受理该申请,并及时指定成员组成清算组进行清算。

第四十九条 清算组自成立之日起接管农民专业合作社,负责处理与清算有关未了结业务,清理财产和债权、债务,分配清偿债务后的剩余财产,代表农民专业合作社参与诉讼、仲裁或者其他法律程序,并在清算结束时办理注销登记。

第五十条 清算组应当自成立之日起十日内通知农民专业合作社成员和债权人,并于六十日内在报纸上公告。债权人应当自接到通知之日起三十日内,未接到通知的自公告之日起四十五日内,向清算组申报债权。如果在规定期间内全部成员、债权人均已收到通知,免除清算组的公告义务。

债权人申报债权,应当说明债权的有关事项,并提供证明材料。清算组应当对债权进行审查、登记。

在申报债权期间,清算组不得对债权人进行清偿。

第五十一条 农民专业合作社因本法第四十八条第一款的原因解散,或者人民法院受理破产申请时,不能办理成员退社手续。

第五十二条 清算组负责制定包括清偿农民专业合作社员工的工资及社会保险费用，清偿所欠税款和其他各项债务，以及分配剩余财产在内的清算方案，经成员大会通过或者申请人民法院确认后实施。

清算组发现农民专业合作社的财产不足以清偿债务的，应当依法向人民法院申请破产。

第五十三条 农民专业合作社接受国家财政直接补助形成的财产，在解散、破产清算时，不得作为可分配剩余资产分配给成员，具体按照国务院财政部门有关规定执行。

第五十四条 清算组成员应当忠于职守，依法履行清算义务，因故意或者重大过失给农民专业合作社成员及债权人造成损失的，应当承担赔偿责任。

第五十五条 农民专业合作社破产适用企业破产法的有关规定。但是，破产财产在清偿破产费用和共益债务后，应当优先清偿破产前与农民成员已发生交易但尚未结清的款项。

第七章 农民专业合作社联合社

第五十六条 三个以上的农民专业合作社在自愿的基础上，可以出资设立农民专业合作社联合社。

农民专业合作社联合社应当有自己的名称、组织机构和住所，由联合社全体成员制定并承认的章程，以及符合章程规定的成员出资。

第五十七条 农民专业合作社联合社依照本法登记，取得法人资格，领取营业执照，登记类型为农民专业合作社联合社。

第五十八条 农民专业合作社联合社以其全部财产对该社的债务承担责任；农民专业合作社联合社的成员以其出资额为限对农民专业合作社联合社承担责任。

第五十九条 农民专业合作社联合社应当设立由全体成员参加的成员大会，其职权包括修改农民专业合作社联合社章程，选举和罢免农民专业合作社联合社理事长、理事和监事，决定农民专业合作社联合社的经营方案及盈余分配，决定对外投资和担保方案等重大事项。

农民专业合作社联合社不设成员代表大会，可以根据需要设立理事会、监事会或者执行监事。理事长、理事应当由成员社选派的人员担任。

第六十条 农民专业合作社联合社的成员大会选举和表决，实行一社一票。

第六十一条 农民专业合作社联合社可分配盈余的分配办法，按照本法规定的原则由农民专业合作社联合社章程规定。

第六十二条 农民专业合作社联合社成员退社，应当在会计年度终了的六个月前以书面形式向理事会提出。退社成员的成员资格自会计年度终了时终止。

第六十三条 本章对农民专业合作社联合社没有规定的，适用本法关于农民专业合作社的规定。

第八章 扶持措施

第六十四条 国家支持发展农业和农村经济的建设项目，可以委托和安排有条件的农民专业合作社实施。

第六十五条 中央和地方财政应当分别安排资金，支持农民专业合作社开展信息、培训、农产品标准与认证、农业生产基础设施建设、市场营销和技术推广等服务。国家对革命老区、民族地区、边疆地区和贫困地区的农民专业合作社给予优先扶助。

县级以上人民政府有关部门应当依法加强对财政补助资金使用情况的监督。

第六十六条 国家政策性金融机构应当采取多种形式,为农民专业合作社提供多渠道的资金支持。具体支持政策由国务院规定。

国家鼓励商业性金融机构采取多种形式,为农民专业合作社及其成员提供金融服务。

国家鼓励保险机构为农民专业合作社提供多种形式的农业保险服务。鼓励农民专业合作社依法开展互助保险。

第六十七条 农民专业合作社享受国家规定的对农业生产、加工、流通、服务和其他涉农经济活动相应的税收优惠。

第六十八条 农民专业合作社从事农产品初加工用电执行农业生产用电价格,农民专业合作社生产性配套辅助设施用地按农用地管理,具体办法由国务院有关部门规定。

第九章 法律责任

第六十九条 侵占、挪用、截留、私分或者以其他方式侵犯农民专业合作社及其成员的合法财产,非法干预农民专业合作社及其成员的生产经营活动,向农民专业合作社及其成员摊派,强迫农民专业合作社及其成员接受有偿服务,造成农民专业合作社经济损失的,依法追究法律责任。

第七十条 农民专业合作社向登记机关提供虚假登记材料或者采取其他欺诈手段取得登记的,由登记机关责令改正,可以处五千元以下罚款;情节严重的,撤销登记或者吊销营业执照。

第七十一条 农民专业合作社连续两年未从事经营活动的,吊销其营业执照。

第七十二条 农民专业合作社在依法向有关主管部门提供的财务报告等材料中,作虚假记载或者隐瞒重要事实的,依法追究法律责任。

第十章　附　　则

第七十三条　国有农场、林场、牧场、渔场等企业中实行承包租赁经营、从事农业生产经营或者服务的职工，兴办农民专业合作社适用本法。

第七十四条　本法自2018年7月1日起施行。

国务院关于建立统一的城乡居民基本养老保险制度的意见

（国发〔2014〕8号）

各省、自治区、直辖市人民政府，国务院各部委、各直属机构：

按照党的十八大精神和十八届三中全会关于整合城乡居民基本养老保险制度的要求，依据《中华人民共和国社会保险法》有关规定，在总结新型农村社会养老保险（以下简称新农保）和城镇居民社会养老保险（以下简称城居保）试点经验的基础上，国务院决定，将新农保和城居保两项制度合并实施，在全国范围内建立统一的城乡居民基本养老保险（以下简称城乡居民养老保险）制度。现提出以下意见：

一、指导思想

高举中国特色社会主义伟大旗帜，以邓小平理论、“三个代表”重要思想、科学发展观为指导，贯彻落实党中央和国务院的各项决策部署，按照全覆盖、保基本、有弹性、可持续的方针，以增强公平性、适应流动性、保证可持续性为重点，全面推进和不断完善覆盖全体城乡居民的基本养老保险制度，充分发挥社会保险对保障人民基本生活、调节社会收入分配、促进城乡经济社会协调发展的重要作用。

二、任务目标

坚持和完善社会统筹与个人账户相结合的制度模式，巩固和拓宽个人缴费、集体补助、政府补贴相结合的资金筹集渠道，完善基础养老金和个人账户养老金相结合的待遇支付政策，强化长缴多得、多缴多得等制度的激励机制，建立基础养老金正常调整机制，健全服务网络，提高管理水平，为参保居民提供方便快捷的服务。"十二五"末，在全国基本实现新农保和城居保制度合并实施，并与职工基本养老保险制度相衔接。2020年前，全面建成公平、统一、规范的城乡居民养老保险制度，与社会救助、社会福利等其他社会保障政策相配套，充分发挥家庭养老等传统保障方式的积极作用，更好保障参保城乡居民的老年基本生活。

三、参保范围

年满16周岁（不含在校学生），非国家机关和事业单位工作人员及不属于职工基本养老保险制度覆盖范围的城乡居民，可以在户籍地参加城乡居民养老保险。

四、基金筹集

城乡居民养老保险基金由个人缴费、集体补助、政府补贴构成。

（一）个人缴费。

参加城乡居民养老保险的人员应当按规定缴纳养老保险费。缴费标准目前设为每年100元、200元、300元、400元、500元、600元、700元、800元、900元、1000元、1500元、2000元12个档次，省（区、市）人民政府可以根据实际情况增设缴费档次，最高缴费档次标准原则上不超过当地灵活就业人员参加职工基本养老保险的年缴费额，并报人力资源社会保障部备案。人力资源社会保障部会同财政部依据城乡居民收入增长等情况适时调整缴费档次标准。参保人自主选择档次缴费,多缴多得。

(二)集体补助。

有条件的村集体经济组织应当对参保人缴费给予补助,补助标准由村民委员会召开村民会议民主确定,鼓励有条件的社区将集体补助纳入社区公益事业资金筹集范围。鼓励其他社会经济组织、公益慈善组织、个人为参保人缴费提供资助。补助、资助金额不超过当地设定的最高缴费档次标准。

(三)政府补贴。

政府对符合领取城乡居民养老保险待遇条件的参保人全额支付基础养老金,其中,中央财政对中西部地区按中央确定的基础养老金标准给予全额补助,对东部地区给予50%的补助。

地方人民政府应当对参保人缴费给予补贴,对选择最低档次标准缴费的,补贴标准不低于每人每年30元;对选择较高档次标准缴费的,适当增加补贴金额;对选择500元及以上档次标准缴费的,补贴标准不低于每人每年60元,具体标准和办法由省(区、市)人民政府确定。对重度残疾人等缴费困难群体,地方人民政府为其代缴部分或全部最低标准的养老保险费。

五、建立个人账户

国家为每个参保人员建立终身记录的养老保险个人账户,个人缴费、地方人民政府对参保人的缴费补贴、集体补助及其他社会经济组织、公益慈善组织、个人对参保人的缴费资助,全部记入个人账户。个人账户储存额按国家规定计息。

六、养老保险待遇及调整

城乡居民养老保险待遇由基础养老金和个人账户养老金构成,支付终身。

(一)基础养老金。中央确定基础养老金最低标准,建立基础养老金最低标准正常调整机制,根据经济发展和物价变动等情况,适时调整全国基础养老金最低标准。地方人民政府可以根据实际情况适当提高基础养老金标准;对长期缴费的，可适当加发基础养老金，提高和加发部分的资金由地方人民政府支出，具体办法由省（区、市）人民政府规定，并报人力资源社会保障部备案。

（二）个人账户养老金。个人账户养老金的月计发标准，目前为个人账户全部储存额除以139（与现行职工基本养老保险个人账户养老金计发系数相同）。参保人死亡，个人账户资金余额可以依法继承。

七、养老保险待遇领取条件

参加城乡居民养老保险的个人，年满60周岁、累计缴费满15年，且未领取国家规定的基本养老保障待遇的，可以按月领取城乡居民养老保险待遇。

新农保或城居保制度实施时已年满60周岁，在本意见印发之日前未领取国家规定的基本养老保障待遇的，不用缴费，自本意见实施之月起，可以按月领取城乡居民养老保险基础养老金；距规定领取年龄不足15年的，应逐年缴费，也允许补缴，累计缴费不超过15年；距规定领取年龄超过15年的，应按年缴费，累计缴费不少于15年。

城乡居民养老保险待遇领取人员死亡的，从次月起停止支付其养老金。有条件的地方人民政府可以结合本地实际探索建立丧葬补助金制度。社会保险经办机构应每年对城乡居民养老保险待遇领取人员进行核对；村（居）民委员会要协助社会保险经办机构开展工作，在行政村（社区）范围内对参保人待遇领取资格进行公示，并与职工基本养老保险待遇等领取记录进行比对，确保不重、不漏、不错。

八、转移接续与制度衔接

参加城乡居民养老保险的人员，在缴费期间户籍迁移、需要跨地区转移城乡居民养老保险关系的，可在迁入地申请转移养老保险关系，一次性转移个人账户全部储存额，并按迁入地规定继续参保缴费，缴费年限累计计算；已经按规定领取城乡居民养老保险待遇的，无论户籍是否迁移，其养老保险关系不转移。

城乡居民养老保险制度与职工基本养老保险、优抚安置、城乡居民最低生活保障、农村五保供养等社会保障制度以及农村部分计划生育家庭奖励扶助制度的衔接,按有关规定执行。

九、基金管理和运营

将新农保基金和城居保基金合并为城乡居民养老保险基金,完善城乡居民养老保险基金财务会计制度和各项业务管理规章制度。城乡居民养老保险基金纳入社会保障基金财政专户,实行收支两条线管理,单独记账、独立核算,任何地区、部门、单位和个人均不得挤占挪用、虚报冒领。各地要在整合城乡居民养老保险制度的基础上,逐步推进城乡居民养老保险基金省级管理。

城乡居民养老保险基金按照国家统一规定投资运营,实现保值增值。

十、基金监督

各级人力资源社会保障部门要会同有关部门认真履行监管职责,建立健全内控制度和基金稽核监督制度,对基金的筹集、上解、划拨、发放、存储、管理等进行监控和检查,并按规定披露信息,接受社会监督。财政部门、审计部门按各自职责,对基金的收支、管理和投资运营情况实施监督。对虚报冒领、挤占挪用、贪污浪费等违纪违法行为,有关部门按国家有关法律法规严肃处理。要积极探索有村(居)民代表参加的社会监督的有效方式,做到基金公开透明,制度在阳光下运行。

十一、经办管理服务与信息化建设

省(区、市)人民政府要切实加强城乡居民养老保险经办能力建设,结合本地实际,科学整合现有公共服务资源和社会保险经办管理资源,充实加强基层经办力量,做到精确管理、便捷服务。要注重运用现代管理方式和政府购买服务方式,降低行政成本,提高工作效率。要加强城乡居民养老保险工作人员专业培训,不断提高公共服务水平。社会保险经办机构要认真记录参保人缴费和领取待遇情况,建立参保档案,按规定妥善保存。地方人民政府要为经办机构提供必要的工作场地、设施设备、经费保障。城乡居民养老保险工作经费纳入同级财政预算,不得从城乡居民养老保险基金中开支。基层财政确有困难的地区,省市级财政可给予适当补助。

各地要在现有新农保和城居保业务管理系统基础上,整合形成省级集中的城乡居民养老保险信息管理系统,纳入“金保工程”建设,并与其他公民信息管理系统实现信息资源共享;要将信息网络向基层延伸,实现省、市、县、乡镇(街道)、社区实时联网,有条件的地区可延伸到行政村;要大力推行全国统一的社会保障卡,方便参保人持卡缴费、领取待遇和查询本人参保信息。

十二、加强组织领导和政策宣传

地方各级人民政府要充分认识建立城乡居民养老保险制度的重要性,将其列入当地经济社会发展规划和年度目标管理考核体系,切实加强组织领导;要优化财政支出结构,加大财政投入,为城乡居民养老保险制度建设提供必要的财力保障。各级人力资源社会保障部门要切实履行主管部门职责,会同有关部门做好城乡居民养老保险工作的统筹规划和政策制定、统一管理、综合协调、监督检查等工作。

各地区和有关部门要认真做好城乡居民养老保险政策宣传工作,全面准确地宣传解读政策,正确把握舆论导向,注重运用通俗易懂的语言和群众易于接受的方式,深入基层开展宣传活动,引导城乡居民踊跃参保、持续缴费、增加积累,保障参保人的合法权益。

各省(区、市)人民政府要根据本意见,结合本地区实际情况,制定具体实施办法,并报人力资源社会保障部备案。

本意见自印发之日起实施,已有规定与本意见不一致的,按本意见执行。

关于向重点乡村持续选派驻村第一书记和工作队的意见

（中共中央办公厅2021年5月11日印发）

为深入贯彻落实党中央有关决策部署，总结运用打赢脱贫攻坚战选派驻村第一书记和工作队的重要经验，在全面建设社会主义现代化国家新征程中全面推进乡村振兴，巩固拓展脱贫攻坚成果，把乡村振兴作为培养锻炼干部的广阔舞台，现就向重点乡村持续选派驻村第一书记和工作队提出如下意见。

一、总体要求

以习近平新时代中国特色社会主义思想为指导，深入贯彻党的十九大和十九届二中、三中、四中、五中全会精神，适应"三农"工作新形势新任务新要求，健全常态化驻村工作机制，为全面推进乡村振兴、巩固拓展脱贫攻坚成果提供坚强组织保证和干部人才支持。

坚持有序衔接、平稳过渡，在严格落实脱贫地区"四个不摘"要求基础上，合理调整选派范围，优化驻村力量，拓展工作内容，逐步转向全面推进乡村振兴；坚持县级统筹、精准选派，按照先定村、再定人原则，由县级党委和政府摸清选派需求，统筹各级选派力量，因村派人、科学组队；坚持派强用好、严管厚爱，严格人选标准，加强管理监督，注重关心激励，确保选得优、下得去、融得进、干得好；坚持真抓实干、务求实效，推动第一书记和工作队员用心用情用力驻村干好工作，注意处理好加强外部帮扶与激发内生动力的关系，形成整体合力。

二、选派范围

对脱贫村、易地扶贫搬迁安置村(社区),继续选派第一书记和工作队,将乡村振兴重点帮扶县的脱贫村作为重点,加大选派力度。对其中巩固脱贫攻坚成果任务较轻的村,可从实际出发适当缩减选派人数。各地要选择一批乡村振兴任务重的村,选派第一书记或工作队,发挥示范带动作用。对党组织软弱涣散村,按照常态化、长效化整顿建设要求,继续全覆盖选派第一书记。对其他类型村,各地可根据实际需要作出选派安排。

三、严格人选把关

第一书记和工作队员人选的基本条件是:政治素质好,坚决贯彻执行党的理论和路线方针政策,热爱农村工作;工作能力强,敢于担当,善于做群众工作,具有开拓创新精神;事业心和责任感强,作风扎实,不怕吃苦,甘于奉献;具备正常履职的身体条件。第一书记必须是中共正式党员,具有1年以上党龄和2年以上工作经历;工作队员应优先选派中共党员。

第一书记和工作队员主要从省市县机关优秀干部、年轻干部,国有企业、事业单位优秀人员和以往因年龄原因从领导岗位上调整下来、尚未退休的干部中选派,有农村工作经验或涉农方面专业技术特长的优先。中央和国家机关各部委、人民团体、中管金融企业、国有重要骨干企业和高等学校,有定点帮扶和对口支援结对任务的,每个单位至少选派1名优秀干部到村任第一书记。

选派第一书记和工作队员,按照个人报名和组织推荐相结合的办法,由派出单位组织人事部门提出人选,同级党委组织部门会同农办、农业农村部门及乡村振兴部门进行备案,派出单位党委(党组)研究确定。各地区各部门各单位党委(党组)及组织部门、农办、农业农村部门及乡村振兴部门,要严把人选政治关、品行关、能力关、作风关、廉洁关,充分考虑年龄、专业、经历等因素,确保选优派强。县级党委和政府要根据不同类型村的需要,对人选进行科学搭配、优化组合,发挥选派力量的最大效能。

四、主要职责任务

根据全面推进乡村振兴、巩固拓展脱贫攻坚成果任务需要，第一书记和工作队主要做好以下工作。

（一）建强村党组织。重点围绕增强政治功能、提升组织力，推动村干部、党员深入学习和忠实践行习近平新时代中国特色社会主义思想，学习贯彻党章党规党纪和党的路线方针政策；推动加强村“两委”班子建设、促进担当作为，帮助培育后备力量，发展年轻党员，吸引各类人才；推动加强党支部标准化规范化建设，严格党的组织生活，加强党员教育管理监督，充分发挥党组织和党员作用。

（二）推进强村富民。重点围绕加快农业农村现代化、扎实推进共同富裕，推动巩固拓展脱贫攻坚成果，做好常态化监测和精准帮扶；推动加快发展乡村产业，发展壮大新型农村集体经济，促进农民增收致富；推动农村精神文明建设、生态文明建设、深化农村改革、乡村建设行动等重大任务落地见效，促进农业农村高质量发展。

（三）提升治理水平。重点围绕推进乡村治理体系和治理能力现代化、提升乡村善治水平，推动健全党组织领导的自治、法治、德治相结合的乡村治理体系，加强村党组织对村各类组织和各项工作的全面领导，形成治理合力；推动规范村务运行，完善村民自治、村级议事决策、民主管理监督、民主协商等制度机制；推动化解各类矛盾问题，实行网格化管理和精细化服务，促进农村社会和谐稳定。

（四）为民办事服务。重点围绕保障和改善农村民生、密切党群干群关系，推动落实党的惠民政策，经常联系走访群众，参与便民利民服务，帮助群众解决“急难愁盼”问题；推动加强对困难人群的关爱服务，经常嘘寒问暖，协调做好帮扶工作；推动各类资源向基层下沉、以党组织为主渠道落实，不断增强人民群众获得感、幸福感、安全感。

第一书记和工作队要从派驻村实际出发，抓住主要矛盾，细化任务清单，认真抓好落实。找准职责定位，充分发挥支持和帮助作用，与村“两委”共同做好各项工作，切实做到遇事共商、问题共解、责任共担，特别是面对矛盾问题不回避、不退缩，主动上前、担当作为，同时注意调动村"两委"的积极性、主动性、创造性，做到帮办不代替、到位不越位。

五、加强管理考核

第一书记和工作队员任期一般不少于2年，到期轮换、压茬交接。同步选派第一书记和工作队的村，队长由第一书记兼任，队员一般不少于2人，任务重的可适当增加人数。

驻村期间，第一书记和工作队员原人事关系、工资和福利待遇不变，不承担派出单位工作；党员组织关系转到村，不占村干部职数，一般不参加村级组织换届选举。由县级党委组织部门、农办、农业农村部门及乡村振兴部门和乡镇(街道)党(工)委进行日常管理，严格落实考勤、请销假、工作报告、纪律约束等制度。派出单位加强跟踪管理，每半年听取1次第一书记和工作队员汇报。

驻村工作半年以上的，由所在县党委组织部门、农办、农业农村部门及乡村振兴部门会同乡镇(街道)党(工)委进行年度考核，以适当方式听取派出单位意见，考核结果反馈派出单位；期满考核由派出单位会同所在县党委组织部门、农办、农业农村部门及乡村振兴部门和乡镇(街道)党(工)委进行。考核过程中深入听取村干部、党员、群众意见，全面了解现实表现情况。考核结果作为评先评优、提拔使用、晋升职级、评定职称的重要依据。

六、强化组织保障

各地区各部门各单位党委(党组)要高度重视向重点乡村持续选派驻村第一书记和工作队工作，将其作为抓党建促乡村振兴的重要举措，加强组织领导，推动落地见效。县级党委和政府要强化责任担当，精心组织实施，做到定村精准、派人精准、工作精准。各级党委组织部门、农办、农业农村部门及乡村振兴部门具体牵头协调，加强工作指导。其他涉农部门密切配合，结合自身职能加强业务指导，做好有关工作。派出单位与第一书记和工作队所在村实行责任捆绑，党委

(党组)负责同志每年到村调研指导、推进工作。把选派工作纳入乡村振兴实绩考核、党委(党组)书记抓基层党建工作述职评议考核的内容。

强化保障支持,加强关心关爱。派出单位可参照差旅费中伙食补助费标准给予生活补助,安排通信补贴,派往艰苦边远地区的,还可参照所在地区同类同级人员的地区性津贴标准给予相应补助。每年安排定期体检,办理任职期间人身意外伤害保险,按规定报销医疗费。所在县乡提供必要工作和生活条件。保证必要工作经费,具体由地方财政统筹安排。分级负责开展培训,第一书记和工作队员原则上任期内至少参加1次县级以上培训。县级党委组织部门、农办、农业农村部门及乡村振兴部门和乡镇(街道)党(工)委要经常与第一书记和工作队员谈心谈话,派出单位要加强联系,了解思想动态,促进安心工作,激励担当作为。

以真抓实干、求真务实的作风做好选派工作,力戒形式主义、官僚主义,切实减轻基层负担。推动干部在乡村振兴一线岗位锻炼成长,接地气、转作风、增感情。通过驻村工作考察识别干部,对干出成绩、群众认可的优先重用,对工作不认真不负责的进行批评教育,对不胜任或造成不良后果的及时调整处理,树立鲜明导向。党委组织部门、农办、农业农村部门及乡村振兴部门要加强调研督促,及时发现和解决有关问题。注意总结工作中好经验好做法,宣传表彰第一书记和工作队员先进典型,营造担当作为、干事创业良好氛围。